동유럽 신화

동유럽의 신, 영웅, 신비한 존재들

동유럽의 신, 영웅, 신비한 존재들

동유럽 신화

권혁재
김상헌
김신규
이호창
최성은
지음

HUEBOOKs

머리말

얼마 전부터, 전 세계적으로 신화에 대한 관심이 그 어느 때보다도 높아지고 있으며 활발한 소개와 연구가 진행되고 있음을 우리는 알고 있다. 국내에서도 신화에 대한 관심이 높아지면서 각 문화 공동체의 신화들을 소개하는 서적들이 봇물이 터지듯 출간되고 있다. 또한, 신화가 지니는 상징과 의미들을 밝혀내려는 연구들도 상당한 성과를 거두며, 계속 진행되고 있다.

그러나 안타깝게도 국내의 신화 서적이나 연구서들은 거의가 그리스, 로마 신화와 북구 신화, 인도 신화, 이집트 신화, 한국, 중국, 일본 등의 동북아 신화 등에 국한되어 있으며, 동유럽의 신화에 대한 소개나 연구는 아직 초기 수준을 벗어나지 못하고 있다.

그러한 까닭은 동유럽이 우리와는 거의 교류가 없었기 때문이라고 변명할 수도 있지만 실질적인 원인은 다른 곳에 있다. 동유럽의 대부분이 역사적으로 오랜 크리스트교 국가들이었기에 민간전승의 신화들이 거의 성서의 내용들에 영향을 받으며 사라졌으며, 그나마 과거 사회주의 체제 하에서는 신화 자체가 상당히 왜곡되어 있었기 때문이었다.

동유럽에서는 과거 공산주의 기간 동안 신화나 전설 등의 구비문학에 관한 연구가 사회주의 이데올로기에 유리한 방향으로 진행되어 왔다. 예를 들어 적과 투쟁하는 등의 영웅적 행위를 한 농부나 산적들에 관한 전설들이 과장되어진 채 소개 되었고, 열심히 일한 자가 반드시 성공해 높은 지위에 오른다는 등의 내용을 지닌 창작물들이 억지로 짜 맞추어져서 신화나 전설로 위장되기도 하였으며, 상대적으로 창세

신화같이 신과 우주에 관한 신화들은 허황된 흥미 위주의 이야기로 전락해 버렸다는 것이다. 그러나 민주화의 길에 접어든지 20여 년이 넘게 지난 현재, 동유럽의 문학 연구자들이나 신화 학자들은 앞 다투어 새로운 연구결과들을 발표하고 있으며, 과거 사회주의 시절의 거짓 신화나 전설들을 솎아내고 시골 마을에서 채록한 순수한 전승 신화들만을 수록한 신화집들을 줄이어 발간하고 있다. 이 책을 공동 집필한 5인의 저자들은 바로 이러한 추세에 발맞추어, 동유럽 각국에서 가장 최근에 발간된 신화집들과 신화 연구의 결과물들을 참고자료로 적극 활용하였다.

앞서 밝혔듯이, 한국에는 지금까지 동유럽의 신화가 거의 소개되지 않고 있었다. 이런 이유로 사람들은 동유럽에는 특별히 다루어 볼 만한 가치를 가지는 신화가 없다는 오해를 하기도 한다.

그러나 신화가 없는 민족은 존재하지 않는다. 신화는 아주 오래전부터 그것을 진실이라고 믿는 공동체 사람들의 가슴 깊은 곳에 현재까지도 생생하게 살아 있는 이야기이기 때문이다. 동유럽의 신화들은 그리스, 메소포타미아, 인도 등의 신화들처럼 강렬한 인상을 풍기는 많은 신들이 등장하여 복잡한 사건들을 전개하지는 않는다. 이들 신들보다는 작아보이고 초라해 보이는 잡귀나 정령들이 등장하는 정도이다. 그러나 각 문화 공동체의 동질성을 느끼게 해주고 사회적 금기나 윤리적 장려 사항들을 알려주는 역할을 담당하는 것은 다른 신화들과 마찬가지이다. 비록 내용적으로 뭔가 소박해 보이고 사사로워 보이지만 동유럽의 신화들은 그 나름대로의 매력을 주는 것이 사실이다.

이 책은 학술연구의 자료로 활용하고자 하는 연구자들뿐만 아니라, 동유럽 민족들의 설화, 신화, 신비한 이야기에 흥미를 갖고 있는 일반 독자들을 대상으로 하고 있다. 세르비아, 슬로베니아, 크로아티아, 보스니아, 루마니아, 체코·슬로바키아, 폴란드에서 전해지고 있는 신화, 전설, 민담작품들을 각 언어의 전공자들이 수집하여 각 내용에 대해

간략한 설명과 필자들의 견해를 덧붙였다. 이들 신화들을 통해 우리는 동유럽 민족들의 삶에 대한 인식과 세계관, 문화의 전반에 녹아있는 종교적 특징들, 그리고 자연과 인간을 대하는 다양한 관점들을 확인할 수 있을 것이다. 이와 더불어 한국을 비롯한 다른 민족들의 신화들과의 비교를 통해 같고 다른 점을 살필 수 있는 기회를 마련할 수 있으리라 기대된다.

신화의 내용에 대한 설명에는 학술적인 자료들이 많이 포함되어 있다. 그러나 이 책을 읽게 될 일반 독자들을 고려하여 딱딱한 각주로 처리하지는 않았다. 하지만 원전에 대한 충분치 못한 주해를 보완하기 위해 저술에 이용한 원전을 참고문헌에 제시했다.

신화와 전설, 민담작품들을 국가별로 제시하다보니 그 각각의 작품 수를 일관되게 꾸미지 못한 점이 아쉬움으로 남는다. 하지만 그러한 아쉬움에 대한 자족 혹은 변명으로, 같은 동유럽권에 속해 있는 민족들이라 할지라도 중세보편종교의 영향이 크고 작음에 따라서 신화들이 발전하는 양상이 서로 다르다는 점을 밝혀둘 필요가 있다.

발칸유럽에 속하는 세르비아, 슬로베니아, 크로아티아, 보스니아, 루마니아는 보편종교가 전파되고 수용되기 이전부터 민간에서 믿어왔던 민간신앙의 영향이 신화를 포함한 구비문학과 문화 전반에 걸쳐 두드러지게 나타난다. 이들 지역 중 특히 루마니아나 세르비아의 신화들은 크리스트교의 영향이 보이기는 하지만 성서와는 많은 차이를 보이는 창세신화가 발견되기도 하고 일상에 관여하는 많은 정령과 악귀들이 등장한다.

그러나 전통적으로 가톨릭의 영향권 하에 놓여있었던 체코, 슬로바키아, 폴란드 같은 중부유럽 민족들 사이에 전승되는 신화들의 경우에는 민간신앙의 영향보다는 가톨릭의 영향이 훨씬 크다. 이들 지역에서는 창세 신화나 인간 기원 신화 등이 거의 발견되지 않으며, 도시건설 신화나 민족 기원 신화들이 강조된다. 더불어 발칸유럽 지역에서 가장 강력한 중세왕국을 건설했었던 세르비아 민족을 포함한 구 유고슬라비아 지역의 민족들은 외세와의 오랜 투쟁을 통해서 다른 지역에서는 찾아보기 어려운 훌륭한 영웅 신화를 만들어냈다. 이러한 내용은 이 책에 제시된 구체적인 작품들을 통해 확인할 수 있다.

이 책의 출간이 앞으로 더욱 커지게 될 국내에서의 동유럽 지역과 이 지역 문화에 대한 관심을 촉발시키는 계기가 될 수 있으리라 믿어 의심치 않으며, 더불어 이 책이 갖고 있는 부족한 점들을 지속적으로 보완해 나갈 것을 약속한다. 차후 개별 국가별 신화들을 보완하여 국가별 단행본을 출판할 계획이다.

이 책은 한국외국어대학교 출판부의 2007년 도서개발지원에 의해 그 결실을 맺게 되었다. 어려운 여건 속에서도 출판과 편집을 위해 애써주신 한국외국어대학교 출판부 선생님들께 감사의 마음을 전한다.

2008년 3월
대표저자 권 혁 재

차 례

❖ 루마니아 _ 70

❖ 체 코 _ 182

❖ 폴란드 _ 236

동유럽 신화 ; 동유럽의 신 · 영웅 · 신비한 존재들

우주와 지구, 선과 악의 탄생 / 태양, 달, 별 그리고 은하수 / 인간의 탄생
인간은 왜 이렇게 작아졌는가? / 수탉과 태양 / 영웅의 탄생, 그 비범한 혈족 / 영웅의 결혼
영웅과 요정 / 아버지의 검을 알아본 영웅이야기 / 영웅의 죽음
스카다르(Skadar)에 전해지는 전설 / 기적의 눈물 / 홍수설화와 벼룩의 탄생 / 악마와 늑대

I

세르비아 · 크로아티아 슬로베니아 · 보스니아 마케도니아

'남 슬라브인들의 나라'라는 의미의 '유고슬라비아'는 이미 역사 속에서만 존재하는 그런 나라가 되었다. 그 대신 세르비아, 크로아티아, 슬로베니아, 보스니아, 마케도니아, 몬테네그로와 같은 생소한 이름을 가진 새로운 나라들이 생겨났으며, 이들 나라 또한 먼 훗날 어떠한 모습으로 우리 앞에 나타나게 될지 지금으로서는 알 수 없는 일이다. 인간세계에서 벌어지는 일들은 그처럼 시간의 흐름과 서로 간의 이해관계에 따라 흥망과 성쇠가 뒤바뀌며 변화하지만, 구비문학이라는 문학 갈래 가운데 '신화'는 세상만물이 나고 사라지는 이치에 관한 민중들의 일관된 관념을 드러낸다는 점에서 차별된다.

신화(神話)는 '신(神)에 관한 이야기(話)' 또는 '신격화된 대상에 관한 이야기'를 의미한다. 즉 민중들이 신이라고 여기는 직접적 대상에 관한 이야기이기도 하지만, 신과 같은 능력을 가지고 있다고 믿어지는 간접적 대상, 다시 말하면, 특정한 능력을 가진 인간에 관한 이야기이기도 하다는 것이다. 또한 동유럽의 경우, 민족에 따라서 중세보편종교의 절대적인 영향력이 신화 전반에 미치고 있는 민족들이 있는 반면, 유고슬라비아 민족들의 경우처럼 민간신앙의 영향력이 우세한 경우도 있다. 유고슬라비아는 원(原) 슬라브 민족으로부터 이동·정착한 남 슬라브 민족에 속하는데, 중세보편종교의 영향이라는 측면에서 유고슬라비아 민족들은 다른 슬라브 민족들과 뚜렷이 구별된다. 즉 중세의 보편종교보다는 이들 지역의 신화 속에 민간신앙이 깊숙이 자리매김하고 있다는 것이다. 그와 같은 특징은 유고슬라비아 민족들이 기독교가 전해지고 난 이후에도 원시 및 고대사회의 다신교적 종교관습을 그대로 유지해 왔다는 점을 잘 보여준다.

유고슬라비아 민족의 신화 속에는 기독교적 특징들이 내포된 창세 신화가 아닌, 원 슬라브 민족이 믿고 있던 많은 신들, 예를 들면, 땅과 물, 지하세계를 관장했던 신 벨레스(Veles), 우레의 신 뻬룬(Perun), 태양과 불의 신 다쥬보그(Dažbog), 빛의 신 벨보그(Belbog) 등과 같은 수많은 신들이 등장한다. 하지만 그러한 신들의 모습과 행적은 여타의 구비문학 갈래들과 같이 문자로 기록되지 않은 채, 민중들의 생활 속에 파편으로 남아 여전히 이 지역 민중들의 일상적인 삶에 영향을 미치고 있을 뿐이다.

다신의 능력을 얼마만큼 제어할 수 있는 주술사들이 원시시대 민중들의 삶을 이끌었다고 한다면, 고대사회에서는 영웅이 그 자리를 차지하게 된다. 부족들 간의 치열한 투쟁은 해당 부족으로 하여금 다른 부족들과의 차별성과 우수성을 강조하도록 만들었으며, 이때 가장 유용하게 이용되었던 것이 바로 영웅이라는 존재라고 할 수 있다. 그러한 사회·역사적 흐름은 중세사회가 도래하면서 유일신을 중심으로 한 사제계급에게 그 자리를 내어주게 된다. 원시사회의 '주술사', 고대사회의 '영웅'이 수행했던 사회적 역할을 중세사회에서는 '사제계급'이 맡게 되었으며, 이는 그 만큼 민중들에 미치는 보편종교의 영향력이 커졌다는 것을 의미한다. 하지만 유고슬라비아 지역에서는 그러한 일반적인 문화사적 흐름이 꼭 들어맞지는 않는다. 성자전문학(聖者傳文學)의 등장과 확산에서 알 수 있듯이, 보편종교의 영향이 전혀 나타나지 않는 것은 아니지만, 고대사회의 중심이라고 할 수 있는 영웅의 행적이 다른 어떤 지역이나 민족에서 보다 유고슬라비아에서 두드러지기 때문이다.

1

우주와 지구, 선과 악의 탄생

처음에는 하늘, 물, 신 이외엔 이 세상에 아무것도 없었다. 왜냐하면 신이 수천, 수백만 년 동안 깊고 깊은 꿈속에서 잠들어 있었기 때문이다. 하지만 신이 잠에서 깨어나 주변을 둘러보았을 때, 드디어 하늘의 공간에서는 엄청난 변화가 일어나기 시작했다. 신이 둘러보는 곳에는 환한 빛이 생겨나 밝아지게 되었으며, 신이 시선을 고정하는 곳마다 반짝반짝 빛나는 별들이 생겨나기 시작했다. 이후에 신은 물속으로 들어가 끝도 없이 깊은 바다 속을 헤엄치기 시작했다. 바다 속 유영을 마치고 물 밖으로 나왔을 때, 신의 손톱 밑에는 어두운 갈색의 바닷모래 알갱이가 남아 있었다. 이 모래알갱이가 자라나 오늘날 우리들이 살고 있는 지구가 되었다.

크로아티아 지역에서 전해지는 이 신화는 기독교적인 사상과는 아무런 관련이 없다. 이 작품 속에 등장하는 신은 기독교에서 이야기하는 유일신이 아닌, 즉 중세시대 이후 민중들이 믿고 있는 특정한 대상을 지칭하는 신이 아니라, 지칭하는 대상이 명확하지 않은 그런 성격을 가진 신이다.

신화를 포함하는 구비문학작품들은 민중들의 상상력이 결집된 결과물이라고 할 수 있다. 인간의 상상력이란 시간이 지나면 지날수록, 그리고 시대가 변화하면 변화할수록 점점 더 그 내용을 확장하게 되고, 더불어 더욱 더 대상에 대한 구체적인 상상을 가능하게 한다. 위의 신화작품에서 민중들은 단지 우주와 지구의 생성에 관한 상상의 결과만을 보여주고 있지만, 지구의 기원에 관해 이야기하는 크로아티아의 또 다른 신화 속에서는 신(Bog)으로 대표되는 선(善)과 악마(Đavo)로 대표되는 악(惡)의 개념이 등장하며, 이들 선과 악은 '지구의 탄생'을 둘러싸고 대립하게 된다. 또한 선을 대표하는 스바룬(Svarun)이라는 최고의 신의 이름이 구체적으로 제시됨으로써 앞서 제시한 신화작품보다는 훨씬 더 발전적인 형태의 모습을 보여준다. 더불어 우주와 지구의 기원을 둘러싼 단순한 소재에 머물지 않고, 민중들은 자신들의 생활 속에서의 경험을 통해 선과 악이라는 개념을 만들어 내고 이를 명확하게 신화 속에 반영하고 있다는 사실을 알 수 있다.

이주 오래전, 아직 이 세상이 존재하기도 이전에, 신은 악마에게 바다 속 가장 깊은 곳에 들어가 모래를 가져오라는 명령을 내렸다. 후에 아주 심술궂고 욕심 많으며 약삭빠른 성격으로 변하게 되는 악마는 신과 닮아지고 싶은 욕심에 자신의 입 속에 몇 개의 모래알갱이를 숨기고 나머지만을 신에게 가져다준다. 악마에게서 모래알갱이들을 받아든 최고의 신 스바룬(Svarun)은 자신의 주변에 모래알갱이들을 흩뿌리며 소리쳤다. "지구여, 자라나 거라! 그리고 넓게 퍼지 거라!" 그러자 신 스바룬이 던진 모래알갱이들이 정말로 지구모양으로 변했고,

점점 더 커지면서 지구의 모습을 갖춰가며 넓어지기 시작했다. 하지만 그와 동시에 악마 또한 불행하게도 자신의 입 속에 있던 모래알갱이들이 점점 커지고 있다는 사실을 깨닫게 되었다. 입 속에서 점점 더 커지는 모래알갱이들 때문에 턱이 아파오는 것을 느낀 악마는 결국 신의 영험한 능력에 겁을 먹게 되었고, 입 안에 있던 그 모래알갱이들을 뱉어낼 수밖에 없었다. 그렇게 악마가 뱉어낸 모래알갱이들이 물웅덩이로 변했고, 늪이 되었으며, 황무지와 쓸모없는 돌투성이의 땅이 되었다. 그렇게 악마는 다시 한 번 자신의 능력이 신의 능력에 훨씬 미치지 못한다는 사실을 깨닫게 되었다.

하지만 인간이 선과 악을 구분하게 된 것은 중세보편종교의 영향이 지대하다는 사실을 간과해서는 안 된다. 인간이 선과 악을 구분하고 된 사실 자체를 중세의 기독교는 종교와 깊이 연관시키고 있기 때문이다. 신화 속에 등장하는 '악의 탄생'이라는 모티프는 중세이전 민중들이 '왜 인간이 사는 이 세상에 악이 존재하게 되었는가?'를 주장하는 이론 가운데 하나인 신정론(神正論)과 연결지어볼 수 있다. 즉, 아우구스티누스(Augustinus)는 '처음에 신은 세상을 행복하게 만들었지만, 결국 인간의 자유의지가 세상을 타락시켰다'라고 주장하는 반면, 이레니우스(Irenaeus)는 '신은 더욱 큰 선을 위하여 악을 허용했지만, 언젠가 그 악도 없어질 날이 올 것이다'라고 주장한다. 아우구스티누스의 신정론이 악의 탄생에 인간의 자유의지를 개입시키고 있는 반면, 이레니우스의 신정론은 악의 탄생을 더 큰 선을 위한 신의 의지로 보고 있는 것이다. 위에 제시한 '악의 탄생'을 모티프로 하고 있는 크로아티아 신화는 그러한 측면에서 이레니우스의 신정론과 일맥상통한다고 할 수 있다. 이 신화작품에 따르면 신이 이 세상을 만들기 이전부터 악마는 신과 함께 존재했으며, 악마는 지금처럼 사악한 성격을 가진 존재가 아니었다. 악마가 심술궂고, 욕심 많으며, 약삭빠른 성격으로 변하게 되는 계기는 신과 같은 능력을 가진 영험한 존재가 되

선과 악의 형상화

고 싶은 악마의 욕망으로부터 발생하는 것이며, 그러한 악마의 욕망에 대하여 신은 가차 없는 응징을 가하게 되는 것이다. 결국 악마는 신의 능력에 미칠 수 없는 자신의 미천한 능력을 깨닫게 된다. 즉, 악을 포함한 이 세상의 모든 만물들은 신의 의도에 따라 만들어지고 발전하게 되지만, 결국 신이 정한 의도에 따라 움직이게 된다는 중세의 기독교적 종교관이 반영되어 있는 결과물이라 할 수 있는 것이다.

이주 오랜 옛날 하늘의 둥근 천장은 돌로 둘러싸여 있었는데, 신이 그 돌을 둘로 쪼개서 하나는 오른 손에 그리고 다른 하나는 왼손에 들고 있었다. 신은 악마에게 왼손에 들고 있던 그 반쪽의 돌을 주기 전에 오른손에 들고 있던 돌과 몇 번 부딪혀서 불꽃이 일게 했고, 그 불꽃들로부터 신의 명령을 충실히 따르는 선한 영혼이 탄생했다. 그 모습을 본 악마는 자신에게도 동료를 만들어주기를 신에게 간절히 바랐다. 그러자 신은 악마에게 얼굴과 손을 깨끗이 씻고, 그 물을 악마의 등 뒤로 뿌리라고 말했다. 악마는 신이 말한 대로 행동했고, 등 뒤로 물을 뿌릴 때마다 물방울이 하나둘씩 악한 영혼으로 되살아났다. 얼마나 많은 물방울이 뿌려졌는

악의 신, 쯔르니보그

지 악한 영혼의 숫자는 엄청나게 불어났는데, 이에 힘을 얻은 악마는 신을 공격하다가 그 자리에게 벼락을 맞고 죽었다. 하지만 나머지의 수많은 악한 영혼들은 지금도 신과 선한 영혼들을 괴롭히고 있다.

위의 슬로베니아 신화에 따르면, 신의 전지전능한 능력과 권위에 도전하던 악마는 신에게 굴복하게 되고 결국 죽음을 맞게 된다. 오늘날 이 세상을 지배하는 한 축인 악한 영혼들이 만들어진 것은 악마의 간절한 바람의 결과이기는 하지만, 어찌 보면 이를 처음에 허락해준 신의 의도라고도 할 수 있다. 이 세상에 선한 영혼들과 선함만이 존재한다면 그것의 존재가치와 고마움을 깨닫기가 쉽지 않을 것이란 것은 자명한 사실이다. 선의 반대편에 악한 영혼들과 악함이 있기 때문에 선의 가치가 더욱 빛을 발하게 되는 것이고, 우매한 인간들이 악과 선을 쉽게 구분할 수 있게 되는 것이다. 우리들이 살고 있는 이 세상은 선함과 악함이 공존하고 있지만, 이레니우스가 언급한 대로, 언젠가는 선함이 모든 악함을 이기고 세상에서 악함이 사라지는 날이 올 것인지는 두고 볼 일이다.

이 세상의 축은 성스러운 '양물푸레나무'이다. 그 나무의 끝은 가장 높은 산은 물론 하늘 끝에 닿아 최고의 신인 스바룬(Svarun)이 거처하는 궁정의 받침을 이루고 있다. 세상의 기둥인 '양물푸레나무'의 높이와 두께가 엄청난 것처럼 땅 속을 파고 든 뿌리의 깊이도 무척이나 깊었다. 나무의 뿌리는 지하세계의 신인 쯔르니보그(Crnibog)가 관장하는 모든 지역들에 구석구석 널리 퍼져 있었다. '양물푸레나무'의 중심뿌리는 네 개로 나뉘어져 있었는데, 각각 동서남북을 향하고 있었으며, 나무우듬지의 꽃차례에는 태양과 달과 별들이 자리해 있었다. 또한 '양물푸레나무'의 아래에는 지구가 넓게 퍼져 있었는데, 그처럼 나무는 지하세계와 지구와 하늘을 연결하는 축의 역할을 하고 있었다. 나무기둥 아래에서는 마치 샘처럼 깨끗한 물이 나왔는데, 이 물은 병든 사람들을 낫게 하거나 죽은 사람들을 다시 살려냈다. 샘 옆에는 최고의 신인 스바룬의 시녀들인 운명을 점치는 세 명의 여자들이 앉아 있었다. 한 여자는 과거에 어떤 일이 일어났는가를 알았고, 또 다른 여자는 미래에 어떤 일이 일어날 것인가를 알고 있었으며, 세 번째 여자는 지금 현재 일어나고 있는 일을 알고 있었다. 또한 그녀들은 사람들에게 좋은 혹은 나쁜 운명을 점지해 주는 역할도 맡고 있었다.

인간의 운명을 결정하는 신의 모습

크로아티아의 또 다른 신화작품에서는 이 지역에 중세보편종교인 기독교가 전파되기 이전 민중들이 갖고 있었던 민간신앙의 잔재를 찾아볼 수 있다. 보통 신화를 포함하는 구비문학에서 선함과 정반대의 의미로 사용되는 악함을 상징하는 것은 흰색과 반대되는 '검은색', 하늘과 반대되는 '지하세계' 등이 있다. 위의 크로아티아 신화에 등장하는 지하세계의 신 '쯔르니보그(Crnibog)'는 슬라브어로 '검은 신'을 의미한다.

생명의 나무 혹은 세계수

이 신은 악함을 상징하는 '검은색'을 띠고 있으며 또한 '지하세계'를 관장하는 신이니, 두말할 것도 없이 악신(惡神)의 상징이라고 할 수 있다. 그런데 재미있는 것은 악신이 관장하는 지하세계와 선신(善神)이 관장하는 하늘이 지구를 사이에 두고 '양물푸레나무'로 연결되어 있다는 것이다. 즉, 우리가 살고 있는 이 지구는 선과 악이 서로 교차하는 그런 곳이라는 뜻이다. 하지만 인간이 아무리 노력을 기울여도 선과 악으로 이루어져 있는 우주의 축을 뒤바꿀 수는 없다. 그러나 이레니우스가 주장한 대로, 악이 사라질 날이 오게 된다면, 그것은 이 우주를 형성하고 있는 중심축이 완전히 뒤흔들리는 변화를 겪게 될 것이다. 아무튼 기독교 이전의 민간신앙을 믿었던 크로아티아의 민중들은 그러한 경천동지할 변화까지는 미처 생각지 못한 것임에 틀림없다.

위의 크로아티아 신화에서 하늘과 지하세계를 연결하는 축인 '양물푸레나무'는 세계의 여러 지역과 민족들의 신화에서 흔히 발견되는 '세계수(世界樹)' 혹은 '생명의 나무'와 같은 것이다. 민간신앙을 비롯한 다수의 종교에서 '나무'는 일반적으로 성스러움이라는 상징성을 지니고 있는 대상물이다. 고대 인도에서는 철학서 <우파니샤드>에 우주의 신 브라만을 상징하는 나무가 기록되어 있으며, 북유럽의 신화에서도 '위그드라실'이라는 세계수가 등장한다. 또한 우리나라의 단군신화에서도 세계의 중심과 생명의 원천을 상징하는 '신단수(神檀樹)'라는 성스러운 나무를 찾아볼 수 있다. 이처럼 세계의 여러 지역과 민족들에게서 어렵지 않게 찾아볼 수 있는 세계수는 민간신앙의 요소가 보편종교의 요소로 전이된 결과물로 보이는데, 위에 제시한 크로아티아의 신화는 보편종교 이전의 민간 신앙적 요소를 간직한 작품이다.

2

태양, 달, 별 그리고 은하수

세상이 아직 만들어지지 않았던 시절에, 이미 그리스도는 태어났다. 그리스도가 겨우 걸어 다닐 정도로 어렸기 때문에, 항상 하느님과 함께 했으며 하느님은 그를 옷자락에 감싸고 다녔다. 하느님이 어디를 가든지 어린 그리스도는 항상 그의 뒤를 따라다녔는데, 가는 곳마다 어린 그리스도를 데리고 다녀야만 한다는 것이 지겨워진 하느님은 그에게 말했다. "맨 날 나와 같이 다니지 말고, 다른 어린 아이들이 그러는 것처럼 땅 위에 앉아 뭘 가지고 놀지 그러니." 그 말을 듣자마자 어린 그리스도는 땅바닥에 주저앉아 놀기 시작했다. 첫 번째 놀이는 괭이로 흙을 파내어 그 흙에 물을 섞어 진흙을 만들고 그 진흙으로 다양한 크기의 공 모양을 만들어 마르도록 타일 위에 놓는 것이었다. 외출을 했던 하느님이 아이가 무엇을 하고 있는지 보려고 돌아왔다.

진흙으로 엉망이 된 옷과 얼굴을 하고 있는 어린 그리스도와 함께 아이가 만들어 놓은 것을 볼 수 있었다. “왜 그렇게 얼굴이 엉망이 된 게냐? 그리고 진흙으로 무얼 만든 것이냐?” 아버지인 하느님이 묻자 아들인 어린 그리스도가 대답했다. “가지고 놀려고 공을 만들었어요, 아빠.” 그러자 하느님이 말했다. “잘 만들었구나. 그런데 그렇게 많은 공을 가지고 무얼 하려고 그러느냐, 아들아.” 아들은 그 공들을 위로 차면서 놀려고 한다고 대답했고, 아버지인 하느님은 어떻게 노는지 보여 달라고 아들에게 말했다. 아들은 커다란 공을 집어 들더니 구름 위 더 높은 곳까지 그 공을 차버렸다. 그 공은 하느님의 은총으로 더 높은 곳까지 날아가 멈추더니 그 자리에서 태양으로 변해버렸다. 태양이 너무나 빛나 눈이 부셨던 하느님과 아들 그리스도는 나머지 공을 하늘 높이 발로 차 그 자리에서 달과 크고 작은 별들로 변하게 했다. 진흙으로 만든 공을 모두 하늘로 차버린 어린 그리스도는 더 이상 놀게 없자, 지구를 잡고서는 마치 사과나무에서 사과를 따듯이 하늘로 던지려고 했다. 그 모습을 본 하느님은 지구의 일부를 떼어내 작은 별들을 만들었는데, 그것들이 바로 은하수이다.

우리는 어린 시절, 날이 밝아오면 떠오르는 태양과 어스름이 내리며 하늘 저 멀리에 나타나는 달과 별들을 바라보며, 과연 그것들이 어떻게 생겨난 것일까 하는 물음을 스스로에게 던진 적이 있을 것이다. 우리가 살고 있는 곳은 지구이며, 그 지구는 태양 주위를 돌고 있는 8개의 행성 가운데 하나라는 사실, 그리고 지구를 중심으로 달이라는 또 다른 행성이 규칙적으로 돌고 있다는 사실을 알게 된 것은 아주 오래 전의 일이 아니다. 물론 고대 바빌로니아 시대로부터 점성술이 발달하면서 자연과학 가운데에서 천문학이 가장 먼저 시작된 학문분야라는 사실은 부인할 수 없다. 또한 그리스의 천문학자 가운데 프톨레마이오스(Ptolemaeos)가 주장한 천동설(天動說)은 16세기 말에 들어서며 폴란드의 코페르니쿠스(Copernicus)에 의해 주장된 지동설(地

아담과 이브

動說)에 의해 뒤집히는 등, 인류는 어느 정도의 천체에 관한 지식과 관심을 가져왔지만 자연과학이 본격적으로 발달하게 되는 근대에 들어서야 자연현상에 대한 정확한 지식들이 모든 인류 사이에서 공유되기 시작했다. 그 이전까지 인류는 인간으로서 가능한 모든 상상력을 동원해 스스로의 관심에 답했음은 두말할 나위가 없다. 때로는 가까운 사람들 사이에서의 흥미유발을 위해서, 때로는 종교적인 필요에 의해서 갖가지 이야기들을 만들어냈는데, 위에서 제시하고 있는 마케도니아의 신화는 기독교적인 믿음이 신화를 전체적으로 지배하고 있다고 할 수 있다. 옛 유고슬라비아 지역에서 구전되고 있는 신화들 가운데에는 극히 드문 경우라고 할 수 있는데, 기독교라는 중세보편종교의 중심인물인 하느님과 예수 그리스도가 이야기의 전면에 구체적인 이름을 드러내며 등장하는 경우가 바로 그것이다.

3

동 유 럽 의 신 · 영 웅 · 신 비 한 존 재 들

인간의 탄생

최고의 신 스바로그(Svarog)가 세상을 창조했을 때, 아직 세상에는 인간이 존재하지 않았다. 어느 날 신 스바로그가 자신이 창조해 놓은 세상의 아름다움을 보여주려고 아내 보줴나(Božena)와 함께 이 세상으로 내려왔다. 하늘에서 내려오는 도중에 그들은 세상을 가장 멀리서 넓게 바라볼 수 있는 고원에서 발걸음을 멈췄다. 세상을 창조한 신 자신조차도 이 세상의 아름다운 모습과 화려함에 넋이 나갈 지경이었다. 이 세상에서는 모든 것들이 너무 빨리 자라나고 있었고 눈이 부시도록 아름다웠지만, 아직 인간이 없다는 사실이 안타까웠다. 그렇게 이 세상의 모습을 바라보고 있던 스바로그의 부인 보줴나는 하늘에서 내려오는 여정이 얼마나 힘들었던지 깊은 잠에 빠졌고, 신 스바로그는 그녀의 옆에 앉아 있었다. 보줴나는 잠을 자면서 이상한 꿈을 꾸었는데, 꿈속에서 스바로그와 그녀의 모습과 얼굴을 닮은 생명체가 나타났던 것이다. 그 생명체는 그녀의 꿈속에서 밝은 얼굴로 미소를 띠고 있었으며, 그 생명체의 그런 밝은 모습을 바라보던 보줴나 역시 잠을 자면서도 얼굴에 미소를 띠었다. 그녀가 잠에서 깨어나자 신 스바로그는 대체 무슨 꿈을 꾸었기에 자면서도 웃는 얼굴을 하고 있었느냐고 물었다. "마치 현실과 같은 그런 꿈을 꾸었어요. 이 세상에 당신과 나의 모습을 닮은 생명체가 나타났어요. 그 생명체가 웃고 있어서 나도 웃은 거예요." 그녀가 설명했다. "나도 당신이 자고 있는 사이에, 그것과 똑같은 생각을 했다오." 신 스바로그는 기뻐하며 말했다. "이 세상의 모습을 보니 모든 것이 빠르게 자라나고 꽃을 피우고 있잖소. 이 아름다운 세상을 우리들과 비슷한 모습을 하고 있고 합리적인 생각을 할 수 있는 생명체에게 주는 것이 더 좋은 일이 아니겠소? 당신이 그에 대해 꿈을 꾸고 있는 동안 나 역시 같은 생각을 하고 있었다니 우연 같지 않구려." 그러자 부인 보줴나가 스바로그에게 말했다. "왜 나의 꿈을 빨리 현실로 만드시지 않으시는 거죠? 그렇게 하면 당신의 창조가 완벽하게 끝을 맺게 될 거예요." 신 스바로그는 떡갈나무와 보리수나무가 있는 곳으로 가더니, 그 두 나무를 인간의 형상을 한 생명체로 변하게 만들었다. 그 생명체가 아직 움직이거나 하지는 못했지만, 그 모습만큼은 지금과 같은 인간의 모습을 하고 있었다. 신 스바로그가 떡갈나무가 변한 첫 번째 생명체에 다가가더니 생명의 숨을 불어넣었고, 그렇게 떡갈나무는 남자로 변했다. 잠시 후 부인 보줴나가 향기로운 보리수가 변한 두 번째 생명체에 다가가 생명의 숨을 불어넣었고, 그렇게 보리수나무는 여자로 변했다. 신 스바로그는 그들에게 자손을 번창시켜 이 세상을 다스리라는 명령을 내렸다. 그리고 떡갈나무의 잎으로 남자에게 옷을 만들어주었고, 보리수나무 잎으로는 여자에게 옷을 만들어주었다. 떡갈나무와 보리수나무가 있던 자리에서는 맑은 샘물이 솟아나 산 아래로 흘렀는데, 물 위에 비친 서로의 모습을 보고 남자와 여자는 서로에게 반해 함께 살며 이 세상에 자손을 번창시켰다.

밤과 낮을 바꿔가며 하늘 위에 펼쳐지는 태양, 달, 별들의 탄생이나, 우리 주변에서 흔히 볼 수 있는 자연물들이 생겨난 연원에 대한 관심만큼이나, 우리 인간이 이 세상에 어떻게 생겨나게 된 것인지에 대한 의문은 비단 과학자들의 몫만은 아니었던 것 같다. 이는 인류와 인간에 관한 모든 것에 관심을 기울여 탐구하는 인류학자들이나 선사시대를 살았던 사람들의 삶의 궤적을 추적해 가는 고고학자들의 관심과는 또 다른 차원이다. 논리와 논거를 기반으로 인류가 어떻게 이 지구상에 나타나게 되었으며 그들의 삶은 어떠했는가를 탐구하는 학자들과 그러한 과학적인 기반과는 무관하게 단지 상상력만으로 인류탄생의 배경을 설명하려는 순진무구한 민중들에겐 분명히 차이가 있다.

인간의 탄생을 이야기하고 있는 위의 크로아티아 신화작품은 과학자들의 입장에서 보기엔 분명 허무맹랑하며 무가치한 것에 불과할 뿐이다. 남자와 여자가 떡갈나무와 보리수나무로부터 만들어졌다니 말이다. 하지만 크로아티아 민중들은 인간의 최초 탄생과 관련하여 자신들의 이야기 자체에 당위성을 부여하기 위해 '스바로그'라는 최고의 신과 그의 아내인 '보줴나'를 내세운다. 신화를 포함한 구비문학은 아주 오랜 세월동안 셀 수 없을 정도로 많은 세대를 거치며 입에서 입으로 전해진 문학을 지칭한다. 다음 세대에 이야기를 전하는 화자는 자신이 늘어놓는 이야기에 현실성을 더하기 위해 그 누구도 거부할 수 없는 신이라는 존재를 끌어들인다. 신은 인간이 범접할 수 없는 위치에 있는 초인적인 능력을 지닌 초월적 대상이기 때문에, 신이 무엇을 어찌했다고 하면 이야기를 듣는 청자도 고개를 끄덕일 수밖에 없다. 왜? 화자와 청자 모두, 인간인 자신들과는 다른 특별한 능력을 지닌 신이 행한 일로 받아들이기 때문이다. 따라서 신화는 신화 그 자체로써의 가치를 가질 뿐이기 때문에, 합리성을 요구하는 것 자체가 우스운 일이 될 것이다.

다음은 '인간이 어떻게 여든 살까지 살게 되었는가'에 대해 우리 주변에 있는 여러 동물들의 특성을 빗대어 재미있게 풀어놓은 세르비아

예수 그리스도의 탄생

민중들의 이야기이다.

신이 이 세상을 창조했을 때, 인간에게는 단지 삼십년만을 젊고, 건강하고, 아름답고, 강하고 현명하게 살도록 했다. 그리고 신은 인간에게 삼십년 동안 세상만물 가운데 황제로 군림하게 될 것이라고 말했다. 인간은 삼십년이라는 짧은 삶이 달갑지 않았지만 신에게 아무런 대꾸도 하지 않았다. 신은 인간을 창조하고 나서 당나귀를 만들고서는, 가장 안 좋은 음식을, 그것도 절대로 배부르게 먹지 못할 것이라고 말했다. 또한 인간들 사이에서 당나귀는 조롱의 대상이 될 것이며, 무거운 짐을 끌고 항상 열심히 인간을 위해 봉사하는 삶을 살아야 하며, 인간이 휘두르는 몽둥이를 맞으며 삼십년을 살게 될 것이라고 덧붙여 말했다. 그 말을 들은 당나귀는 그토록 힘든 삶을 살게 될 것이라면 삼십년이 아니라 십년만 살게 해 달라고 애원했다. 그러자 신은 당나귀가 원하는 대로 될 것이라고 대답했다. 신과 당나귀의 대화를 듣고 있던 인간은 당나귀가 원하지 않는 이십년을 자신에게 달라고 신에게 청했고, 신은 당나귀가 원치 않는 이십년을 인간에게 주었다. 신은 당나귀를 만들고 나서 개를 만들었다. 신은 개에게 주인인 인간을 항상 곁에서 보호해주어야 하며, 꿈도 휴식도 갖지 못하고, 때에 맞춰 식사를 하지 못할 것이며, 다른 사람들을 위해서만 일해야 할 것이라고 말하고는, 그렇게 삼십년을 살게 될 것이라고 말했다. 신의 말을 들은 개 역시 십년만 살기를 신에게 청했다. 신은 개의 청을 허락했고, 옆에 있던 인간은 개가 원하지 않는 이십년을 자신에게 달라고 신에게 말했다. 신으로부터 또 이십년을 얻은 인간은 속으로 너무나 기뻐했다. 신은 그 다음으로 원숭이를 만들었고, 나뭇가지를 따라 이리저리 뛰어다니고 기어 다닐 것이며, 그렇게 삼십년을 살게 될 것이라고 말했다. 그러자 원숭이는 그런 삶이라면 이십년이면 충분하다고 대답했다. 옆에서 그 모습을 지켜보고 있던 인간은 뒷머리를 긁적이며 신에게 다가가 원숭이가 원하지 않는 십년을 자신에게 달라고 말했다. 신이 인간의 간청을 들어주자, 인간은 어린아이처럼 뛸 듯이 기뻐했다. 그리하여 인간은 처음 이 세상에 태어나서 삼십년 동안은 신이 말한 대로 황제처럼 젊고 건강하고 아름답고 강하고 현명하게 살지만, 서른 살부터 쉰 살까지는 당나귀로부터 얻은 인생처럼 아이를 낳고 가족을 부양하기 위해 힘겹게 일해야 하고, 쉰 살부터 일흔 살까지는 개의 인생이 그러하듯이 많이 움직이지는 않지만 언제 일어날지도 모를 위험스런 일들로부터 자신과 가족을 굳건히 지켜야 하며,

크로아티아 두브로브닉의 가면

일흔 살부터 여든 살까지는 손을 떨고 발은 절게 되며 눈은 잘 보이지 않게 되고 귀도 잘 들리지 않으며 지혜는 사라지고 어린아이처럼 행동하게 된 것이다.

인간의 수명은 인간 스스로 제어할 수 있는 성질의 것이 아니다. 과거에 비해 의학이 눈에 띄게 발달하고 있는 현대사회에 들어서도 획기적으로 인간의 수명을 늘일 수 있는 방법은 아직까지 찾아보기 힘들다. 물론 개인에 따라서 어느 정도의 차이는 있겠지만, 대부분의 인간은 이 세상에 태어나 죽음을 맞는 시점까지 참으로 다양한 양태를 보인다. 위의 세르비아 구비문학작품의 내용에서 알 수 있듯이, 옛날 사람들은 나이에 따라서 변화해 가는 인간의 삶을 신이 정해놓은 자연의 이치로 파악했다. 더 나아가 신의 의지와는 별개로, 인간이 나이에 따른 그러한 삶의 변화를 겪게 된 원인을 인간의 허망한 욕심에 기원한다고 본 것이다.

구비설화에 신이 등장한다고 해서 무조건 신화의 갈래로 파악해서는 안 될 일이다. 위의 세르비아 구비문학작품에도 신이 등장하기는 하지만, 이 이야기는 구비설화 가운데 인간이 어떻게 여든 살까지 살게 되었는가와 관련하여 그 유래를 파악하고자 하는 것을 내용으로 삼고 있는 민담의 한 갈래인 유래담으로 파악하는 것이 옳다. 왜냐하면 이야기가 궁극적으로 이야기하고자 하는 것이 무엇인가 하는 점이 갈래분류에서 중요한 판단기준이 되기 때문이다.

4

인간은 왜 이렇게 작아졌는가?

이 세상 최초의 인간은 거인이었다. 그 거인은 신경질을 잘 내는 성격이었지만 영웅의 기질 또한 갖고 있었다. 거인의 키는 너무나 커서 보이지 않을 정도였으며, 몸집은 거대한 산과도 같았다. 그가 잠을 잘 때면, 그의 빽빽한 머리카락 속에서는 매들이 둥지를 틀었으며 거인의 귓속에는 여우가 몸을 숨길 정도였다. 그리고 아무런 어려움 없이 발끝을 적시지 않고도 바다를 뛰어 건널 수 있었다. 그가 쏘는 화살은 아주 멀리까지 날아갔는데, 한번은 그가 쏜 화살이 가장 높은 산의 정상에 있는 신의 탁자가 있는 곳까지 날아가서 신의 음식을 지키는 마법의 수탉을 죽이기도 했다. 거인이었던 인간은 악마와 이 세상을 누가 다스릴 것인가를 놓고 다투고 있었다. 마침내 그들은 최종적인 결말을 짓는 대결을 벌였다. 그들은 싸움을 벌이면서 발로 이 세상의 땅을 여기저기 파놓았는데, 그 모양이 우리가 살고 있는 오늘날의 지구의 모습을 하고 있는 것이다. 그 싸움으로 넓은 평야대신에 높은 산들과 협곡들이 생겨났다. 하지만 거인과 악마는 그 누구도 상대방을 완전히 제압할 수 없었다. 그러자 악마는 포도덩굴에서 포도알갱이를 따내 이것을 짜내 붉은 포도주를 거인에서 건네주었고, 거인은 악마가 주는 붉은 포도주를 받아 마셨다. 포도주를 마신 거인은 신의 탁자가 있는 가장 높은 이 세상의 꼭대기로 올라가서는 신이 없는 사이에 신의 모든 음식을 먹고는 잠이 들어버렸다. 자신의 거처로 돌아온 신은 거인이 자신의 모든 음식을 먹어치우고 탁자에 엎드려 잠들어 있는 모습을 보고 화가 치밀어 올라, 거인을 잡아 산 밑으로 던져버렸다. 산 아래로 떨어진 거인은 온 몸에 부상을 입고 그렇게 몇 년 동안 정신을 잃고 누워있었다. 거인이 다시 정신이 들고 몸이 나아졌을 때에는 예전의 엄청난 힘을 가진 그런 모습이 아니었다. 바다를 뛰어 건널 수도 없었으며, 신의 탁자가 있는 곳까지 뛰어올라갈 수도 없었다. 그렇게 해서 악마가 이 세상을 다스리게 되었으며, 거인은 힘없고 왜소한 현재의 인간의 모습으로 바뀌게 되었다.

인간이라는 존재는 자연의 이치에 따라 자신에게 정해진 삶을 살다가 다시 자연 속으로 돌아갈 수밖에 없는 그러한 존재다. 인간은 자신의 목숨조차도 제어할 수 없는 나약한 존재에 불과한데, 어떻게 신의 영역에서 힘을 발휘할 수 있겠는가? 옛날 사람들은 오늘날의 인간들보다도 훨씬 더 힘없는 존재이었음에 틀림없다. 문명과 과학이 현저히 발달하고 있는 지금도 자연이 만들어내는 재앙들에 속수무책인데, 과학의 힘에 의지하지 못했던 옛날 사람들의 삶은 더욱 더 고달팠을 것이라는 사실은 의심의 여지가 없다. 하지만 남슬라브 지역에서 구전되는 위의 설화작품에서 인간은 원래 신과도 겨룰 수 있는 힘을 가진 그런 초인적인 존재로 묘사된다. 물론 결국 악마의 꼬임에 넘어가 포도주를 마시고 신의 노여움을 사서 나약한 존재로 변하게 되기는 하지만, 원래는 대단한 존재였다는 것이다. 많은 위험이 도사리고 있는 자연 속에 살면서 스스로의 목숨을 부지하기 위해 수많은 자연물들과 투쟁해야 하는 자신들의 나약한 삶을 잊기 위해, 때로는 그러한 투쟁 속에서 스스로에게 최면과도 같은 힘을 보태기 위해, 인간은 자위의 한 방편으로 이러한 종류의 이야기를 지어냈을 수 있다.

우리가 살고 있는 이 지구는 참으로 다양한 모습을 하고 있다. 그 끝을 알 수 없을 정도로 드넓은 바다, 감히 인간이 범접할 수 없을 것 같은 높은 산, 끝이 보이지 않을 정도로 높은 산과 또 다른 산 사이에 나있는 깊은 협곡, 낮은 언덕조차 찾아보기 힘들 정도로 평평하고 드넓은 들판, 굽이굽이 산과 평야를 가로지르는 강, 그리고 계절의 순환에 따라 뒤바뀌는 자연의 신비로운 모습들.... 지금도 마찬가지지만, 옛 사람들은 자신을 둘러싸고 있는 그러한 자연이 드러내는 경이로운 모습들에 경외심을 갖고 있었다. 그리고 자신들이 감히 이겨낼 수 없는 자연의 힘에 조용히 순응할 수밖에 없었다. 인간이 자연과 더불어 살아가야 할 운명을 타고나기는 했지만, 때로는 그러한 자연을 극복해야 하는 상황에 직면하기도 했을 것이다. 그러한 상황에서 인간이 자연에 대해 두려움만을 갖고 있었다면, 이를 극복하기가 쉽지 않은 일이었을 것이라는 사실은 어렵지 않게 추측할 수 있다. 따라서 자신들이 과거에는 자연보다 더욱 강한 존재였다는 생각을 스스로에게 주입함으로써 자기최면을 시도하는 노력을 벌였을 것으로 생각되는데, 위의 설화내용이 그러한 추측을 뒷받침하는 것은 아닐까?

5

수탉과 태양

신께서 하늘과 땅을 창조했을 때, 모든 동물들도 함께 만들어 이 세상에 존재하게 했다. 신의 모든 창조물들은 태양이 가져다주는 따스함과 빛에 감사하며 항상 태양에게 존경과 고마운 마음을 갖고 있었다. 이 세상과 동물들이 만들어지고 수년의 세월이 흐르고 나서 동물들은 번식을 거듭해 그 수가 크게 늘어났다. 어느 봄날 넓은 바닷가 근처의 높은 산에서 여러 동물들은 몇 가지 일들을 논의하기 위해 모임을 갖고 있었다. 회의를 하고 있는 동안 태양이 너무나 따뜻하게 비춰주었기 때문에 모두가 집으로 돌아가고 싶지 않을 정도였다. 이때 수탉이 자신들이 항상 고마움을 갖고 있는 태양에게 뭔가 보답을 할 것을 제안했다. 동물들은 한동안 무엇으로 태양에게 보답을 할 수 있을 것인가를 놓고 머리를 싸매고 고민했다. 잠시 후 고슴도치가 다른 동물들에게 한 가지 제안을 했다. 신이 자신들을 창조했을 때, 결혼을 해서 자식을 낳고 행복하게 살 수 있도록 은혜를 베풀었지만, 태양은 혼자서 살고 있어 외롭다는 것이었다. 이어 고슴도치는 태양을 결혼시키면 어떻겠느냐는 제안을 내놓았다. 다른 많은 동물들은 고슴도치의 의견에 박수를 치며 동의하고 그의 재치 있는 제안을 칭찬했다. 하지만 옆에서 이 모습을 지켜보고 있던 사자는 고개를 저었다. 만약 태양이 결혼을 하고 태양을 닮은 많은 자식들을 낳게 된다면, 이 세상이 너무나 뜨거워져 동물들이 모두 다 불타버릴 수 있다는 것이었다. 동물들은 사자의 논리적인 의견에 동의하며 태양을 결혼시키는 것은 어리석은 일이라고 다 같이 한 입으로 말했다. 사자의 말을 듣고 있던 태양은 너무나 실망해 바다 속으로 몸을 숨겨버렸다. 그 순간 세상은 어둠 속으로 빠져들었고, 갑자기 추워지기 시작했다. 세상이 갑자기 어두워지고 추워지자, 동물들은 태양을 결혼시키자는 제안을 했던 고슴도치에게 욕을 하고 저주를 퍼붓기 시작했다. 동물들은 태양 없이 삶을 살아가기가 너무나 힘들었기 때문이었다. 이때 수탉이 나서서 자신이 바다 속으로부터 태양을 불러낼 수 있다고 말하고는, 노래를 부르기 시작했다. 그렇게 수탉이 삼일 동안 노래를 불렀지만, 태양은 아무런 대답이 없었다. 그러자 수탉은 아침이면 바다 속으로 들어가 다른 노래를 부르며 마치 물 속에 빠진 고양이처럼 젖은 몸으로 추운 날씨에 떨어야 했다. 며칠이 지난 후, 꼬리를 늘어뜨리고 젖은 몸을 떨며 노래를 부르고 있는 수탉에게 태양이 왜 그렇게 멍청한 짓을 하고 있느냐고 물었다. 그러자 수탉은 자신을 결혼하도록 만들었던 친구들을 원망하며, 이렇게 혼자 사는 것이 너무나 행복하다고 대답했다. 또한 수탉은 결혼을 하려는 다른 친구들이 있으면 자신과 같이 되지 않도록 적극적으로 말릴 것이라고 태양에게 말했다. 수탉의 이야기를 들은 태양은 절대 결혼하지 않을 것이라고 마음을 정하고 바다로부터 나와 하늘에 자리를 정한 후 이 세상을 다시 따뜻한 빛으로 비추기 시작했다. 태양이 바다 속으로 들어갔을 때에는 밤이었지만,

바다 밖으로 나오자 낮이 되었다. 그렇게 태양은 오늘날까지도 아침이면 바다로부터 나오고 저녁이 되면 바다 속으로 들어가게 된 것이다. 또한 수탉이 아침이 되어 울기 전에 온 몸을 떠는 것은 바다 속으로부터 태양을 불러내려고 하는 몸짓이었는데, 이 또한 오늘날까지도 모든 수탉들이 반복하고 있다. 마치 바닷물 속에 들어갔다가 젖은 몸을 털어내는 것처럼. 그리고 태양을 결혼시키자는 제안을 처음 내놓았던 고슴도치는 사자를 비롯한 다른 동물들에게 창피함을 느껴서인지 오늘날까지도 가시 속에 머리를 묻고 있다.

옛날 사람들은 일정한 시간이 지나면 따뜻하고 환하던 낮이 춥고 어두운 밤으로 뒤바뀌는 자연의 이치를 논리적으로 이해하지 못했다. 왜 아침이면 수평선이나 지평선, 혹은 산 저 멀리로부터 태양이 떠오르는지, 하늘 위에 떠서 작열하던 태양이 어스름이 질 무렵이면 다시 바다나 산 너머로 사라지는지 궁금해 했던 것이다. 위에 제시한 마케도니아의 구비설화는 낮이면 태양이 하늘 위에 떠 있다가 밤이 되면 바다 속으로 사라지는 이유를 수탉이나 고슴도치와 같은 동물들의 유래담과 함께 재미있게 풀어가고 있다. 옛 사람들에게는 태양이 뜨고 지는 이치와 마찬가지로, 새벽이 되면 수탉이 홰를 치며 우는 이유 그리고 고슴도치가 항상 가시 속에 머리를 숨기고 있는 이유 또한 궁금했을 것이다.

달은 겁이 많고 신뢰할 수 없는 젊은 남자이며, 태양은 순결하고 밝은 그의 신부이다. 그리고 그들의 아이들은 별이다. 태양과 달은 함께 빛을 발했지만, 부지런했던 태양은 달보다 훨씬 일찍 아침시간에 일찍 일어나 이 세상을 밝혔고, 달이 잠에서 깨어났을 때, 태양은 이미 아주 높은 곳으로 올라가 있어서 창피해진 달은 나오기를 꺼려했다. 그리고 젊은 남자였던 달은 밤이 되어서야 하늘에 올라가 아침이 될 때가지 그곳에 남아 있었다. 밤 시간에 홀로 하늘을 지키며 새벽이

조디악과 태양

될 때까지 홀로 있었던 달은 아름다운 새벽별(금성)을 만나 마음에 들어 했고, 매일 새벽이 되면 새벽별을 만나기 시작했다. 달의 아내였던 태양은 그 모습을 보고 너무나 화가 나서 불타는 검으로 달의 얼굴을 반으로 잘라버렸다.

태양은 남성을 상징하고, 달은 여성을 상징하는 것이 일반적인 현상이다. 태양은 강렬한 남성의 이미지를, 그리고 달은 온순한 여성의 이미지를 갖고 있기 때문이다. 또한 명사에 성(性)을 부여하는 세계의 많은 언어들에서도 태양은 남성으로, 달은 남성으로 지칭한다. 하지만 위의 슬로베니아 구비설화는 정반대로 태양과 달의 성이 부여되어 있어 흥미롭다. 이 설화에서 남성으로 묘사되어 있는 달은 게으르고 겁이 많으며 신뢰할 수 없는 부정적인 이미지를 갖고 있고, 여성으로 묘사되어 있는 태양은 부지런하고 밝은 긍정적인 이미지를 갖고 있다. 하지만 그러한 긍정적인 태양의 이미지에도 불구하고 이야기의 끝부분에 가서는 남편이 아름다운 다른 여인에게 한눈파는 것을 참지 못하는 질투의 화신과 같은 모습으로 표현되고 있다. 동서고금을 막론하고 남녀 간의 관계는 모두의 관심사임에 틀림없으며, 옛 슬로베니아 민중들은 그러한 인간으로서의 자연스러운 관심을 자연의 이치에 빗대어 이야기하고 있는 것이다. 그렇다면 왜 태양과 달이 가지고 있는 보편적인 이미지로부터 벗어나 위와 같은 이야기를 엮어낸 것일까? 보편적인 태양과 달의 역할이미지에 어울리게 묘사되어 있는 또 다른 슬로베니아 구비설화를 보면 위의 구비설화에서 역할이 서로 뒤바뀐 이유가 이해된다.

태양과 달은 여름에 결혼을 한 남편과 아내였다. 차가운 가을날이 찾아오자 이들은 각자 자신의 길로 갔고, 그 후로 이들은 서로를 만나지 못했다. 태양은 달이 어디에 살고 있으며 무엇을 하는지 몰랐으며, 달 또한 마찬가지였다. 나뭇가지에 잎들이 자라나기 시작하는 봄이 시작되면 태양과 달은 다시 만났는데, 이때 서로가 어디에 살았으며 무엇을 하고 살았는지에 대해 이야기를 나누었고 때론 천둥과 번개로 우리들에게 보이기도 하는 심각한 말싸움을 벌이기도 했다. 의심이 많은 달이 싸움을 일으키는 가장 큰 원인이 되었는데, 인간 세상에서의 남편과 부인의 관계에 있어서와 마찬가지였다.

이 구비설화에서 이야기하고자 하는 바는 위의 구비설화와 마찬가지로 남녀 간의 관계이다. 부인으로 표현되어 있는 달은 서로를 보지 못하는 동안 남편인 태양의 행적에 대해 의심하며 부부싸움을 벌인다. 그 싸움의 결과가 천둥이나 번개로 나타난다는 부분은 지극한 민중들의 상상력이다. 논리적으로라면 밤과 낮이 뒤바뀌기 때문에 태양인 남편과 달인 부인이 만나지 못한다고 해야겠지만, 그렇게 되면 남편과 부인은 영원히 만날 수 없는 사이가 돼버린다. 그래서 슬로베니아의 민중들은 상상력을 발휘해 차가운 가을이 시작되고 겨울을 지나 봄이 찾아올 때까지 남편과 부인이 만나지 못하다가, 따뜻한 봄이 찾아오면 이들이 만나게 된다는 설정으로 바꾸게 된 것이다. 물론 이는 자연의 이치와는 배치되는 것이지만, 이야기를 듣는 청자의 입장에서는 그것은 부차적인 것일 뿐이다. 그럼에도 불구하고, 이 구비설화보다는 그 전에 제시한 슬로베니아의 구비설화작품이 훨씬 더 탄탄한 짜임새를 갖추려고 노력한 흔적이 많이 보인다.

6

동유럽의 신·영웅·신비한 존재들

영웅의 탄생, 그 비범한 혈족

세르비아 중세왕국의 왕이었던 부카쉰은 지역 사령관인 몸췰로의 아내였던 비도사바에게 마음이 있어 그녀를 스카다르[1] 호수 인근의 보야나 지역으로 오라고 편지를 보낸다. 비도사바는 남편 몸췰로가 영웅적 능력을 발휘하지 못하도록 준마인 야부췰로의 날개를 불태우고 그의 검을 녹여버릴 계획을 세웠고, 마침내 그녀는 남편을 속이고 몰래 야부췰로의 날개를 불태우고 검을 녹여버린다. 이 사실을 알지 못했던 몸췰로는 투르크 군대에 맞서 전쟁터에 나가면서 평범한 얼룩말 한 마리를 데려가게 된다. 적군과 맞선 몸췰로는 녹아버린 검이 빠지지 않고, 자신의 영지인 삐를리토르르로 날아서 후퇴하려고 했지만

1) 현재 몬테네그로와 알바니아의 국경을 이루고 있는 호수이다.

야부췰로가 날 수가 없음을 깨달았을 때, 아내 비도사바에게 속았다는 사실을 알게 된다. 삐를리토르로 뛰어서 돌아온 몸췰로는 아내 비도사바가 자신의 누이 예브로시마를 성의 기둥에 묶어놨다는 사실을 알고 성벽을 오르려고 했지만, 간부 비도사바에 의해 성벽 밑으로 떨어지고 만다. 성벽 아래에서 검과 창을 가지고 그 모습을 보고 있던 부카쉰 왕은 몸췰로를 창으로 찔러 죽이게 된다. 몸췰로는 자신의 누이인 예브로시마가 부카쉰 왕에게 영웅이 될 아들을 나아줄 것이며, 자신을 배신한 비도사바는 부카쉰 왕을 배신하고 죽음을 가져오게 될 것이라는 말을 남기고 눈을 감는다. 마침내 비도사바의 간악한 행위를 깨달은 부카쉰 왕은 그녀를 죽이고, 몸췰로의 누이인 예브로시마를 데리고 보야나로 돌아가 아내로 맞는다. 그녀는 마르코와 안드리야슈라는 이름의 두 아들을 낳게 되는데, 외삼촌인 몸췰로의 용맹성과 영웅적 능력을 닮은 마르코 끄랄레비치는 후일 유고슬라비아 지역에서 가장 위대한 영웅으로 칭송받게 된다.

유고슬라비아뿐만 아니라 남슬라브민족 전체의 민중영웅으로 받아들여지는 마르코 끄랄레비치(Marko Kraljević)의 탄생에 관한 이야기는 위에서 제시한 것처럼 완전한 서사구조를 이루고 있는 경우도 있지만, 아래의 이야기처럼 보편종교인 기독교의 절대적인 영향을 받은 서사구조가 취약한 경우도 있다. 하지만 어찌되었든 간에, 이들 두 이야기 모두는 영웅의 탄생과 관련하여 범인의 탄생과는 확연히 구분되는 영웅의 신성성을 강조하려 했다는 점에서는 크게 다르지 않다.

왕비 예브로시마는 9년 동안 아이를 갖지 못했다. 아이 갖기를 간절히 원했던 그녀는, 어느 날 시녀와 함께 스카다르의 외곽을 산책하고 있었다. 그때 한 집시아이가 보야나 강에 빠진 것을 보았고, 그녀는 곧바로 뛰어가 강에서 그 아이를 건져냈다. 그때 집시아이의 어미가 뛰어와서 감사의 말을 전하고, 비록 자신이 집시이고 가난하지만, 왕비가 원하는 것이 있으면 무엇이든 들어줄 것이라고 말했다. 하지만 왕비는 자신이 간절히 원하는 것을 집시여인이 이루어줄 수 없다고 거절했다. 집시여인의 거듭된 요청에, 왕비 예브로시마는 아이를 갖고 싶다고 말했다. 그러자 집시여인은 왕비에게 곧 아이를 갖게 될 것이며, 단지 왕이 될 아이를 갖고 싶은지 아니면 장차 영웅이 될 아이를 갖고 싶은지를 물었다. 이에 왕비는 아이의 아버지와 같은 왕이 될 아이를 갖고 싶다고 대답한다. 그러자 집시여인은 '왕은 단지 나라를 통치하지만, 국민들은 그를 저주하고, 그가 죽은 후에는 어느 누구도 그를 떠올리지 않습니다. 하지만 영웅을 낳으시면 모든 사람이 그를 사랑하고 이 세상이 다할 때까지 그의 이름을 떠올리게 될 겁니다. 영웅을 낳으시려면 성모마리아 교회를 세우시고, 땅을 일궈 아홉 개의 포도밭을 만들고 가난한 사람들에게 선물하세요. 그리고 아홉 군데의 장소에 아홉 개의 샘을 만드세요. 그리고 아홉 달 동안 매일 보야나 강에서 세 번 목욕을 하세요. 아이를 낳는 날, 샤르 산의 양으로부터 짠 우유 한 통을 마시세요."라고 조언했다. 왕비는 집시여인이 말한 대로 행했으며, 아홉 번째 달이 다 되어갈 무렵, 그녀는 정말로 사내아이를 낳았다. 하지만 아이는 너무 몸집이 작고 미성숙했다. 부카쉰 왕은 그 아이를 보고, 아이가 영웅은커녕 사람도 되지 못할 것이라고 말했다. 왕과 왕비는 그 아이에게는 '마르코'라는 이름이 주어졌는데, 아이가 태어났을 때 모든 사람들이 좋아했기 때문이다. 나중에 왕비 예브로시마가 커다란 선물을 내려주기 위해 그 집시여인을 수소문했지만, 어느 곳에서도 그녀를 찾을 수 없었다. 사람들은 그녀가 집시여인으로 모습을 바꾼 '성모 마리아'나 '요정'이라고 믿었다.

마르코 끄랄레비치의 출생이나 그의 어린 시절에 관해서 구비시가와 구비설화에는 다양한 모티프들이 존재한다. 세르비아뿐만 아니라 크로아

남슬라브민족의 영웅, 마르코 끄랄례비치

티아에서 채록된 <왕비 예브로시마의 꿈(San kraljice Jevrosime)>이라는 작품에서 마르코의 탄생은 꿈을 통해 미리 예견된다. 이 작품 속에서 마르코의 어머니인 예브로시마는 무섭게 생긴 용이 새끼를 낳는 꿈을 꾸고, 아버지인 부카신은 그 꿈을 위대한 영웅이 태어날 꿈이라고 해석한다. 역시 크로아티아에서 채록된 <탄생과 세례(Rođenje i krštenje)>라는 작품에서는 두샨 황제가 마르코의 탄생과 세례를 후견하는 대부(代父)로 등장하기도 한다. 스렘 지방에서 채록된 <마르코 몸칠로를 닮다(Marko se metnuo na Momčila)>라는 작품에서는 마르코가 몸칠로의 옷을 입는 것으로 그가 민중영웅인 자신의 외삼촌을 닮았다는 사실을 간접적으로 상징한다. 그에 대해 어머니인 예브로시마는 기뻐하지만, 아버지인 부카신은 몸칠로를 살해한데 대해서 자신의 아들인 마르코가 자신에게 복수하지 않을까 두려워하며 저주를 퍼붓는다는 내용이다.

7

영웅의 결혼

세르비아의 황제 스테판은 약혼녀 록산다를 맞으러 신부 대반들과 함께 레쟈나로 떠난다. 록산다의 아버지인 왕 라티나는 스테판과 신부 대반에게 다음과 같은 세 가지 영웅적인 과업을 수행하지 못한다면 자신의 딸을 줄 수 없다고 말한다. 첫째, 왕 라티나의 부하들과 결투하여 이길 것, 둘째, 반지 사이로 활을 쏘아 금 사과를 맞출 것, 셋째, 똑같은 옷을 입은 세 명의 여인 가운데 누가 록산다인지를 알아맞힐 것. 황제 스테판의 조카인 밀로슈 보이노비치는 이 세 가지 과업을 모두 수행한다. 하는 수 없이 딸을 내주게 된 왕 라티나는 6백 명의 병사들과 함께 사령관 발라츄카를 보내 딸을 납치하도록 시킨다. 밀로슈 보이노비치는 3백 명의 동료들과 함께 발라츄카를 처치하고 나머지 병사들 또한 죽음을 당하거나 도망치고 만다. 이것으로 황제 스테판의 결혼과 관련한 모든 문제가 해결되고, 황제는 약혼녀를 데리고 궁정으로 돌아오게 된다.

결혼할 여인을 얻기 위해 갖가지 어려운 고난을 이겨내는 영웅신화 속 모티프는 유고슬라비아 지역 이외에도 전 세계적으로 널리 분포되어 있는 보편적인 것이다. 우리에게 친숙한 독일의 영웅서사시 <니벨룽겐의 노래(Das Nibelungenlied)>서도 '군터가 어떻게 이슬란트로 가서 브륀힐트에게 구혼했는가?'와 '어떻게 군터가 브륀힐트를 아내로 맞이했는가?'라는 장에서 결혼과 관련한 영웅의 고난과 행적들이 잘 드러난다. 다음은 <니벨룽겐의 노래>의 일부이다.

군터 왕은 휘하의 영웅인 지크프리트, 하겐, 당크바르트와 함께 바다를 건너 이슬란트로 브륀힐트라는 여인에게 구혼하기 위해 길을 떠난다. 브륀힐트의 궁정에 도착한 군터 왕과 영웅들은 시종으로부터 칼과 갑옷을 맡기고 궁정으로 들어가야만 한다는 요구를 받는다. 브륀힐트는 군터 왕과 일행들에게 '바윗돌 던지기', '뛰어서 굴러가는 바윗돌 따라잡기', '자신과의 창던지기 시합'을 제안하고 이기지 못할 경우 명예와 생명을 모두 잃게 될 것이라고 말한다. 마법의 망토를 입은 지크프리트는 군터 왕을 도와 브륀힐트와의 경쟁에서 이기고, 마침내 군터 왕은 그녀를 아내로 맞이한다.

세르비아, 크로아티아, 슬로베니아, 보스니아에서 채록된 영웅신화와 독일의 영웅신화 내용을 비교해 볼 때, 대단히 흥미로운 점은, 영웅이 해결해야만 하는 다양하고 어려운 고난들과 이를 극복하고 결국 결혼에 이르게 되는 기본적인 모티프의 유사성 이외에도, 지명과 관련하여 민족과 지역의 다름에도 불구하고 이들 영웅신화들이 밀접한 관계 속에 놓여있을 수도 있다고 하는 점이다. 앞서 제시한 세르비아 지역의 영웅신화 속에서 황제 스테판이 약혼녀 록산다를 맞으러 떠나는 곳의 지명은 레쟈나(Леђана)이며, 독일 영웅신화 속에서 군터 왕이 브륀힐트에게 구혼하기 위해 떠나는 곳의 지명은 이슬란트(Islant)이다. 고대 독일어에서의 'Is'는 오늘날에 사용되는 'Eis'와 동일하며 '얼음'이라는 의미를 지니고 있으며, 세르비아 영웅신화 속에 등장하는 지명 또한 '얼음'을 의미하는 어휘 'Лед'와 관련이 있다는 점이다. 이를 우연의 일치로 설명하기엔 무언가 부족함이 있어 보인다. 서로 다른 여러 민족의 영웅신화가 내포하고 있는 유사한 모티프들과 구체적인 사항들에 있어서 나타나는 관련성은 영웅신화가 형성되는 과정에서 혹은 전승되는 과정에서 서로 다른 민족들의 영웅신화들이 상호 교섭이 이루어진 흔적으로 받아들일 수 있다. 하지만 이 또한 하나의 학설일 뿐, 절대적인 것은 아니다.

8

영웅과 요정

젊은 영웅이 산으로 야생동물을 사냥하기 위해 말을 타고 길을 떠났다. 그런데 양물푸레나무 아래를 지나가고 있을 때, 낮게 드리워져 있던 나뭇가지에 걸려 영웅의 모자가 벗겨졌다. 영웅은 모자를 되찾기 위해 말을 멈춰 섰는데, 그 모습을 나무 위에 앉아 있던 요정이 바라보고 있었다. 젊은 영웅은 자신에게 장난을 친 것이 요정이라고 생각하고, 요정을 향해 화살을 겨누었다. 그러자 요정이 그에게 애원했다. "젊은 영웅이시여, 나에게 화살을 쏘지 마시오. 당신에게 세 개의 복을 주겠소. 당신은 무리의 우두머리가 될 것이며, 셀 수 없이 많은 보물을 얻게 될 것이오. 그리고 나보다 더 아름다운 여인에게 청혼을 하게 될 것이오." 그러한 요정의 제안에 젊은 영웅은 코웃음을 치며 대답했다. "정말 고맙군! 너는 이미 내가 무리의 우두머리란 사실

세르비아의 민중영웅

과 이미 셀 수 없이 많은 재물을 가지고 있다는 것, 그리고 나의 아내가 너보다 훨씬 아름답다는 사실을 모르고 있다는 것이냐?" 말을 마치고나자 젊은 영웅은 요정을 향해 화살을 쏘았다. 왜냐하면 영웅과 요정은 항상 힘을 겨루는 그런 사이였기 때문이다.

남슬라브 지역에서 요정은 인간과 비슷한 모습을 하고 있는 초자연적인 능력을 가진 아름다운 여성으로 묘사된다. 금발의 머리를 하고 등에는 날개가 달려 있으며, 길고 빛나는 드레스를 입고 있다. 때로는 활과 화살을 무기로 사용하기도 한다고 전해진다. 요정들은 사람들로부터 멀리 떨어진, 깊은 산 속이나 호수나 강가, 또는 구름 속에 살고 있다. 그러한 신비로운 요정들은 비가 내리고 난 후 태양이 이 세상을 뜨겁게 비추게 될 때 나타나는 무지개와 함께 이슬이나 꽃으로부터 태어나는 존재이다.

세르비아의 영웅과 조력자

이들 요정들은 다른 동물들, 예를 들면, 백조, 매, 말, 늑대 등으로 모습을 바꾸는 능력도 가지고 있다. 재미있는 것은, 그러한 초자연적인 능력을 가지고 있는 요정들이 인간인 영웅을 흠모한다는 사실이다. 위에서 제시하고 있는 영웅신화도 그러한 유형의 하나로 간주할 수 있다. 하지만 때로는 인간인 영웅과 의남매 관계를 맺고, 영웅이 어려움에 처하게 되었을 때 조언을 해주거나 직접적으로 영웅을 구해내는 역할을 맞기도 한다. 남슬라브 민족들의 영웅인 마르코 끄랄례비치와 요정 라비요일라(Ravijojla)의 관계가 좋은 예이다.

또한 요정은 전쟁터에서 크고 작은 부상을 입은 인간들을 신비한 약초로 치료하는 치료사의 역할을 맞거나, 미래에 벌어질 일들을 예언하는 예언자의 역할을 수행하기도 한다. 반면 자신보다 더 예쁜 여인(여기서는 인간인 여인을 의미한다)을 시기하고 질투하여 죽음으로 몰아가기도 하는 부정적인 모습을 보이기도 한다.

아버지의 검을 알아본 영웅이야기

전투에서 부상을 당한 세르비아의 영웅이 자신의 말과 함께 마리짜(Marica) 강물을 따라 떠내려 오고 있었다. 강가에서 빨래를 하고 있던 터키의 여인이 그의 모습을 발견했다. 강물로부터 꺼내달라는 영웅의 청을 들어준 터키의 여인은 그가 범상치 않은 모습을 하고 있다는 사실을 깨달았다. 그가 이상한 옷과 보석이 박힌 칼자루와 빛나는 검을 차고 있었기 때문이다. 영웅은 터키의 여인에게 어디에서 누구와 살고 있는지를 물었고, 터키의 여인은 궁정에서 늙은 어머니 그리고 오빠 무스타파 사령관과 함께 살고 있다고 대답했다. 마르코는 자신이 가지고 있는 엄청난 보물을 오빠와 여인에게 선물할 테니 자신을 궁정으로 데려가 부상당한 몸을 치료해달라고 부탁했다. 터키의 여인은 이 사실을 오빠 무스타파에게 전했고, 오빠 무스타파는 그길로 곧바로 강가로 가 검으로 영웅의 머리를 잘라 죽이고 말았다. 그리고는 영웅의 검을 집어 들고 궁정으로 돌아왔다.

터키황제의 명령을 받고 군대에 간 무스타파는 앞서 자신이 죽인 영웅의 검을 차고 갔는데, 그 어느 누구도 죽은 영웅의 검을 칼집에서 꺼낼 수 없었다. 영웅의 검은 이 사람 저 사람의 손을 거쳐 마르코 끄랄례비치의 손에 들어왔는데, 그러자 아무리 힘을 써도 빠지지 않던 검이 저절로 칼집에서 빠졌다. 그리고 마르코 끄랄례비치는 검에 새겨진 세 개의 세르비아 정교회 문자를 보았다. 첫 문자는 그 검을 만든 대장장이 노박의 이름이었으며, 두 번째 문자는 아버지 부카쉰 왕의 이름이었고, 세 번째 문자는 자신인 마르코 끄랄례비치의 이름이었다. 마르코 끄랄례비치는 검을 차고 왔던 터키인 무스타파에게 검을 어디에서 얻었는지 물었고, 무스타파는 사실 그대로를 이야기해 주었다. 그가 말을 끝마치자 마르코는 왜 자신의 아버지의 상처를 치료해주지 않고 죽였는지 원망하며, 그 자리에서 자신의 아버지의 목을 벤 무스타파의 머리를 거두었다.

구비문학 작품 속에 등장하는 민중영웅들은 성격에 따라 다양하게 분류될 수 있는데, 그 가운데 하나가 주인공의 군사적인 측면을 강조하여 적대적 관계에 있는 상대와의 대결주체로써 간주하는 것이다. 남슬라브 민족들에게 있어서 마르코 끄랄례비치를 민중영웅으로 받아들여질 수 있도록 한 직접적인 계기는 이들 민족들이 '오스만 투르크'라는 외부의 적에 의해 피지배의 상태로 전락했다는 데에 있다. 일반적으로 군사적 특징을 지니고 있는 민중영웅의 탄생을 위한 필요조건은 '전쟁'이다. 하지만 모든 전쟁이 민중영웅을 만들어 내는 것은 아니며, 서로 다른 민족간의 전쟁이라는 또 다른 조건이 수반된다. 따라서 '오스만 투르크'라는 외부의 적과 이들에 의한 피지배의 상태는 '마르코 끄랄례비치'라는 민중영웅을 탄생시킬 수 있는 밑거름으로 작용했음을 알 수 있다. 최근에 세르비아, 크로아티아, 슬로베니아, 보스니아에서 벌어진 보스니아 내전과 코소보 내전은 그러한 의미에서 민중영웅을 탄생시킬만한 조건을 충족시키지 못하고 있다. 세르비아, 크로아티아, 슬로베니아, 보스니아에서 채록된 구비문학 작품들을 전체적으로 살펴보면, 마르코가 보여주는 군사적 영웅으로써의 특징은 단순히 적대자에 대한 무력적인 대응이 아니었음을 알 수 있다. 그는 오스만 투르크 제국의 지배 하에 있었던 자민족의 자존심과 종교를 포함한 문화전반을 수호하는 동시에 술탄의 봉신으로써의 책무도 결코 소홀히 하지 않았다. 그러나 그것은 술탄에 대한 맹목적인 복종이 아니라, 민족적 안위를 지키기 위한 하나의 방편의 의미를 갖는다.

실제의 역사 속에서 뿐만 아니라 그에 바탕을 둔 구비문학 작품에서도 지배세력으로 등장하는 터키의 군사들은 대부분의 경우에 나약하고 간교한 성격을 지니고 있는 것으로 묘사된다. 즉 터키의 군사들은 스스로가 마르코의 군사적 영웅성을 인정하고 두려워하여 그와의 싸움을 회피하며, 이내 술탄에게 달려가 마르코를 헐뜯고 비방하는 비겁자로 등장하지만 술탄은 이들 사이의 반목과 불화에 대한 책임을 마르코에게 유리한 쪽으로 조정하곤 한다. 그리고 그러한 결과에 불만을 품은 터키의 군사들은 마르코를 감옥에 가두는 행위를 자행하게 되고, 결국은 마르코로부터 피의 보복을 당하게 되는 것이다. 물론 마르코와 터키인 사이의 친분관계를 모티프로 삼고 있는 구비서사시, 민담, 소화(笑話) 등이 적지 않지만, 그러한 성격의 구비문학 작품들 모두가 결국은 터키인을 적대자로 간주하는 것을 그 본질적인 내용으로 하고 있음에 주목해야 한다. 즉 외부적으로 드러나는 터키인과 마르코 사이의 친분관계는 진정한 의미에 있어서의 친우관계가 아니라는 것이다.

터키인과의 관계에 있어서 또 하나 흥미로운 것이 마르코와 술탄과의 관계이다. 마르코 끄랄례비치는 오스만 투르크 제국의 봉신으로 제국의 이익을 위한 전쟁에 참여하는 등 자신에게 주어진 책무를 다하지만, 그에게 있어서 지위체계에 따라 주군(主君)으로 모셔야 할 술탄은 결코 경외의 대상이 아니다.

10

영웅의 죽음

마르코 끄랄례비치가 우르비나 산을 올라가고 있을 때 곁에 있던 말 샤라쯔(Šarac)가 비틀거리며 마르코의 품에 쓰러졌다. 그 모습을본 마르코가 슬퍼하고 있을 때 산 속에서 요정이 나타나 산 정상에 올라가면 두 그루의 전나무와 그 사이에 있는 우물을 보게 될 것이라고 말했다. 그리고 그 우물 속을 들여다보면 마르코가 언제 죽게 될 것인지를 알게 될 것이라는 말을 덧붙였다.

산 정상으로 올라간 마르코는 샤라쯔를 전나무에 묶어두고 우물 속을 들여다보았고, 물 위에 비친 자신의 얼굴을 보고는 자신이 언제 죽게 될 것인지를 알게 되었다. 이내 허리춤에서 칼을 뽑아든 마르코는 샤라쯔의 목을 베고 말았다. 초자연적인 능력을 가지고 있는 영마 샤라쯔가 자신이 죽고 난 후 터키인의 손에 넘어가거나 하찮은 일을 하는 평범한 말이 되는 것을 원하지 않았기 때문이었다.

샤라쯔를 땅 속에 묻고 나서 마르코는 자신의 검을 부러뜨리고 창을 일곱 조각으로 잘라버렸다. 이 역시 터키인들이 사용하지 못하도록 하기 위함이었다. 우르비나 산 속으로 부러지고 잘라진 검과 창을 던져버리고 나서 마르코는 글을 남겼다. 자신이 차고 있는 세 개의 보물 혁대 가운데 하나는 자신의 시신을 묻어주는 사람이 갖게 될 것이며, 두 번째 혁대는 세르비아 정교회를 장식하는데 쓰일 것이며, 세 번째 혁대는 앉은뱅이와 장님을 위해 쓰일 것이라는 내용이었다. 글을 남긴 마르코는 우물 옆에서 앉은 채로 죽고 말았다.

우물 옆을 지나가는 사람들은 앉은 채로 죽어있는 마르코가 잠을 자고 있다고 여겼다. 한참이 지난 후 길을 가던 스베타 고라(Sveta Gora)의 세르비아 정교회 수도원 힐란다르(Hilandar)의 수도사 바소(Vaso)가 마르코가 앉아 있는 모습을 보고 잠을 깨우기 위해 몸을 흔들었다. 마르코의 옆에 놓여 있던 편지를 발견한 수도사는 마르코가 이미 죽었다는 사실을 깨달았다. 수도사는 눈물을 흘리며 마르코의 시신을 자신의 말에 싣고 힐란다르 수도원으로 가서 수도원의 한 가운데에 묻어주었다. 하지만 무덤에 아무런 표식을 해놓지 않았는데, 적들이 죽은 마르코에게 보복을 하지 못하도록 하기 위함이었다.

적과의 전투를 벌이는 과정에서 사용하는 마르코 끄랄례비치의 무기는 검과 철퇴, 창, 활, 칼 등이며, 전투가 없는 평상시에도 그는 항상 이들 무기들을 몸에서 떼어놓지 않는다. 그와 같은 무기들은 영웅신화에 등장하는 여타의 주인공들이 흔히 사용하는 것들이지만, 마르코에게서만 찾아 볼 수 있는 독특한 것이 있어 주목된다. 바로 '포도주'가 그것인데, 마르코는 전투나 결투를 앞두고 항상 엄청난 양의 포도주를 마심으로써 힘과 용기를 얻는다는 사실을 대부분의 남슬라브 구비문학 작품을 통해 확인할 수 있다. 하지만 포도주가 힘을 얻기 위한 수단으로만 사용되는 것은 아니며, 전투에서 심한 부상을 당한 경우에 건강을 회복하기 위해 마시는 경우도 어렵지 않게 찾아볼 수 있다. 건강의 회복을 위해 사용되는 또 다른 재료로는 보통 요정이 선물했다고 알려져 있는 다양한 종류의 약초들이 있다.

마르코 끄랄례비치의 충직하면서도 초자연적인 능력을 지니고 있는 조력자로 등장하는 것은 '샤라쯔'라고 불리는 말과 매, 그리고 의형제 관계에 있는 요정이다. 특히 샤라쯔는 전투에 참가하여 싸우는 주인 마르코를 돕는 역할도 하지만, 스스로도 적의 말을 이빨로 물어뜯거나 많은 적들을 자신의 발굽으로 짓밟는 등 싸움의 주체로써 활동하기도 한다. 또 다른 조력자로 등장하는 매도 마르코의 적대자로 등장한 요정의 날개를 부리로 물어뜯거나, 스스로 요정을 제압하기도 한다. 부크 까라지치(Vuka)의 채록본에 수록되어 있는 <아자끄 감옥의 마르코 끄랄례비치(Marko Kraljević u Azačkoj tamnici)>[2]라는 구비서사시 속에서 조력자 매의 또 다른 역할은 마르코가 감옥에 갇혀 있는 동안 편지를 날개 밑에 끼워 마르코가 원하는 사람에게 전달하는 메신저의 역할이다.

마르코 끄랄례비치와 관련한 지명 가운데에는 그의 초인간적인 신체적 특성과 관련한 것이 있어 주목된다. 슬라보니아 지역(Slavonija)의 가보슈(Gaboš)라는 마을에는 "마르코 끄랄례비치의 언덕(Brežuljak Kraljevića Marka)"이라는 이름의 장소가 있다. 이 장소는 마르코가 이곳에서 밭을 일구는 동안 신발에 흙이 들어가면 신을 벗어 흙을 털었는데, 그 흙이 모여 언덕이 되었다는 전설로 잘 알려져 있다.

이처럼 비범하고 초자연적인 힘을 가진 민중영웅인 마르코를 당할 수 있는 적은 아무도 없었으며, 그렇기 때문에 그의 영웅성은 남슬라브 민족의 구비문학 작품에 등장하는 다른 어떤 민중영웅보다도 뛰어난 것이었다. 그는 단지 인간세계에 속해있는 다른 영웅들이나 적대자들보다 뛰어난 것이 아니라, 신화적인 창조물들, 즉 요정이나 용, 머

2) '아자끄(Azak)'는 아조프(Azov)의 터키어식 표현으로 케르치(Kerch)해협에 의해 흑해로 연결되는 내해에 위치한 도시를 가리킨다.

리가 셋이거나 세 개의 심장을 가지고 있는 거인과 같이 상상 속에서나 등장하는 상대자들과의 싸움에서도 지지 않는 뛰어난 능력을 가진 영웅이었다.

영웅은 그것이 드러내는 행위와 특성에 따라 다양하게 분류될 수 있으며, 그러한 영웅을 주인공으로 삼고 있는 영웅신화는 신화와 전설의 공통적인 층위에 걸쳐있다. 그러한 의미에서 세르비아 민족의 역사에 실재했던 인물이면서 민중들에 의해 신격화되고 있는 남슬라브 민족들의 공통적 민중영웅인 마르코 끄랄례비치는 영웅신화의 주인공이라고 할 수 있겠다. 마르코 끄랄례비치는 다양한 구비문학 작품들을 통해 때로는 군사영웅으로, 문화영웅으로, 종교영웅으로 우리들에게 다가온다. 그러나 그와 같은 분류에 반드시 추가되어야 할 것이 바로 '인간적인 영웅'으로서의 또 한 측면이다.

11

스카다르(Skadar)에 전해지는 전설

스카다르 호수 근처에서 므르냐브체비치(Mrnjavčević) 집안의 세 명의 형제가 도시를 건설하고 있었다. 첫째 형은 세르비아 중세왕국의 부카쉰(Vukašin) 왕이었고, 둘째는 우글레샤(Uglješa) 군사령관이었으며, 막내는 고이코(Gojko)였다. 이들 삼형제는 삼 년 동안 도시를 건설하고자 했지만, 낮에 지어놓은 건물을 밤이면 요정이 나타나 무너뜨려버리곤 해서 도저히 도시를 지을 수 없었다.

산 속에서 나타난 요정은 부카쉰 왕에게 스토야(Stoja)와 스토얀(Stojan)이라는 이름을 가진 남매를 찾아 주춧돌 밑에 매장하면 아무런 문제없이 도시를 건설할 수 있을 것이라고 알려줬다. 이에 부카쉰 왕은 하인을 불러 재물을 가지고 세상에 나가 그 이름을 가진 남매를 찾아오라고 명령했다. 하지만 남매를 찾기 위해 세상으로 나간 하인은 결국 같은 이름을 가진 남매를 찾지 못하고 스카다르로 돌아왔다.

이들 삼형제는 다시 도시를 건설하려고 노력했지만 아무런 소용이 없었다. 그러자 다시 산에서 나타난 요정이 삼형제의 부인 가운데 한 사람을 주춧돌 밑에 매장하면 도시가 아무런 문제없이 건설될 수 있을 것이라고 알려주었다.

요정의 말을 들은 삼형제는 어느 누구도 자신의 부인에게 요정이 알려준 도시건설의 방법을 말하지 말고 부인들의 운명에 맡기자고 약속했다. 하지만 첫째 형과 둘째 형은 형제의 신의를 저버리고 자신의 부인들에게 내일 스카다르로 오지 말라고 일러주고 만다. 막내 고이코만이 자신의 부인에게 형제들끼리 한 약속에 대해 아무런 언급을 하지 않음으로써, 결국 고이코의 부인만이 도시를 건설하는 기술자들에게 점심식사를 가져다주기 위해 다음날 스카다르로 가게 된다.

고이코의 부인이 스카다르에 도착하자 그녀를 주춧돌 밑에 집어넣고 건물을 쌓기 시작했다. 그녀는 자신의 허리부분까지 건물을 쌓아올릴 때까지도 자신에게 어떤 일이 닥치게 될지 알지 못했다. 그저 울고만 있을 뿐이었다. 결국 자신이 죽게 될 것이라는 사실을 알게 된 고이코의 젊은 부인은 기술자 라데(Rade)에게 집에 떼놓고 온 어린 아들에게 젖을 먹일 수 있도록 건물에 구멍을 내달라고 애원했다. 그리고 아들의 모습을 볼 수 있도록 눈이 닿는 자리에 구멍을 내어줄 것을 부탁했다. 기술자 라데는 부인의 간절한 청을 들어주었고, 젊은 부인은 일주일동안 아들에게 젖을 물리다가 결국 건물 속에서 죽고 말았다.

이후 오늘날까지도 그 건물 구멍에서는 하얀 액체가 흘러나와 젖이 나오지 않는 여인들이 기적을 얻기 위해 찾아오고 있다고 전해진다.

세르비아, 크로아티아, 슬로베니아, 보스니아에서 구전으로 전해지는 '스카다르 건설'에 관한 이야기는 원래 산문이 아닌 운문의 형태로 계승되고 있다. 이 작품의 경우 서사성과 서정성을 동시에 지니고 있다는 측면에서 유고지역의 구비서사시를 대표하는 작품 가운데 하나로 손꼽을 수 있다. 또한 실제 역사성에 일정부분 기반하고 있다는 측면에서 구비전설적인 특성도 함께 보여준다.

전설이란 허구성과 진실성을 동시에 지니고 있는 이야기 갈래로, 이야기의 모태가 되는 자연물이나 인공물의 존재를 담보로 한다. 구유고지역에시 전해지는 '스카다르 건설'에 관한 이야기 역시 실제 여인의 젖으로 믿겨지는 액체가 흘러나오는 건물을 기반으로 형성되었다는 측면에서 구비전설의 갈래로 이해할 수도 있다. 건축물(혹은 도시)을 축조함에 있어서 요정의 방해를 받다가 어린아이를 재물로 삼아 건축물을 완공할 수 있었다는 내용을 가진 인신공희 모티프의 구비문학작품은 거의 모든 민족들의 구비문학에 나타나는 보편적인 내용이다. 일반적으로 오랜 역사를 지닌 건축물을 둘러싸고 구연되는 그러한 구비문학작품들은 노래로 불리거나 혹은 이야기로 전해지게 되는데, 특정한 증거물을 기반으로 민중들의 상상력이 동원되어 내용을 구성되는 구비전설의 특징을 갖는다. 예를 들면, 구 유고지역에서 전승되고 있는 '스카다르 건설'이나 루마니아의 '명인 마놀레 (Meşterul Manole)'와 같은 작품이 그러한 것들이다.

노벨문학상 수상작가로 널리 알려져 있는 이보 안드리치(Ivo Andrić)의 소설『드리나 강의 다리(Na Drini ćuprija)』에는 구비문학에서 사용되었던 '인신공희(人身供犧)' 모티프가 등장한다. 안드리치는 드리나 강 위에 세워진 다리와 교각에 남겨져 있는 구멍의 기원을 구비전설 작품의 내용을 인용해가며 다음과 같이 묘사하고 있다.

낮에 지어진 것을 밤이 되면 부수는 늘 어디에서나 축조를 방해하는 누군가와 같이, 사람들은 물의 요정이 축조를 방해했다는 사실을 알고 있었다. 물로부터 '무엇인가'가 말하기 시작했으며 석공 라데에게 스토야 그리고 오스토야란 이름의 연약한 아이들인 쌍둥이 남매를 찾아, 다리의 교각 중앙에 넣고 벽을 쌓아버리라고 조언을 하는 것이었다. 곧 보스니아 전역에는 그런 아이들을 찾는 일이 시작되었다. 그 아이들을 찾아 데리고 오는 사람에게는 상(賞)이 수여될 것이라고 했다.

구비문학 작품들은 그 갈래를 불문하고 기록문학 작품의 형성에 지대한 영향을 미친 요소로 간주할 수 있다. 문학은 그 존재방식에 따라 기록문학과 구비문학으로 대별되지만, 그 영향관계를 고려해 볼 때 문학의 원류를 구비문학으로 간주하는데 커다란 무리가 있을 수 없음은 자명한 사실이다. 즉 기록문학의 특성과 의미를 정확히 파악하기 위해서는 구비문학에 대한 연구가 선행되어야 하지만, 그 역(易)은 성립될 수 없다는 것이다. 지금까지 문학이라고 하면 우선 개인에 의해 창작된 기록문학을 떠올리는 경향이 지배적이었으며 구비문학은 무언가 부족하고 완전하지 못한 것으로 치부되어 왔지만, 개인에 의한 창작인 기록문학과 달리 오랜 세월을 거치며 다수민중의 참여에 의해 형성된 구비문학은 해당 민족의 정체성을 파악하는데 있어 가장 유용한 문학 갈래임에 틀림없다.

12

기적의 눈물

때론 이슬 같고, 때론 빗물 같기도 한 인간의 눈물은 더러운 어떤 것을 정화하거나 맑게 만들 수 있는 신비로운 능력을 가지고 있다. 옛날 아주 먼 옛날에, 어떤 방앗간 주인이 악마와 불경스러운 계약을 맺고 자신의 딸을 악마에게 팔았다. 마침내 악마가 딸을 데리고 갈 시간이 다가왔을 때, 방앗간 주인의 딸은 아버지가 자신도 모르게 어떤 일을 벌였는지를 깨닫고 물레방아가 있는 강으로 가서 깨끗이 목욕을 하고 조용히 앉아 악마를 기다렸다. 드디어 악마가 찾아와 그녀에게 다가가려고 했지만, 그녀가 깨끗한 물로 온몸을 씻었기 때문에 그녀에게 다가갈 수 없었다. 화가 난 악마는 방앗간 주인에게 딸을 집 안에 가두어 목욕을 하지 못하도록 만들라고 명령을 내렸다. 아버지인 방앗간 주인은 악마의 말을 듣고 딸을 물레방앗간 안에 가두었다. 다

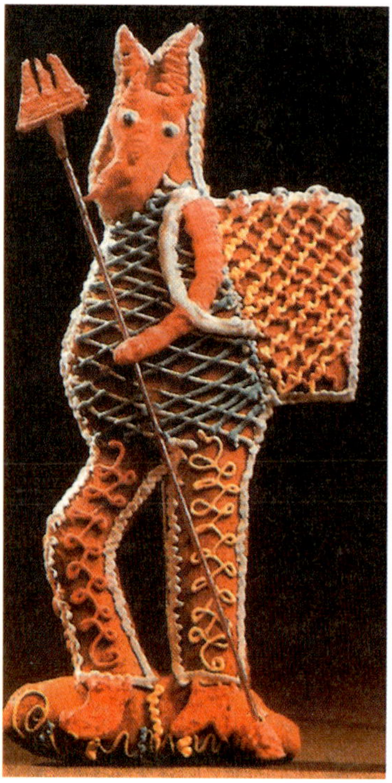

악마의 형상

음날 딸은 물레방앗간 안에 있던 항아리 속의 물로 얼굴을 닦고 조용히 악마를 기다렸다. 하지만 악마는 이번에도 그녀에게 가까이 갈 수 없었는데, 그녀가 너무나 깨끗했기 때문이었다. 악마는 더욱 더 화를 내며, 물레방앗간 안에 있는 모든 물을 밖으로 꺼내놓으라고 방앗간 주인에게 명령했다. 방앗간 주인은 이번에도 악마의 말을 듣고 그대로 행했다. 하지만, 그 다음날 악마가 물레방앗간에 도착했을 때, 방앗간 주인의 딸은 눈물을 흘리면서 울기 시작했다. 눈물은 그녀의 얼굴을 타고 흘러내렸고, 손 위에 눈물방울이 떨어졌다. 그렇게 눈물로 깨끗이 정화된 그녀를 악마는 데려갈 수 없었다. 참을성을 잃은 악마는 방앗간 주인이 자신을 놀리고 있다고 생각하고, 딸은 내버려둔 채 아버지를 데리고 가버렸다.

물은 우주를 구성하는 가장 기본적인 요소 가운데 하나로, 그 맑음과 깨끗함으로 악한 기운을 씻어내는 주술적인 효능을 가지고 있는 것으로 생각되어진다. 또한 생명의 근원을 뜻하며 우리가 살고 있는 지구를 지탱해주는 가장 중요한 역할을 하기도 한다. 남슬라브 민족들에 있어서 물은 주술적인 정화의 도구로 사용되기도 하는데, 위의 구비설화에서 물이 내포하고 있는 기능이 바로 정화의 기능이라고 할 수 있다.

반면, 대부분의 슬라브 민족들에게 있어서 물은, 특히 인간에게 부정적인 의미를 가진 원천으로 해석되기도 하는데, 물속에 '보데냐크(Vodenjak)'라는 이름의 악마가 살고 있다는 믿음이 바로 그것이다.

슬로베니아에서 구전되고 있는 위의 구비설화에서는 이야기의 후반부에 보통의 정화기능을 가진 물보다 더 강력한 정화기능을 가진 '눈물'이 등장하면서 이야기는 권선징악으로 끝을 맺게 된다. 보통 물에도 꼼짝하지 못하던 악마는 가엾은 딸의 눈물에 더 이상의 방법을 찾지 못하고 결국 인륜을 저버린 아버지를 데리고 가버린다는 결말이다. 여기에서 눈물은 일반적으로 생각할 수 있는 슬픔이나 고통, 애도나 상처를 표현하기 위한 수단이 아니라, 의례적 행위의 형태를 표현하기 위한 수단으로 쓰였다. 예를 들어, 구 유고슬라비아의 세르비아 지역에서는 가족 구성원 가운데 누군가가 전쟁터에 나가 죽거나 실종되었을 때, 이 죽거나 사라진 가족의 옷이나 개인적으로 사용하던 물품을 놓은 채, 이 옷이나 물품에 눈물이 떨어지도록 그 위에서 우는 관습이 있다. 얼핏 보아 이 관습은 단순히 가족의 죽음이나 실종을 안타까워하며 슬픔을 표현하기 위한 것으로 생각할 수 있지만, 사실은 죽거나 실종된 가족구성원이 이승에서 행한 모든 죄악에 대해 용서를 구하고 이들의 영혼을 정화하기 위한 목적이 그러한 행위 안에 담겨 있다고 할 수 있다.

13

홍수설화와 벼룩의 탄생

이 세상에 대홍수가 일어났을 때 신은 노아에게 배를 만들게 하고 그 안에 동물들을 태워 목숨을 구하도록 했다. 노아는 이 세상의 모든 동물들을 배 안에 태웠으며, 쥐와 뱀도 그 무리에 끼어 있었다. 하지만 쥐는 얌전히 있는 다른 동물들과는 달리 나무로 만들어진 배를 이빨로 갉아 배 안으로 물이 들어오게 했다. 이에 놀란 노아는 신에게 어찌하면 좋을까를 물었고, 옆에 있던 뱀이 자신에게 사람의 피를 마시게 해주면 배의 구멍을 막아보겠노라고 노아에게 제안했다. 배 안으로 점점 물이 차 들어와 다급했던 노아가 그렇게 해주겠다고 대답하자 뱀은 자신의 몸을 둘둘 말아 구멍을 막았고 그렇게 배 안에는 더 이상 물이 들어오지 않게 되었다. 물이 더 이상 들어오지 않게 되자 뱀은 노아에게 인간의 피를 마시게 해주겠다는 약속을 지킬 것을 요구했다. 어찌할 바를 몰랐던 노아가 신에게 가서 여쭤보라고 뱀에게 말을 하자, 뱀은 신에게로 가서 인간의 피를 마시게 해달라고 요구했다. 하지만 신은 뱀에게 기다리라는 말만 할뿐 아무런 대책도 세워주지 않았다. 신의 답을 기다리다 지친 뱀은 혼자서 언덕 위로 올라가 지나가던 소를 잡아 불구덩이 속에 집어넣었고, 그때 세찬 바람이 불어와 재가 온 세상에 날리게 되었다. 그렇게 온 세상으로 날아간 그 재들이 벼룩으로 변해 오늘날까지도 사람들을 못살게 굴게 된 것이다.

홍수에 관한 신화는 그리스, 인도, 잉카, 이집트, 중국, 한국 등과 같은 세계 여러 지역의 민족들에게서 발견되고 있으며, 민족에 따라서 그 내용이 조금씩 차이가 있다. 홍수에 관한 구비설화는 신화, 전설, 민담의 세 가지 성격으로 나뉘거나 혹은 이들 세 가지 구비설화의 하위갈래들이 뒤섞여 전해지기도 한다. 홍수설화는 이 세상을 절멸시킬 수도 있는 큰물에 대하여 인간이 어떻게 대처하고 있는가 하는 것을 주요한 내용으로 삼고 있는데, 위의 세르비아 홍수신화의 경우에는 '벼룩이 어떻게 생겨나게 되었는가' 하는 자연물의 유래담과 뒤섞여 나타나는 독특한 형태로 파악할 수 있다. 일부 홍수설화의 경우 근친상간을 모티프로 하는 남매혼 설화와 직접적으로 연결되어 있다. 중국의 복희와 여와의 남매혼 설화나 한국의 홍수 남매혼 설화들이 그것이다.

위의 세르비아 홍수설화의 경우 구체적으로 성서에 등장하는 이름인 '노아'와 역시 성서에서 인간을 악으로 인도하는 주체인 '뱀'이 제시되고 있는 것으로 보아, 중세 기독교의 영향을 받은 작품으로 이해할 수 있다.

14

악마와 늑대

신이 이 세상을 창조했을 때, 악마는 신에게 찾아가 자기도 동물을 만들 수 있게 해달라고 애원했다. 악마의 애원에 신은 허락을 했고, 마침내 악마는 늑대를 만들게 되었다. 하지만 악마가 만든 늑대는 늑대의 형상을 갖추고만 있을 뿐 영혼이 없는 빈 몸뚱이에 지나지 않았다. 악마는 다시 신에게 찾아가 자신이 동물을 만들기는 했지만 동물에게 영혼이 없다고 하소연을 늘어놓았다. 그러자 신은 그 동물에게 '아버지를 뛰어넘어라'라고 말할 것을 악마에게 주문했다. 하지만 악마는 신이 시키는 대로 늑대에게 말하지 않고, '신을 뛰어넘어라'라고 다르게 외쳤다. 그 결과 악마의 외침에도 불구하고 늑대에게는 아무런 움직임도 없었다. 다시 신을 찾아가 자초지종을 설명한 악마에게 신은 자신이 말한 그대로 늑대에게 소리치라고 말했다. 신의 말을 들은 악마는 다시 늑대에게 가서 '아버지를 뛰어넘어라'라고 크게 소리쳤다. 그러자 늑대가 갑자기 뛰어올라 악마의 목을 조르기 시작했다. 그때부터 늑대는 악마의 뒤를 따라다니며 악마를 괴롭히는 존재로 인식되고 있다.

악의 정령, '뱀파이어'

늑대는 남슬라브 민족들의 신화에 가장 자주 등장하는 동물 가운데 하나이다. 늑대와 같은 성격을 가진 것으로 구비설화에 전하는 동물로는 뱀을 꼽을 수 있다. 이들 늑대와 뱀은 부정적인 상징성을 가진 동물로 세르비아 지역에서는 절대로 음식의 재료로 사용하지 않는다.

또한 늑대는 위의 세르비아 신화가 이야기하고 있는 바와 같이, 악마에 의해 만들어진 동물이며, 따라서 '저승의 사자'라는 또 다른 부정적인 이미지를 갖고 있다. 슬라브 민족들 가운데 체코인들은 '악마'를 대신하는 이름으로 '늑대'를 비유적으로 사용하기도 할 정도로, 악마와 늑대는 동일시되기도 한다. 그리고 악마와 마녀가 구비설화작품들에서 늑대로 변신하기도 하며, 때로는 악마와 마녀가 이동을 하기 위해 늑대 위에 올라타 말처럼 부리기도 한다.

세르비아 민족들은 늑대를 모델로 삼아 깊은 밤이 되면 죽은 자의 관으로부터 걸어 나와 산자들을 괴롭히는 '뱀파이어(Vampir)'[3]를 만

3) '뱀파이어'는 세계 공용어로 사용되는 유일한 세르비아어 어휘이다.

들어내기도 했다. 임산부가 임신을 하고 있는 동안 늑대가 사냥한 동물의 고기를 먹으면 태어난 아이가 성장하여 삶을 살다가 죽었을 때 뱀파이어가 된다는 믿음이 세르비아 지역에 전해지기도 한다. 그리고 아이들이 밤늦게까지 밖에서 놀면, 늑대가 피를 빨아먹을 것이라고 어르기도 한다.

재미있는 것은 세르비아, 크로아티아, 슬로베니아, 보스니아에서 태어난 아이에게 많이 지어주는 이름으로 '부끄(Vuk, '늑대'라는 의미의 세르비아어)'가 애용된다는 사실이다. 갓 태어난 아이가 몸이 약할 경우, 악한 기운으로부터 아이를 보호하기 위해, 역시 악한 이미지를 가진 이름을 사용하고 있는 것이다.

참고문헌

- Bošković-Stulli, Maja · Zečević, Divna. (1978) "Usmena i pučka književnost". Povijest hrvatske književnosti, knj. I. Zagreb: Liber-Mladost.
- Чајкановић, Веселин (1999) Српске народне приповетке. Београд: Гутенбергова Галаксија.
- Караџић, Вук С. (1988) Српске народне пјесме. Београд : Просвета.
- Караџић, Вук Стефановић (1988) Српске народне приповјетке. Бе оград: Просвета.
- Лукић, Милан & Златковић, Иван (1996) Антологија народних пе сама о Марку Краљевићу. Београд: Нови дани.
- Мирослава Смиљанић-Спасић (2006) Предања словенских народа. Београд: Утопија.
- Пешић, Радмила · Милошевић-Ђорђевић, Нада (1997) Народна књ ижевност. Београд: ТРЕБНИК.
- Петрановић, Богољуб Теофил (1989) Српске народне пјесме из Бо сне и Херцеговине. Сарајево: Свјетлост.
- Зуковић, Љубомир (1995) Историјски Краљ Марко и епски Краље вић Марко. Бања Лука: Нови глас.

동유럽 신화 ; 동유럽의 신 · 영웅 · 신비한 존재들

창세신은 나비였다. / 악마가 물속에서 땅의 씨를 구해 오다. / 고슴도치에게 묻다.
땅을 떠받치고 있는 네 마리의 물고기 / 물 밑의 세상 / 영원히 아름답고 젊은 청년, 태양
백옥같이 고운 처녀, 달 / 이루어질 수 없는 사랑
반은 개의 얼굴과 반은 사람의 얼굴을 가진 종족 커프커우니(Căpcăuni ; 반인반수)
거인족 우리아쉬(Uriaşi)또는 지도비(Jidovi) / 땅 밑 세상에 사는 피티치(Pitici ; 난장이족)
불완전한 인간 / 일곱 층의 하늘 / 운명의 호롱불 / 별자리 이야기 / 요일의 별
손 씻은 물이 변한 천사들과 악령들 / 출산을 방해하는 악령, 삼카 (SAMCA)
무서운 숲의 정령, 무마-퍼두리(Muma-Pădurii) / 아름다운 여자 요정들, 즈네(Zâne)와 이엘레(Iele)
처녀 귀신 루살리이(Rusalii) / 하지의 요정, 슨지에네(Sânziene) 또는 드러가이체(Drăgaice)
밤에 날아오는 즈부러토룰(Zburătorul ; 夢魘, 夜來者)
원귀(寃鬼), '스트리고이(Strigoi)'와 아기 귀신, '모로이(Moroi)'
죽은 자리를 지키는 혼령, '스타피에(Stafie)' / 운명의 세 여신 '우르시토아레(Ursitoare)'

II

루마니아

이 책의 제목은 동유럽의 신, 영웅, 신비한 존재들이지만 루마니아 편에서는 루마니아 사람들의 일상에 깊이 연관되어 있는 몇 가지 신화들을 소개하고자 한다. 그리스나 로마 신화에 익숙한 우리는 흔히 신화란 다양한 이름과 능력을 지닌 많은 신들이 출현하는 신비로운 이야기라고만 알고 있다. 그러나 신화란 단지 신들이 등장하는 환상적인 이야기에만 국한되는 것은 아니다. 어떤 문화 공동체의 모든 일원들을 결속시키고, 그들의 윤리관과 가치관에 결정적인 영향을 미치는 신성한 이야기이면 그것 역시 신화의 범주에 속한다고 할 수 있다. 이 책의 루마니아 편에 수록되어 있는 창세 신화와 초자연적인 존재들에 관한 몇 가지 이야기들은 그런 의미에서 모두 신화의 범주에 속해 있다. 또한 이 책에 소개되어 있는 악령들, 요정들, 귀신들은 루마니아 사람들의 민속과 일상에 어떤 방식으로든 실질적으로 영향을 미치고 있는 존재들이라는 점에서 모두 신화적 존재들이라고 할 수 있다.

인간은 원시적이든 혹은 현대적인 형태이든 간에 반드시 종교적 행위를 해왔고, 종교가 다양해짐에 따라 문화도 다원화 되었다. 그러한 인간의 종교적 행위들에는 신화가 정신적 원천으로 함께 했다. 신화는 신앙으로 성화되는 데 있어서 근본적인 요소가 되었던 초자연적인 사건들에 대한 해설이었다. 자연과 더불어 살아가는 사람들은, 모호하고 순간적이며 예측 불가능한 여러 현상들에는 신비스러운 어떤 태초의 힘이 아직도 존재한다고 믿어 왔고, 그러한 믿음을 신화로 전승하였던 것이다. 따라서 신화는 신과 자연과 인간이 함께 어우러져 질서를 이루어 살도록 가르쳐주던 그 예전의 '신성한 역사'였다. 이러한 신화는 어떠한 실체에 대한 근원적 의미, 즉 성스러움을 드러내 보이는 이야기로서, 인간에게 그 해당 실체가 가지고 있는 본질적이며 궁극적인 관념과 형상에 다가설 수 있게 도와주는 역할을 은연중에 담당해 왔다.

그러나 보편 종교인 크리스트교의 영향력과 과학적 합리주의와 실용적이고 논리적인 정신의 지배하에 있는 문화권의 대부분에서는 신화가 단지 고대인들의 영지적(靈智的) 직관력의 지속적인 작용에 의해 상상으로 만들어진 허황된 이야기이며 열등한 사고의 산물로만 치부되어 그 기능을 적절하게 발휘하고 있지 못한 것이 현실이다. 그 결과 물질적인 풍요와 현세적 삶의 편리함을 얻었지만, 도리어 인간의 내면에 억압되어 있던 무섭고 파괴적인 비이성의 폐해 역시 경험해야만 했다. 하지만 인간이 대자연의 주인이 아니라 그 일부임을 겸허히 받아들이고 자연을 경외하며 사는 사람들에게 신화는 아직도 인간 존재가 진정한 우주적 신성성에 참여할 수 있는 참된 방향을 제시하고 있다.

루마니아는 오랜 세월동안 정교회 신앙의 영향을 받은 전통적인 크리스트교 국가 중의 하나이다. 현재의 루마니아 사람들은 대다수가 동방정교(Ortodox)의 신자들이며, 탄생, 결혼, 죽음 등, 인생 전반에 걸친 통과 의례들이나, 연례적인 명절과 세시 풍속들을 지키는 데 있어서도, 역시 거의 모두 정교회의 영향을 받으며 살고 있다고 해도 과언이 아니다.

루마니아 땅에 보편 종교인 크리스트교가 전파된 것은 지금부터 약 1600여 년 전의 일이다. 대부분의 경우 크리스트교의 영향력이 강한 지역에서는 크리스트교의 교리에 의해 민간전승 신화들은 그 내용 자체가 거의 다 소멸되거나 또는 성경의 이야기들로 완전히 대치되는 경향을 보인다.

그러나 루마니아에서는 크리스트교의 전통이 오래 되었음에도 불구하고 민간전승의 신화가 소멸되지 않고 그 내용을 거의 그대로 유지한 채 단지 등장인물들만 성경의 인물들로 대치되는 경우가 많아 보인다. 이러한 이유는 루마니아 민중들에게는 고대로부터 이어져 내려오는 신화들이 성경의 이야기보다 더욱 가깝고 진실 되게 느껴졌기 때문이었을 지도 모른다.

동방정교에서는 사제의 설교가 없는데다가, 예전의 대부분의 루마니아 농민들은 글을 읽을 줄 몰랐기 때문에 성경이나 교리에 대해서는 거의 알지 못했으며, 단지 창조주 하나님이 계시고, 예수님의 부활로 인간에게도 구원의 가능성이 열렸다는 사실 정도만을 어렴풋이 알고 있었을 뿐이었다는 사실도 그 이유가 될 수 있다.

어찌 되었건 루마니아에서 크리스트교의 전래 역사가 오래 되었다고 해서 고대의 민간 신앙이나 그것과 연관된 다양한 민속 전통들까지 모두 배타적이고 독선적인 크리스트교의 종교체계 아래로 흡수되어 그 자취를 완전히 감추어 버린 것은 아니었다. 루마니아에서는 오히려 현재까지도 고대의 신앙과 풍습에서 비롯되었다고 추정되는 여러 속신, 미신 등의 민속 문화들이 원형에 가깝게 보존되고 있다.

루마니아 땅에 살고 있는 사람들은 오래 전부터 자신들을 '숲의 형제'라고 불렀으며, 대도시를 건설하기 보다는 자연 속에 자리 잡은 시골 마을들을 운명적 삶의 터전으로 여기고 자연과 더불어 소박하게 살아왔다. 이러한 루마니아 시골 마을의 사람들에게 있어, 크리스트교로의 개종은 기존의 민간 신앙과 크리스트교를 공존하고 융합하게 했을 뿐이며, 그 결과 문화적으로 새로운 양상의 민속들을 양산하기도 하였다. 일례로 크리스트교 성인의 날과 고대 신앙의 축일이 혼합되어 명절로 지켜지는 경우가 빈번함을 들 수 있다.

중요한 것은, 루마니아의 거의 모든 문화 양식은 외면적으로는 크리스트교화 되었지만, 내면적으로는 기존의 민간 신앙을 계승한 신화-의례적인 민속들을 그대로 유지하고 있다는 사실이다.

이러한 이유는, 크리스트교가 초월적인 삶의 문제는 해결해 주었지만 현세적인 삶의 문제는 거의 해결해 주고 있지 못하기 때문이다. 크리스트교는 예수의 죽음과 부활을 통해 인간의 원죄를 대속할 것을 약속했고, 예수의 재림을 통해 인간에게 영생을 줄 것을 약속하는 등, 영적인 근본 문제들에 대해서 해결책을 제시하기는 했지만, 인간들이 현세에서 겪는 소소한 질병이나 수시로 변하는 육체적 불만, 기후의 변화에 따른 불안감 등을 해결하는 방안은 개인적인 기도 외에는 딱히 제시하지 못했다.

하지만 민간 신앙과 민속 의례들은 주술이라는 방법을 통해 소소한 질병들을 치유하거나 육체적 불만을 위무하는 가능성을 제시했고, 기우제나 희생제의 등을 통해 기후 변화에 따른 불안을 진정시키고 풍작에 대한 기대감을 높여주는 등의 기능을 수행하였다. 이러한 이유 때문에, 초월적이고 영적인 문제에 관여하는 보편 종교와 현세적이고 육체적인 문제에 관여하는 민속 신앙은 서로를 보완하면서 융합 될 수밖에 없었던 것이다. 루마니아 인들의 이와 같은 삶의 방식은 루마니아 각 지역에 흩어져 있는 신화들의 내용 속에서도 거의 그대로 반영되어 나타나고 있다.

즉, 신화들의 내용을 살펴보면 그 속에 보편 종교인 동방정교의 영향 뿐 아니라 민간 신앙의 영향이 강하게 융합되어 있음이 드러난다.

이 책의 루마니아 편에는 루마니아에서 가장 많이 전승되고 있는 창세신화들의 내용을 소개하고 간단한 해설들을 덧붙였다. 그리고 루마니아 사람들의 일상에 영향을 미치는 초자연적이고 신비한 존재들 중 대표적인 것들만을 선별하여 민속과의 관련성을 중심으로 설명해 놓았다.

루마니아에서는 신화의 범주에 속하는 이야기들이 엄청나게 많다. 또한 신비하고 초자연적인 이야기들도 그 수를 헤아릴 수 없을 정도로 넘쳐난다. 루마니아의 대표적인 신화 채록자 Tudor Pamfile(투도르 팜필레)가 엮어 놓은 『Mitologia poporului român 루마니아 민족의 신화』는 글씨체가 작음에도 불구하고 800쪽에 달할 정도이다.

그러나 루마니아에서 신화라고 분류되어 있는 많은 이야기들 중에 어떤 것들은 신화라고 하기에는 너무 내용이 평범하고 식상한 것들도 있다. 예를 들어 귀신이 나타났는데 무서워서 문을 꼭 잠그고 있었더니 귀신이 못 들어왔다. 그러다가 새벽닭이 울어서 귀신이 도망갔다. 뭐 이런 식이다. 그런 재미없는 이야기들은 굳이 이 책에서는 소개하지 않기로 하였다.

하지만 루마니아에는 이 책에 미처 소개되지 못한 다양한 신화들이 전승되고 있으며, 디지털 시대인 현재에도 무수히 많은 신화적 존재들이, 옛 이야기 속에만 등장하는 상상의 존재가 아니라 실존한다고 믿어지는 존재로서, 사람들 곁을 맴돌고 있음을 거듭 밝힌다.

창세신은 나비였다.

루마니아 사람들은 이 세상의 기원에 관해 다음과 같이 이야기 하고 있다.

맨 처음 세상이 시작될 때, 하나님도 없고, 아담도 없었다. 이 세상에는 땅도 없었고, 해도 달도 없었다. 오직 깊고 깊은 어둠만이 있었을 뿐이었다. 그 태초의 때에는 모든 것이 그 끝을 알 수 없는 혼돈 속에 있었다.

그러다가 넓디넓은 물이 온 세상에 가득 펼쳐지게 되었다. 그 물이 어디서 생겼는지는 아무도 모른다. 당신이 그곳에 있었더라면, 어느 곳으로 눈을 돌리던지 볼 수 있는 것은 오로지 물 밖에는 없었을 것이다. 그 물은 마치 거울처럼 반반했고 돌처럼 아무런 움직임이 없었다.

아무도 본 사람이 없기에, 어느 순간인지 모르고, 왜 그랬는지 모르지만, 그렇게 있던 물이 돌연히 아주 조금씩 천천히 살랑거리기 시작했다. 마치 누군가가 수면 위로 입김을 불고 있는 것처럼 말이다.

그 물 위로, 동그라미 모양의 잔물결이 퍼져갔다. 호수 위로 돌이 떨어질 때나, 개구리가 물속에 뛰어 들었을 때 생기는 파문과 비슷한 것을 상상하면 될 터이다. 그러한 파문이 혼돈의 물 위에서 여기 저기 일어났다. 그러다 그 파문들에서 흰 거품이 끓어오르기 시작했고 그 거품들이 한 가운데로 모여 들어 마치 연꽃 모양으로 뭉쳐져 거대한 덩어리가 되었다.

그 덩어리 속에서 어디서 생겨났는지 알 수 없는 날개 접힌 나비 한 마리와 애벌레 한 마리가 각각 꿈틀거리며 올라 왔다. 곧 이어 나비가 날개를 활짝 펴더니 팔랑거리며 혼돈의 물위를 유유히 날아다니기 시작했다. 거대한 거품 덩어리 위로 돌아온 나비는 기지개를 켜 듯 날개를 활짝 펴더니 이내 젊고 멋진 남자(다른 지방에서는 손에 지팡이를 들고 있으며, 얼굴에는 흰 수염이 난 노인으로 이야기되기도 한다)로 변하는 것이었다. 그와 동시에, 혼돈의 암흑 속에서 눈부시게 밝은 빛이 피어오르고 주변으로 빠르게 펴져 나갔다. 나비가 변한 젊은이는 바로 '둠네제울(Dumnezeul : 신들의 왕)'로 불리는 창세신이었다.

나중에 애벌레도 사람의 모습과 비슷하게 변하였는데, 빛은 보이지 않았다. 애벌레가 변해서 생긴 존재는 '드락(Drac)', '디아볼(Diavol)', '사탄(Satan)', '네쿠라툴(Necuratul : 깨끗하지 않은 자)' 등으로 불리는 악마가 되었다. 한 동안은 우주며, 땅이며, 생명이며 아무도 없는 혼돈의 검은 물 위에서 오직 이 둘만이 있었으므로, 둘은 서로를 이해하며 친하게 잘 지냈다.

악마는 자신이 '둠네제울'과 같은 위치에 있고 같은 힘을 지니고 있는 것으로 착각을 하고는 '둠네제울'을 '프르타트(Fârtat)'라 불렀다. '프르타트'는 루마니아말로 의형제라는 뜻이다. 그러나 '둠네제울'은 악마의 이러한 태도를 못마땅해 했으며 악마를 그냥 '네프르타트(Nefârtat)'

혼돈의 물 위에서 생겨난 나비와 애벌레.
나비는 창세신이 되고 애벌레는 악마가 된다.

라 불렀다. '네프르타트'는 우리말로 옮기면 '형제가 아닌 자'를 뜻하며, 그냥 몸종 정도 되는 위치에 있는 사람을 가리키는 말이다.

위 신화에서 창세신을 힘 있고 위대한 어떤 생명체에 비유한 것이 아니라 팔랑거리는 연약한 나비로 표현한 점과 악마를 애벌레로 표현함 점은 고대로부터 이어져 내려오는 민간신앙의 기본 사상 때문일 것이다. 잘 알다시피 영혼을 상징하는 그리스 신화의 '프쉬케'는 나비를 뜻하는 어원을 가지고 있다. 꿈도 현실일 수 있고, 현실도 꿈일 수 있다는 장자의 "나비 꿈" 일화에서 나비는 자유로운 정신을 상징한다. 애벌레는 껍질을 벗어야만 비로소 나비가 되어 날 수 있다. 이렇게 본다면, 루마니아 창세 신화의 첫 부분은 우리 인간들의 영혼과 육체가 지닌 근본적인 관계를 비유하고 있는 것으로 생각된다. 루마니아 사람들은 아주 오래전부터 우리의 영혼은 나비처럼 자유롭지만, 육체는 애벌레가 나비를 감싸고 있는 것처럼 영혼을 구속하고 있다는 사실을 인식하고 있었던 것이다. 또한 나비는 초월적인 그 무엇을 상징하고 애벌레는 현실적인 것을 상징하고 있는 것이다.

그런데 수체아바(Suceava)[4] 지역의 이야기에서는 '둠네제울'이 나비가 아니라 산비둘기였다고 나온다. 보토샤니(Botoşani)[5] 지방에서는

'둠네제울'이 나비였고 악마가 애벌레였다는 이야기는 빠져있다. 아시아 민족들이 잠시 지나갔던 트란실바니아(Transilvania)[6]의 여러 지방에서는 '둠네제울'을 도우는 조력자를 물오리였다고 말하기도 한다.

이렇듯 신화의 여러 이본들이 존재하지만, 각 이본들이 크게 차이를 보이는 것은 아니다. 루마니아 민속에서 새, 특히 비둘기는 죽은 이들의 영혼을 상징하는 경우가 많다. 그런 면에서 본다면, 창세신을 새로 표현한 것과 나비로 표현한 것은 서로 같은 맥락을 가지고 있다고 볼 수 있다.

4) 루마니아 북동부 중앙 우크라이나와 접경지역
5) 루마니아 북동부
6) 루마니아 북서부 지역으로 이 지역은 예전에 헝가리의 지배를 받은 적이 있다.

2

악마가 물속에서 땅의 씨를 구해 오다.

'둠네제울'과 악마가 태초에 혼돈의 물 위에서 갑자기 생겨난 후의 이야기는 다음으로 이어진다.

'둠네제울'은 물 위를 돌아 다니셨고, 악마는 '둠네제울'이 어디를 가시든 항상 뒤만 졸졸 따라 다녔다. '둠네제울'은 힘들이시지 않고 물 위를 유유히 날아서 다니셨지만, 악마는 안간힘을 쓰며 헤엄쳐서 따라 다녀야했다. 이에 불만이 가득 찬 악마는 딱딱한 곳에 몸을 뉘이고 싶어져서 '둠네제울'께 한 가지 제안을 하였다. 그것은 바로 평평하고 딱딱한 땅을 만들자는 것이었다.

먼저 악마는 자신의 능력으로 땅을 만들어 보려고 하였다. 혼돈의 물 위에 생겨난 거품을 모아서 손바닥으로 문질러 물 위에 펼쳐 놓았다. 그러나 악마가 그 위에 누우려고 할 때마다 거품들은 흩어져 버릴

뿐이었다. 보다 못한 '둠네제울'은 땅을 만들어 주시기로 하였다.

'둠네제울'은 악마에게 "물 속 깊은 곳으로 헤엄쳐 들어가 그 밑에 있는 땅의 씨앗들을 가져 오면 땅을 만들어 주겠다."고 말하셨다. 단지 한 가지 잊지 말고 꼭 지킬 것이 있다고 당부하셨다. 땅의 씨앗을 손 안에 담을 때에는 '둠네제울'의 이름을 부르고 영광을 돌려야 한다는 것이었다.

알겠다고 답한 악마는 물 속 깊이 화살처럼 잠수해 들어가 땅의 씨앗을 퍼 올렸다. 어떤 사람은 악마가 입 안에 땅의 씨앗을 담았다고도 한다. 어쨌든 악마는 일은 자신이 하는데 영광은 '둠네제울'께 돌려야 된다는 것이 못 마땅해 자신의 이름을 힘차게 외치며 땅의 씨앗을 퍼 올렸다. 물 밖으로 나와서 보니 손 안에 있던 땅의 씨앗들이 모두 물살에 쓸려 손가락 사이로 빠져 나가는 바람에 단 한 알도 남아 있지 않았다.

악마는 다시 한 번 더 물에 들어가서 땅의 씨앗을 퍼 올라 왔다 이번에는 손아귀의 흙을 잃어버리지 않기 위해 있는 힘껏 꽉 쥐고 올라왔지만, '둠네제울'의 이름도 안 부르고 영광도 돌리지 않았더니 결과는 역시 첫 번째와 마찬가지일 수밖에 없었다.

세 번째로 물에 들어가서는 억지로 '둠네제울'의 이름을 조그맣게 부르고 땅의 씨앗을 손에 퍼 담았다. 물 밖으로 막 나오려는 순간에 아무래도 억울한 생각이 든 악마는 자신의 힘으로 땅의 씨앗을 가져왔다고 크게 소리쳤다. 이번에도 역시 손 안에 든 땅의 씨앗들이 모두 손가락 사이로 빠져나가 버렸다.

이 모습을 본 '둠네제울'이 더 이상 어찌할 수 없다고 생각하고, 악마의 긴 손톱 밑에 때처럼 낀 땅의 씨앗을 긁어 내셨다. 악마의 손톱 밑에는 악마가 '둠네제울'의 이름을 부른 만큼만 겨우 땅의 씨앗이 끼어 있었던 것이다.

'둠네제울'은 이렇게 적은 양의 땅의 씨앗들을 손바닥 안에 올려놓으시고 입김을 부신다음 양 손바닥을 포개어 그 속에 있는 땅의 씨앗들을 쓰다듬기 시작하셨다. 그러자 땅이 점점 커지더니 물 위로 자리를 잡게 되었다.

어느 정도 땅이 생기자 '둠네제울'은 땅을 만드시느라고 피곤하셨던지 자신이 만든 땅 위에 몸을 누이시고 악마에게 "이제 쉴 곳이 생겼으니 같이 쉬자"는 말을 남기시고는 이내 잠이 들어 버리셨다. 악마는 '둠네제울'께 함께 땅을 축복하자고 하였으나 '둠네제울'은 그 일을 나중에 잠에서 깨고 나면 하자고 하셨다.

악마는 자신이 세 번이나 물에 들어가 고생을 했는데 땅을 만드는 일은 결국 '둠네제울'이 다 해 버린 게 되었다는 사실과 자신을 무시하는 '둠네제울'에 대해 불만을 품고는 곤하게 주무시는 '둠네제울'을 물에 빠뜨려 없애버리려는 나쁜 마음을 품게 되었다. '둠네제울'이 깊이 잠이 든 것을 확인한 악마는 주무시는 '둠네제울'의 등을 물 쪽으로 떠밀어 물속에 빠뜨리려 하였다. 그러나 이게 어찌된 일인지, '둠네제울'이 구르시는 쪽으로 계속 땅이 생겨나 아무리 등을 물 쪽으로 밀어도 '둠네제울'은 계속 땅 위에만 계셨다. 악마가 '둠네제울'을 미는 만큼 '둠네제울'이 누우신 아래쪽으로는 땅이 계속 생겨나 이제는 물이 다 사라지고 세상에는 평평한 땅만 남게 되었다.

'둠네제울'이 처음 땅을 만드시고 누웠던 자리를 루마니아 사람들은 '땅의 배꼽(Buricul Pământului)'이라고 부르기도 한다. '땅의 배꼽'이 예루살렘이라고 믿는 신화들도 많이 채록되어 있는데, 이는 크리스트교가 보편화되기 시작하면서 부터 생겨난 이야기일 것으로 추측된다.

위의 신화에서는 빠져 있지만 '둠네제울'이 처음 만든 것은 '우주의 나무(Arbore Cosmic)'이었다는 에피소드가 첨가되어 있는 신화들도 많이 발견되고 있다. 다음의 이야기가 그 좋은 예이다.

맨 처음 '혼돈의 물' 가운데 오직 '둠네제울' 한 분만이 계셨다. 그 혼돈 가운데 계신 '둠네제울'은 이제 어찌해야 할지 고민하였지만 좋은 방도가 생각나지 않았다. 옆에 친구도 없고 형제도 없었기에 누구에게 물어 볼 수도 없었다. 답답해진 '둠네제울'은 손에 들고 있던 지팡이를 '혼돈의 물' 속으로 던져 버리셨다. 그러자 '혼돈의 물' 속에서

'거대한 나무'가 자라나기 시작했다. 그리고 그 나무 밑에서 악마가 기어 올라왔다. '둠네제울'이 악마에게 "누구냐?"고 묻자, 악마는 '둠네제울'께 "형제여, 나는 당신의 형제 입니다"라고 대답했다.

함께 다닐 동반자가 생긴 '둠네제울'은 기뻐 하셨지만, 악마가 감히 형제라고 부르는 것은 받아들이실 수가 없었다. '둠네제울'은 악마에게 "나와는 아무도 형제가 될 수 없다. 너 역시 형제가 아니니 그냥 '형제가 아닌 자'라고 부르겠다."고 말하고는 '혼돈의 물' 위를 함께 여행하기 시작하였다.

루마니아 사람들은 '둠네제울'이 처음 만든 이 '우주의 나무'를 전나무라고 생각하고 있으며, 그것이 창세의 계기이자, '우주의 중심축(Axa Cosmică)'이라고 믿고 있다. '둠네제울'은 자기가 지팡이를 던지자 '혼돈의 물' 속에서 거대한 나무가 생겨나는 것을 본 후에 드디어 자신이 창세주임을 자각하고 창세를 시작하게 된다. 그렇기에 우주의 나무는 창세의 기원이며 계기가 되고 있는 것이다. 또한 이 나무에서 '형제가 아닌 자'가 생겨나고 '둠네제울'과 '형제가 아닌 자'가 이 나무를 중심으로 세상을 만들게 되기에 이 나무가 '우주의 중심축'이 되는 것이다.

루마니아 창세 신화의 가장 큰 특성은 세상을 만드는 일을 전지전능한 창세신이 홀로 모든 것을 이루는 것이 아니라 거의 항상 악마라는 대립적 존재의 참견을 받으며 진행한다는 점이다. 창세의 기간 동안 '둠네제울'과 악마는 언제나 함께 다니며 세상의 온갖 것들을 만들어 낸다. 악마는 '둠네제울'을 귀찮게 하지만 세상의 온갖 것들을 처음 만드는 결정적 순간마다 개입하여 중요한 역할을 하게 된다. 때문에 악마는 창세의 조력신(助力神)으로 보는 것이 옳지만 루마니아 신화 채록본들에서는 '디아볼(Diavol)', '사탄(Satan)' 등으로 불리고 있기에 우리말로는 어쩔 수 없이 악마로 번역하여 소개하기로 하였다. 단지 '둠네제울'과 대립하는 경우가 나타나기 때문에 악마로 표현된 것이지 사악한 일만 하기 때문에 악마로 표현된 것은 아니다.

땅을 만드시고 누워 잠자고 계시는 창세신을 물에 빠뜨리려 하는 악마

루마니아의 창세신화가 이렇듯 절대적인 '둠네제울' 한 분이 아니라 조력자인 악마를 등장시키고 있음은 그만한 이유가 있다. 그것은 바로 이 세상이 완전하지 않고 모순으로 가득 차 있기 때문이다. 이 세상에는 좋은 것만이 있는 것이 아니고 나쁜 것도 함께 있다. 삶이 있지만 죽음도 있다. 빛이 있지만 어둠도 있다.

전지전능한 절대신이 세상을 홀로 만들었다면, 이 세상은 완벽해야 할 것이다. 오로지 선함만이 있어야 하며, 모든 것이 완전무결해야 할 것이다. 완전무결한 절대신은 결코 불완전한 세상을 만들지 않았을 것이기 때문이다.

그런데 이 세상이 불완전한 이유를 설명할 때 단순히 절대신이 홀로 세상을 만들다가 실수를 저지른 탓이라고 한다면, 그 절대신의 권위는 더 이상 받아들이기 힘든 것이 될지도 모른다. 또한 성경에서처럼 모든 죄악을 최초의 인간에게 돌려 버리는 것도 어딘가 개운하지가 않다.

루마니아 사람들은 이 세상이 불완전한 이유를 절대신의 실수이거나 최초의 인간이 저지른 죄악 때문이라고 넘겨 버리기 보다는 악마라는 불완전한 존재가 개입했던 탓으로 돌리고 싶었던 것이다. 완전무결한 '둠네제울'은 완전무결한 세상을 원했지만 악마가 자꾸 훼방을 하는 바람에 이 세상이 결국 이렇듯 불완전한 세상으로 만들어 질 수밖에 없었다고 이야기 하고 있는 것이다.

루마니아 사람들은 악마의 간섭 없이 절대신이 홀로 만든 세상은 완전무결하다고 믿고 있다. 그 세상은 '라이(Rai : 천국)'라고 하는 곳인데 일곱 층의 하늘 중 여섯 번째 층에 있으며, 오직 순결한 영혼만이 갈 수 있는 곳이라고 이야기 한다.

참고로 이야기 하자면, 루마니아의 창세신화에서 창세신과 악마가 함께 세상을 만드는 에피소드가 나타나는 이유는 고대 그리스의 영지주의(Gnosticism)나 고대 불가리아 지역에서 일어났던 보고밀파(Bogomiles)의 이원론에 영향을 받았기 때문이라고 설명하는 학자들도 많다. 보고밀파는 영적세계를 선으로 보고 물질세계를 악으로 간주하는 이원론적 우주관을 가르쳤다. 그런데 보고밀파가 루마니아 신화에 영향을 미쳤는지 아니면 루마니아를 비롯한 다뉴브 하류의 인접 국가들(불가리아, 세르비아 등)의 창세신화가 보고밀파에 영향을 끼쳤는지에 대한 물음에는 결론이 나 있지 않다. 이 부분은 독자들의 관심 밖이라 생각되기에 이 책에서는 더 이상의 부가 설명은 안 하기로 한다.

고슴도치에게 묻다.

잠에서 깬 '둠네제울'이 땅이 너무 넓어져 물이 있을 자리가 없어진 걸 보시고는 어떻게 하면 다시 물이 있을 자리를 만들 수 있을까를 궁리하셨다. 그러나 좀처럼 좋은 생각이 떠오르지 않았다. 땅을 만들고 나서 곧바로 만들었던 여러 종류의 생명체들 중에 혹시 알고 있는 자가 있지 않을까 하고 생각하신 '둠네제울'은 똑똑해 보이는 고슴도치에게 그 방법을 물어 보기로 하셨다. 항상 등을 구부리고 뭔가를 찾아 어슬렁거리는 고슴도치의 모양새가 마치 깊은 사색을 하는 현자처럼 보였기 때문일 것이다.

'둠네제울'은 마침 그 자리를 지나던 꿀벌을 불러 세운 다음 즉시 고슴도치에게 가서 물이 있을 자리를 다시 만드는 법을 물어서 알아오라고 명하였다.

꿀벌이 고슴도치에게 물어보자 고슴도치는 "'둠네제울'은 모든 것을 잘 아시는 분이시니 이미 그 방법을 알고 계실 것이야. 근데 왜 그걸 나같이 미천한 짐승에게 물어보시는 걸까?"라고만 말하고 그 방법을 말해 주려 하지 않았다. 고슴도치가 말해 주지 않는걸 보고 꿀벌은 고슴도치의 집에서 밖으로 나왔다.

그러나 영악한 꿀벌은 그냥 돌아가지 않고 잠시 밖에 숨어서 고슴도치를 지켜보기로 하였다. 꿀벌이 나가자 고슴도치는 혼잣말로 "'둠네제울'이 땅에 굴곡을 만드실 생각을 안 하신 걸까? 땅을 쭈그러트려서 평평한 곳은 들이 되게 하고, 높은 곳은 산이 되게 하고, 산 사이 움푹 들어간 곳은 계곡이 되게 하면, 자연히 물이 있을 곳이 충분하게 생기게 될 텐데..." 라고 중얼거렸다.

꿀벌은 이 이야기를 듣자마자 기뻐하면서 '둠네제울'께 날아갔다. 고슴도치는 꿀벌이 자기 말을 엿들은 것을 알고는 꿀벌에게 평생 산과 언덕에 온갖 생명체들이 배설한 더러운 똥이나 먹고 살라고 저주를 퍼부었다. 그러나 '둠네제울'은 물이 있을 곳을 만들 방법을 알아온 꿀벌을 축복하여 달콤한 꿀을 먹게 허락 하였다. 그리고 난 후 '둠네제울'은 마치 천 조각을 구기듯이 땅을 구기셨다. 그리하여 마침내 이 땅에는 들과 산과 계곡이 만들어지게 되었고, 다시 물이 있을 자리가 생겨났다.

또 다른 신화에서는 땅이 평평하지 않고 울퉁불퉁하게 된 이유를 악마 때문이라고 이야기하기도 한다. 악마가 땅의 씨앗을 꺼내러 물속으로 들어가는 부분은 앞서 이야기한 신화와 같다. 그런데 손으로 땅의 씨앗을 퍼 올리면서 '둠네제울'께 영광을 돌리지 않고 자기가 공로를 취하려고 하자 자꾸 땅의 씨앗이 손가락 사이로 빠져나가 버렸다. 분한 악마는 손이 아니라 입 안에 땅의 씨앗을 몰래 숨기고 밖으로 나온다. '둠네제울'은 악마의 긴 손톱 밑에 때처럼 낀 아주 적은 양의 땅의 씨앗으로 넓은 땅을 만들었다.

그러자 갑자기 악마의 배가 산처럼 불러오기 시작했다. 악마가 입

속에 땅의 씨앗을 숨기면서 실수로 삼킨 먼지만한 땅의 씨앗이 함께 커졌던 것이다. 악마는 뱃속에 있던 땅의 덩어리들이 다 나올 때까지 마치 침을 뱉듯이 계속 뱉어냈다. 그렇게 악마가 뱉어낸 땅의 덩어리는 크고 작은 산이 되거나 늪 또는 황무지 등 쓸모없는 땅이 되었다.

같은 루마니아에서도 신화가 다르게 전승되는 이유는 자연을 대하는 사람들의 태도가 지역이나 전승집단의 생활환경에 따라 달라지기 때문이다. '둠네제울'이 고슴도치의 조언을 받아 땅을 직접 구겼다는 신화와 악마가 땅의 덩어리를 뱉어냈다는 신화는 자연을 바라보는 시각의 차이를 그대로 반영하고 있다.

평평한 땅을 미덕으로 여기는 사람들은 울퉁불퉁한 땅을 악마의 탓으로 돌리려 했을 것이다. 농경을 주업으로 하는 사람들에게 높은 산은 농경지로 쓸 수 없는 비생산적인 땅일 뿐이다. 그런 사람들에게 바위투성이의 산이나 깊은 협곡 같은 비생산적인 땅은 '둠네제울'이 만들어 준 것이 아니라 악마가 자기 영광을 위해 욕심을 부린 탓으로 생겨난 불편한 땅인 것이다. 그렇다고 꼭 농경민들만이 이런 신화를 믿는 것은 아니다. 숙명적으로 항상 산과 언덕과 계곡을 오르내리며 방목을 해야 하는 많은 양치기들은 자신들의 고된 생활 때문에 산과 언덕을 만든 악마를 원망할 수도 있다.

반면에 산과 계곡과 언덕을 미덕으로 여기는 사람들은 하나님이 땅을 구겨 아름답게 만들어 주었다는 점을 강조했을 것이다. 루마니아에서는 악마가 땅의 덩어리를 뱉어 냈다는 신화보다는 '둠네제울'이 고슴도치의 조언으로 땅을 구겨 주었다는 신화가 훨씬 더 많이 채록되고 있다. 루마니아 사람들의 대다수는 들과 산과 계곡과 언덕과 물이 조화를 이루는 대자연을 신성시하고 경외하면서 살아가기 때문이다.

4

동유럽의 신·영웅·신비한 존재들

땅을 떠받치고 있는 네 마리의 물고기

루마니아 사람들은 땅은 납작하고 둥근 빵처럼 생겼고 마치 연잎이 물에 떠 있는 것과 마찬가지로 물 위에 떠 있다고 생각한다. 땅이 물 위에 떠 있는 것은 물속에서 거대한 네 마리의 물고기가 등에 큰 기둥을 놓고 땅을 떠받치고 있기 때문이라고 한다.

해 뜨는 곳에서 땅을 떠받치고 있는 물고기는 '은체퍼토르(Începător)'라고 불린다. 루마니아 말로는 '시작하는 이'라는 뜻이다. 이 물고기가 처음이 되어서 땅을 떠받치기 시작했기 때문이다.

해지는 곳의 땅을 떠받치고 있는 물고기의 이름은 '아스쿨터토르(Ascultător)'라고 한다. '말을 듣는 이'라는 뜻을 가진 이 물고기는 '은체퍼토르'의 부탁을 듣고 함께 땅을 짊어지게 되었다.

남쪽 땅을 떠받치고 있는 물고기의 이름은 '아러터토르(Arătător)'

이다. '방향을 가리키는 이'를 뜻한다. 태양에게 길을 알려주는 역할을 맡고 있기 때문이다. '아러터토르'는 다른 물고기들과는 달리 머리에 긴 가시가 나 있고 더듬이 모양을 한 여섯 개의 수염을 달고 있다. 그것으로 태양에게 신호를 보내 제 길을 벗어나지 않게 도와주는 일을 한다. '아러터토르'의 머리에 달린 가시는 땅위로 솟아나 높은 산이 되었다고 한다.

마지막으로 북쪽 땅을 떠받치고 있는 물고기는 '솜노로스(Somnoros)'라고 불린다. 이 말은 '잠꾸러기'라는 뜻인데, 낮 동안은 계속 꾸벅꾸벅 졸기만 해서 붙여진 이름이다. 그러나 하루 종일 잠만 자는 것은 아니다. 밤이 되면 잠에서 깨어 달과 별들의 자리를 알려주는 일을 한다.

이 거대한 물고기들은 아무것도 먹지 않아도 오랫동안 배고픔을 참을 수 있다. 목이 마를 때는 고개를 땅 쪽으로 돌려서 땅으로 스며들어온 빗물을 마신다. 그런데 가뭄이 심해서 비가 내리지 않으면 강물과 지하수를 빨아 먹기도 한다. 가뭄 때에 강이 바짝 마르고 우물물이 고갈되는 것은 바로 이 물고기들이 목이 말라 땅의 물을 되는대로 빨아 마셨기 때문이다.

이 물고기들이 아무리 거대하고 힘이 세다고 할지라도 거대한 땅덩어리를 항상 등에 짊어지고 있으려면 아무래도 허리가 아프기 마련이다. 그래서 이 물고기들도 가끔씩은 아픈 허리를 달래려고 이리저리 움찔거려 보기도 한다. 땅이 갈라지고 대지가 들썩거리는 큰 지진과 해일이 일어나게 되는 것은 바로 이 거대한 물고기들이 허리를 펴려고 움찔 거렸기 때문이다.

이 네 마리의 물고기 중 하나는 대홍수가 있던 때에 물에 떠내려갔다고 하는데 그에 관한 신화는 다음과 같다.

'둠네제울'은 땅을 만들고 네 마리의 거대한 물고기들에게 땅을 짊어지게 하신 후에 '슨티온(Sântion)'에게 그 물고기들을 돌보는 일을 맡기셨다. '슨티온'은 땅을 짊어지고 있는 것이 얼마나 힘든 일인지 경험해

땅을 떠받치고 있는 세 마리의 물고기와 솜노로스 대신 땅을 짊어지고 있는 '슨티온'

보고 싶어서 '솜노로스'에게 잠시만 자리를 비켜주라고 부탁하고는 땅을 어깨 위에 짊어졌다. 그런데 마침 그 때가 '둠네제울'이 사악해진 '우리아쉬' 족속과 인간들을 멸망시키시기로 마음먹고 대홍수를 일으킨 바로 그 직전이었다. 대홍수 때에는 땅 위에만 물로 뒤 덮인 것이 아니라 땅 밑까지로 거대한 물살이 들이쳤다. 갑자기 큰물이 들이 닥치자 물고기들은 등에 난 큰 가시를 땅에 꽂고는 물에 떠내려가지 않으려고 버텼다. '슨티온'도 땅을 붙잡고 버텼다. 그런데 '슨티온'에게 잠시 자기 자리를 내주었던 '솜노로스'는 미처 땅을 붙잡지 못하고 그만 물에 떠내려가고 말았다. 나중에 이 사실을 알게 된 '둠네제울'은 '슨티온'에게 영원히 '솜노로스'의 자리를 대신하라고 명령하였다.

만약 이들 물고기들과 '슨티온'이 힘이 다 빠져 더 이상 땅을 떠받쳐 주지 못한다면, 땅이 모두 물속으로 가라앉게 되고 이 세상은 멸망할 것이라고 한다.

5

물 밑의 세상

우리가 사는 땅이 물 위에 떠 있고, 네 마리의 물고기들이 떠받치고 있다는 루마니아 사람들의 소박한 믿음은 여기에서 그치지 않는다. 더 나아가 그 아래에 존재하는 세상에 대한 믿음이 이어지고 있다. 어느 정교회 신부가 들려 준 짧은 이야기 속에서 루마니아 사람들의 믿음을 엿볼 수 있다.

땅의 아래에는 물이 있다. 그리고 그 물의 아래에는 깊은 어둠이 있다. 그 어둠의 아래에는 아무도 모르는 신비한 세상이 있다. 그곳은 '블라지니(Blajini)'라고 불리는 착한 난장이들이 사는 곳이다. 난장이들의 세상 밑으로 쭉 내려가면 뜨거운 불길이 타오르고 있다. 불길을 지나 다시 밑으로 더 내려가면 '이아드(Iad)'라고 불리는 지옥이 나온다. 하나님을 따르지 않은 사람들이나 악마에게 영혼을 바친 사람들은 사후에 이곳으로 끌려와 고통을 받게 된다. 땅 위에서 이 지옥까지는 강이 흐르는데 루마니아 사람들은 그 강을 '아퍼 슴베테이(Apă Sâmbetei)' 또는 '슴버터(Sâmbătă) 강'이라고 부른다. 루마니아 사람들은 땅 위를 흐르는 모든 개천과 강이 다 이 '슴버터 강'으로 흘러든다고 믿고 있다. 그리고 그 밑에는 황량한 땅이 펼쳐져 있고, 조금 더 밑으로 내려가면 바닥이 없는 심연이 나오는데 이곳은 '타르타르(Tartar)'라고 불린다. 이 '타르타르'는 악마들 중에서도 지독하게 사나운 악마들이 사는 무서운 곳이다.

6

영원히 아름답고 젊은 청년, 태양

'둠네제울'이 땅도 만드시고, 들과 산과 계곡도 만드셨지만, 아직은 하늘에 빛이 없었다. '둠네제울'은 빛이 없어도 모든 것을 볼 수 있었기에 아무 불편이 없었지만, 악마는 어두워서 아무것도 보이지 않기에 어디를 다닐 때면 항상 이리 부딪치고 저리 부딪치고 넘어지고 자빠지고를 반복할 수밖에 없었다. 늪에서 허우적거리는 장님과 다를 바가 없는 악마는 '둠네제울'께 자신도 세상의 창조물들을 보고 싶으니 빛을 만들어 달라고 조르고 또 졸랐다.

그러자 둠네제울'은 악마에게 "세상의 네 방향에서 각각 귀중한 돌멩이와 부싯돌과 금덩어리 한 개씩을 찾아오면 그것들을 가지고 땅을 비춰 줄 태양을 만들어 주겠다"고 약속하셨다. 악마는 세상을 돌아다니며 '둠네제울'이 요청하신 물건들을 다 구해서 돌아왔다.

말이 끄는 수레를 몰고 하늘을 달리는 태양

그러나 '둠네제울'은 악마가 보는 앞에서 태양을 만드시려 하지 않았다. 혹시 악마가 태양을 만드는 법을 흉내 내다가 자칫 이 세상을 다 불타버리게 할지도 모르기 때문이었다. 둠네제울'은 악마에게 "지금은 피곤하니 한숨 자고 나서 태양을 만들겠다"고 말하고는 곧 잠이 드셨다. 악마도 부싯돌과 금덩어리를 구해 오느라 피곤해서 이내 코를 골며 잠을 자기 시작했다.

악마가 곤히 잠이 든 걸 확인한 '둠네제울'은 살며시 일어나서 악마가 구해 온 부싯돌로 불꽃을 일으켜 귀중한 돌멩이들과 금 덩어리들 위에 올려놓았다. 그랬더니 마치 고양이 눈알 같이 동그랗게 반짝이는 불빛 덩어리가 생겨났다. '둠네제울'이 그 작은 불빛에 성스러운 생기를 불어 넣자, 그 불빛은 천천히 창공으로 날아오르면서 점점 커지더니 온 땅에 환한 빛과 따뜻한 열기를 맘껏 줄 수 있는 큰 불빛이 되었다. '둠네제울'은 그 불빛을 '성스러운 태양'이라 이름 지어 주시고 영원히 젊고 아름다운 청년의 모습을 지닌 대천사가 되게 하셨다.

그 때부터 태양은 낮 동안 세상을 골고루 밝혀주기 위해서 이쪽 하늘에서 저쪽 하늘로 쉼 없이 달리고 밤에는 쉬기 위해 땅 밑 세상으로 들어가는 일을 반복하게 되었다. '둠네제울'은 태양이 혼자 달리려면 힘이 들 것 같아, 태양의 몸에서 빛을 떼어내 마차를 만들고 차축과 바퀴를 달아 일곱 마리의 거대하고 힘 센 말들에게 그 마차를 끌게 하셨다. 태양은 아침부터 저녁까지 하늘의 길 위를 달리고 저녁이 되면 땅 밑 세상으로 들어가 잠을 청한다. 그런데 그 땅 밑 세상에는 무시무시하고 거대한 괴물들이 살고 있다. 이 괴물들이 시끄럽게 굴면서 태양의 잠을 방해하면 그 다음날은 하루 종일 우중충하고 찌푸린 날씨가 된다. 태양이 잠을 자지 못해 피곤해서 청명한 빛을 비추지 못하기 때문이다. 이 괴물들이 밤에 태양의 잠을 방해하지 않았다면 그 다음날은 당연히 맑은 날이 된다.

루마니아 사람들은 언제인지 알 수 없는 아주 오래전부터 태양이 혼자 하늘 길을 다니는 것이 아니라 말이 끄는 수레에 타고 여행한다고 믿어 왔다. 때문에 말이라는 짐승은 태양을 도와주는 성스러운 영물로 숭배되기도 하였다. 태양이 빛이 비추면 악령들이 사라진다고 믿었으며, 그 태양을 끄는 성스러운 말이 나타나면 악령들이 두려움에 떤다고 믿었다. 그래서 지금도 루마니아에서는 악령들을 퇴치하는 주술 재료로 말의 머리나 그 형상을 사용하기도 한다.

7

동유럽의 신·영웅·신비한 존재들

백옥같이 고운 처녀, 달

태양이 태어 난 후 7년 동안은 태양 혼자서 세상을 비추는 일을 하였다. 밤에는 여전히 예전과 마찬가지로 칠흑 같은 어두움이 있을 뿐이었다. 악마는 밤에도 빛이 있었으면 하는 마음으로 '둠네제울'께 밤을 비추는 불빛을 만들어 달라고 부탁하였다. '둠네제울'은 이번에도 태양을 만들 때와 마찬가지로 "세상의 네 방향에서 각각 귀중한 돌멩이와 부싯돌 한 개씩을 찾아오면 그것들을 가지고 땅을 비춰 줄 태양을 만들어 주겠다"고 약속하셨다. 그러나 이번에는 금 덩어리가 아니라 은 덩어리를 가져 오라고 하셨다. 악마는 '둠네제울'이 전에 태양을 만들 때 자신을 속이고 혼자 빛 덩어리를 만들었다는 사실을 기억해 내고는 이번에야 말로 무슨 수를 써서라도 빛 덩어리를 만드는 법을 배우려고 잠을 쫓아내며 '둠네제울'의 곁을 졸졸 따라 다녔다. '둠

밤을 비추는 달의 여행

네제울'은 악마가 잠들지도 않고 자신을 따라다니자 악마에게 스스로 할 수 있는 일을 만들어 주는 것이 좋겠다고 생각하였다. 그리고는 악마에게 "땅 밑 깊숙한 곳에 가서 너만이 다스릴 수 있는 '이아드(Iad : 지옥)'를 만들어 보라"고 권하였다. 이 이야기를 들은 악마는 드디어 '둠네제울'의 간섭 없이 혼자서 할 일이 생긴 것을 기뻐하면서 땅 밑 아주 깊숙한 곳으로 들어갔다. 악마가 물러가자 '둠네제울'은 전과 마찬가지로 부싯돌로 불꽃을 일으켜 귀중한 돌멩이들과 은 덩어리들 위에 올려놓았다. 그러자 흰 불빛이 생겨났다. '둠네제울'은 그 불빛을 '달'이라 이름 지어주고 백옥같이 고운 처녀의 모습을 갖게 하셨다.

8

이루어질 수 없는 사랑

태양과 달에 얽힌 신화들 중에 흥미를 끄는 것은 태양과 달의 이루어지지 못한 애절한 사랑에 관한 이야기이다. 이 이야기는 대부분이 발라드 형식의 운문으로 전해지고 있다.

세상 누구보다도 멋진 청년의 모습을 하고 있는 태양은 짝을 찾기 위해 구 년 동안이나 온 세상을 돌아다녔다. 그러나 자신의 누이 동생인 '일레아나 코슨제아나(Ileana Cosânzeana)'보다 아름다운 처녀를 찾지 못한다. 루마니아 사람들은 태양의 누이 동생인 달을 '일레아나 코슨제아나'로 부르기도 한다. 어찌 되었건, 태양은 달에게 가서 사랑을 고백하고 신부가 되어 줄 것을 간곡히 부탁한다. 그러나 '일레아나 코슨제아나'는 자신도 오빠를 사랑하지만 세상에 오누이가 결혼하는 일은 절대로 있을 수 없다고 하면서 거절하였다. 그런데도 태양은 뜻

Soarele și Luna

서로 만날 수 없는 태양과 달

을 굽히지 않고 계속 청혼을 받아 달라고 고집을 부렸다. 결국 달은 태양에게, 아버지 '둠네제울'께 가서 허락을 받아 오면 청혼에 응하겠다고 대답할 수밖에 없었다. 태양은 아버지 '둠네제울'께 가서 자초지정을 이야기 하고 결혼식을 허락해 달라고 졸라 댔다. '둠네제울'은 태양에게 천국의 모든 것과 지옥의 모든 것을 보여 주면서 결혼을 포기하면 천국을 다스리게 해 줄 것이고 끝까지 결혼을 한다면 지옥에 보낼 것이라고 하였다. 그러나 태양은 한 치의 망설임도 없이 자신감 있게 대답한다. 혼자가 아니라면, 누이 '일레아나 코슨제아나'와 함께라면 영원한 지옥일지라도 선택하겠노라고 말이다. 드디어 성대한 결혼식이 준비되고 '일레아나 코슨제아나'는 세상에서 가장 아름다운 신부로 치장을 하였다. 막 결혼식이 시작되려는 순간 갑자기 하늘에 검은 먹구름이 드리워지더니 그 먹구름 속에서 거대한 손이 불쑥 튀어 나와 신부 옷을 입은 달을 낚아채어 깊은 바다 속으로 던져 버리는 것이 아닌가. 그 손은 태양도 붙잡으려고 하였으나, 태양은 쏜살같이 자신의 황금 마차에 올라타더니 이내 높은 하늘로 순식간에 달려 올라갔다. 달이 떨어진 바다에서는 모든 것을 집어 삼킬 듯 큰 파도가 일었고, 잠시 후 파도 아래서 은빛 잉어 한 마리만이 파닥 거렸다. '일레아나 코슨제아나'가 은빛 잉어로 변해 버린 것이었다. 하늘로 오른 태양은 곧바로 잉어가 있는 바다를 향해 달려들었다. 마치 세상의 모든 것을 다 태워 버릴듯한 기세였다. 세상이 불타버리고 낮도 낮이 아니고 밤도 밤이 아닌 세상이 되는 것을 결코 원치 않으신 '둠네제울'은 바다 속에서 잉어를 꺼내시어 하늘 위에 올려놓으시고는 달이 되게 하셨다. 그리고 엄숙한 목소리로 태양과 달에게 명령을 내리셨다. '둠네제울'이 명령을 내리는 동안 세상은 두려움에 휩싸였고, 바다들은 몸을 움츠렸으며, 산들은 벌벌 떨었고 하늘은 암흑으로 변했다. "너, '일레아나 코슨제아나', 순결한 영혼아, 너, 빛나는 태양, 죄 없는 몸아, 눈으로 너희들을 서로 바라 보거라, 그러나 이 순간 이후 너희들은 항상 떨어져 있게 될 것이다. 낮이나 밤이나 그리움에 가득 쌓인 채, 꺼지지 않는 불을 태우면서, 영원히 서로의 뒤를 쫓게 될 것이다. 이 세상에 빛을 비추면서 하늘 위를 맴돌게 될 것이다."

이 날 이후로 태양과 달은 서로를 그리워 할 뿐, 만날 수는 없게 되었다. 그러나 어느 날인가 태양과 달이 서로 만나 사랑의 포옹을 하게 될 것인데, 그 날이 오면 세상의 모든 것이 다 불타버리고, 이 세상은 마지막을 맞이하게 될 것이라고 한다.

반은 개의 얼굴과 반은 사람의 얼굴을 가진 종족

커프커우니(Căpcăuni ; 반인반수)

세상의 창조를 마친 하느님과 악마가 그 다음에 한 일은 인간을 만드는 일이었다. 그러나 처음부터 지금의 우리들과 같은 인간을 만든 것은 아니었다. 맨 먼저 만들어진 인간은 '커프크니(Căpcâni)', '커프커우니(Căpcăuni)', '커트커우니(Cătcăuni)' 등으로 불리는 종족이었다.

이 세상이 만들어 지긴 했는데, '둠네제울'과 악마는 둘이서만 같이 다니다보니 점차 심심해지기 시작했다. 그러던 차에 악마가 먼저 인간을 만들 것을 제안하게 된다. 악마는 자신의 눈에 보이는 '둠네제울'의 형상을 따라 인간의 형태를 만들어 보려 하였다. 그러나 '둠네제울'은 어떠한 형상을 지닌 것이 아니라 맑고 투명한 빛이었기 때문에 그것을 본떠서 인간의 형태를 만들기가 쉽지 않았다. 그래도 악마는 열심히 만들어서 '둠네제울'의 형상에 가까운 인간을 만들고 자신의 생명을 나누어 주었다. 그러나 인간은 움직이지 않았다. 그 모습을 본 '둠네제울'도 인간을 만들어 보기로 하고는 앞에 있는 악마의 형상을 본뜬 괴물 같은 인간을 만들어서 생기를 넣어 주었다. 그리고는 '둠네제울'과 악마는 서로 처음으로 만든 인간을 하나로 합쳐 버렸다. 그렇게 만들어진 최초의 인간 종족이 바로 '커프커우니'이다.

'커프커우니'는 얼굴의 반은 사람의 모습을 하고 있고 얼굴의 반은 개의 모습을 하고 있다고 한다. 눈은 네 개가 달렸다고 하는 사람도 있고 다섯 개가 달렸다고 하는 사람도 있다. 입은 두 개고 발은 일곱 개나 달렸다고 한다. 나중에 지금의 우리와 같은 사람이 만들어지게 되는데, '커프커우니'는 우리와 같은 사람을 사냥해서 집에 묶어놓고는 음식을 먹여 포동포동 살찌운 다음에 아궁이 불에 넣어서 구워 먹었다고 한다.

맨 처음 만든 인간 족인 '커프커우니'는 머리도 나쁘고 탐욕스러운 데다가 생긴 것도 너무 보기 흉해서 나중에 만들어진 거인족인 '우리아쉬(Uriaşi)'에게 모두 죽임을 당하는 운명을 맞았다고 한다. '커프커우니'에 관한 민담들 중에서 가장 많이 알려져 있는 이야기는 '커프커우니'에게 붙잡혔다가 꾀를 내 살아 돌아 온 어느 소녀의 이야기이다.

예전에 루마니아 사람들이 살고 있는 마을로 '커프커우니' 형제가 사냥을 나왔다. 그 시절의 사람들은 항상 '커프커우니'에 대한 두려움 때문에 누군가 마을 밖에서 보초를 섰다. 그러다가 '커프커우니'가 나타났다는 신호가 울리면 마을 사람들 모두가 뒷산의 은밀한 곳으로 도망을 치곤했다. 그 날도 신호가 나자 모두들 부리나케 도망을 쳤다. 그런데 옥수수 죽을 끓이던 소녀가 미처 피하지 못하고 '커프커우니' 형제에게 붙잡히고 말았다. 며칠을 굶은 '커프커우니' 형제는 소녀를 잡아와서 엄마 '커프커우니'에게 즉시 구워 달라고 말하고는 또 사냥을 나갔다. 소녀 한 명으로는 배가 차지 않을 것 같아서였다. 할망구 '커프커우니'는 아궁이에 불을 지피고 큰 삽을 들고 나왔다. 그러더니 소녀에게 삽 위에 드러누우라고 소리쳤다. 소녀가 누우면 그 삽을 아궁이 위 가마 속에 넣고 구워버리려는 심산이었다. 소녀는 삽 위로 올라섰지만 눕는 법을 모른다고 핑계를 대면서 쭈그리고 앉았다. 그런 자세로는 가마 속에 들어 갈 수가 없었다. 화가 난 할망구 '커프커우니'는 그 자세가 아니고 등을 삽에 대고 누우라고 무섭게 소리 질렀다. 소녀는 등을 대고 누웠기는 한데 양 다리를 벌린 채 위로 뻗어 올렸다. 역시 가마 속에 들어 갈 수 없는 자세였다. 이 꼴을 보던 할망구 '커프커우니'는 그럼 눕지 말고 엎드리라고 했다. 소녀는 손바닥과 양 무릎을 삽 위에 올리고 엉덩이를 위로 치켜 올렸다. 이 자세로도 가마 속에 들어 갈 수가 없었다. 보다 못한 할망구 '커프커우니'는 자신이 먼저 시범을 보일 테니 따라 하라고 말하면서 삽 위에 납작 엎드렸다. 그 순간 소녀가 삽자루를 얼른 움켜쥐고 할망구 '커프커우니'를 가마 속에 밀어 넣고 옆 덮개를 닫아 버렸다.

그리고는 산으로 도망을 쳐 늪을 지나고 숲을 지나 덤불 속 구덩이에 꼭꼭 숨었다. 조금 있다가 '커프커우니' 형제가 사냥을 허탕치고 집으로 돌아왔다. 배가 너무 고픈 나머지 아무 생각이 없이 가마 속을 열어 잘 구워진 고기를 게걸스럽게 먹어 치웠다. 한 참을 먹다보니 고기 맛이 이상했다. 고기질도 평소 먹던 사람고기처럼 부드럽지 않고 딱딱하고 푸석한 느낌이었다. 그제야 뭔가 이상하다는 것을 눈치 챈 '커프커우니' 형제는 자신들의 엄마를 찾기 시작했다. 그러나 엄마는 이미 자신들의 뱃속에 들어 간 후였다. 속은 것을 안 '커프커우니' 형제는 도망친 소녀를 찾아 나섰다. 그러나 허사였다. 그 이후로 '커프커우니'는 더 이상 사람고기를 먹지 말자고 맹세하였다.

도망친 소녀는 집으로 돌아오려고 했지만 길을 찾을 수가 없었다. 한참을 헤매다가 하늘 한 편에 우유를 흘려 놓은 것처럼 하얀 별들이 고여 있는 것을 보고 무작정 따라갔더니 마침내 집으로 돌아 올 수 있었다. 그 때부터 루마니아 사람들은 은하수를 '칼레아 로빌로르(Calea Robilor : 잡혀갔던 사람들의 길)'라고 부르기 시작했다. 참고로, 은하수는 우유를 뿌려 놓은 길이라는 뜻의 '칼레아 랍텔루이

(Calea Laptelui)'라고도 부른다.

이 이야기 속에서 현명한 소녀가 가마 속에 들어가지 않기 위해 취한 자세들이 살짝 흥미롭다. 신화를 들려주면서 은근히 '첫 밤의 일'을 놀라지 않고 현명하게 대처하는 법을 가르쳐 주고 있는 것이 아닌가 생각된다. 그런데, 이러한 생각은 필자의 개인적인 생각일 뿐이니 깊이 생각하지 말고 그냥 넘어가 주면 좋겠다.

10

거인족 우리아쉬(Uriaşi)또는 지도비(Jidovi)

루마니아 사람들은 '둠네제울'이 '커프커우니'를 만들었지만 마음에 들지 않자 이번에는 '우리아쉬'라고 불렸던 거인족을 만들었다고 믿고 있다. 나중에 우리 인간들과 어느 정도의 세월 동안은 함께 살아가기도 했었다고 전해진다.

루마니아 북동부 몰도바(Moldova)나 부코비나(Bucovina) 지역의 사람들은 이들 거인족을 우리아쉬(Uriaşi)라고 부르며, 남서부 올테니아(Oltenia)와 남동부 짜라 로므네아스커(Ţara Românească) 지역에서는 지도비(Jidovi)라고 부른다. 어떤 사람들은 아담과 하와도 우리아쉬였다고 이야기하기도 한다.

거인족 '우리아쉬'는 말 그대로 무척이나 큰 사람들이었다. 머리가 앞산만큼이나 컸고, 다리도 엄청나게 길어서 한쪽 발은 이쪽 산의 계곡을 밟고 다른 발은 저쪽 산의 계곡을 밟고 걸어 다닐 정도였다. 입도 무척 커서 우리와 같은 사람들 예닐곱 명 정도는 그 입 속에 자리를 깔고 편히 누워 잠을 잔다고 해도 남을 정도의 크기였다. '우리아쉬' 한 명이 거처로 삼고 있던 땅의 크기는 지금 식으로 따지면 나라 하나 정도 되는 크기였다. 예를 들어, 몰도바 지역에 사는 '우리아쉬' 한 명이 옥수수 죽을 끓이는데 필요한 솥단지를 빌리러 이웃에 간다는 얘기는 헝가리 땅까지 간다는 말이다. 그래봤자 열 걸음 안이면 이웃에 당도할 수 있었다. '우리아쉬'가 솥단지를 걸어 놓기 위해서는 높은 산이 세 개나 있어야 했다. 세 개의 산꼭대기에 걸이를 달아 그 밑에 솥을 매달아 놓은 다음에 그 아래의 산 계곡에 불을 지펴서 음식을 만들었다.

'우리아쉬'는 원래 마음씨가 착하고 우리 같은 보통 사람들에게 해를 끼치는 일도 없이 살았다고 한다. '우리아쉬'에 관해서는 많은 이야기들이 전해지는 데 그 중 몇 가지만 소개 하도록 하겠다.

아주 오랜 옛날에 깊은 숲이 있는 첩첩 산 중에 '우리아쉬' 가족이 살고 있었다. '우리아쉬' 가족의 어린 딸이 놀 거리를 찾다가 마침 사람들이 사는 마을 근처까지 오게 되었다. 들판을 보니 조그만 사람들이 쟁기를 맨 소들을 끌면서 밭을 갈고 있었다. '우리아쉬'의 어린 딸에게는 밭을 가는 소들과 사람들이 재미있는 장난감으로 보였다. 그래서 소와 쟁기와 사람들을 두 손으로 조심스럽게 들어 올려 치마폭에 담고는 즐거운 마음으로 집으로 돌아갔다. 집으로 돌아와 들판에서 가져온 것들을 탁자 위에 올려놓고 이상한 벌레들을 데리고 왔다고 엄마에게 자랑을 했다. '우리아쉬' 가족의 엄마는 어린 딸에게 들판에서 가져온 것들은 장난감이 아니고 인간이라는 생명체인데 오랜 세월이 지나고 '우리아쉬'가 다 사라지고 난 뒤에도 이 땅위를 지배할 자들이니 당장 원래 있던 자리에 다시 가져다 놓으라고 했다. '우리아쉬'의 어린 딸은 엄마가 시키는 대로 사람과 소와 쟁기를 들판에 놓아 주었다.

이렇게 루마니아 사람과 친하게 지내던 '우리아쉬'가 어느 날부터인가 사람들을 싫어하게 되었다. 그에 얽힌 이야기는 다음과 같다.

어떤 루마니아 사람이 혼자서 밤길을 가다가 길을 잃어 산 속을 헤매었다. 나무 위에 올라가 사방을 살피니 희미한 불빛이 보이기에 그 불빛을 따라 갔더니 '우리아쉬'가 사는 집이었다. 그 사람은 '우리아쉬'가 무서워 그냥 도망가고 싶었지만 그렇다고 해서 숲 속으로 다시 들어가자니 산짐승들에게 잡혀 먹힐 것이 더 걱정이 되었다. 이러지도 못하고 저러지도 못하고 있는데, '우리아쉬'가 나와서 그 사람을 친절하게 집안으로 맞이해 주었다. 그리고는 편히 쉴 잠자리를 마련해 주고 먹을 것도 나누어 주었다.

거인족 우리아쉬

그런데 '우리아쉬'가 나누어 준 음식은 방금 가마에서 구워낸 무척 뜨거운 빵이었다. '우리아쉬'는 혀가 두껍고 입술에도 살이 많아서 뜨거운 것을 먹는데 아무런 지장이 없었지만, 우리 같은 사람들은 그 빵을 그냥 먹으면 혀의 껍질이 다 벗겨졌을 것이다. '우리아쉬'는 게걸스럽게 빵을 먹어 치웠지만 루마니아 사람은 빵을 입으로 호호 불면서 천천히 조금씩 떼어 먹을 수밖에 없었다. 루마니아 사람이 호호 불면서 음식을 먹는 모습을 신기하게 바라보던 '우리아쉬'는 그 사람에게 그 이유를 물었다. 루마니아 사람은 너무 뜨거워서 입김을 불면서 음식을 식히는 것이라고 대답했다.

인간과 소와 쟁기를 치마폭에 담고
집으로 향하는 우리아쉬 처녀

다음날 루마니아 사람은 융숭한 대접을 받은 것에 답례하는 마음으로 언제 시간이 되면 자신의 집에도 놀러 오라고 '우리아쉬'에게 말을 하고는 집으로 향했다. '우리아쉬'도 친구가 되어 기쁘다는 말을 하며 서로 자주 왕래하는 사이가 되기로 약속하였다.

그러던 중 겨울이 되었다. '우리아쉬'는 루마니아 친구가 어찌 지내는가 보려고 집으로 찾아왔다. 마침 루마니아 사람은 겨울 땔감을 준비하려고 집 앞 마당에서 장작을 패고 있었다. '우리아쉬'가 와있는 것을 본 루마니아 사람은 장작 패는 손길을 잠시 멈추고 도끼를 바닥에 내려놓고 난 뒤 손에 호호 하고 입김을 불어 넣었다. 이 모습을 본 '우리아쉬'가 의아해하면서 왜 입김을 부는지를 물었다. 루마니아 사람은 추워서 입김을 불어 손을 따뜻하게 하려고 그러는 것이라고 대답했다. 그러자 갑자기 '우리아쉬'가 화를 내며 "너희 인간들은 한 몸에 두 가지 다른 영혼을 가지고 있구나. 저번에는 차갑게 하려고 입김을 불더니 이번에는 따뜻하게 하려고 입김을 부는 것을 보니 너희들의 영혼 역시 두 개일 것이 분명하다. 위선자처럼 두 개의 영혼을 지니고 있는 너희들과는 친구가 될 수 없다."고 말하고는 큰 걸음으로 돌아갔다. 루마니아 사람은 어떤 변명도 할 수가 없었다.

이런 일이 있은 다음부터인지 아니면 또 다른 일이 있었는지는 잘 모르겠지만, 언제부터인가 '우리아쉬'가 점점 못되게 변하더니 난폭해져서 나쁜 짓을 일삼기 시작했다. 자신들의 땅에 만족할 줄 모르고 인간들의 땅을 침범하는 일이 잦아졌다. '우리아쉬'는 인간들이 경작한 금빛 농지에서 나오는 곡물들과 인간들이 돌보는 소를 비롯한 각종 가축들에 식욕을 느끼고 손에 잡히는 대로 마구 먹어댔다. 그것들만 먹었으면 그러려니 했을 텐데 심지어는 사람들까지 마구 잡아먹었다. 사냥개를 데리고 다니면서 마치 토끼를 사냥하듯 사람들을 사냥해서 잡아먹는 바람에 사람들은 '우리아쉬'라는 얘기만 들어도 머리카락이 쭈뼛쭈뼛 설 정도였다. 인간들도 '우리아쉬'가 하는 짓을 배워서 그들과 마찬가지로 사악해 졌다. 사람들끼리 서로 죽이고 남의 농지를 해치고 남의 가축을 빼앗았다.

보다 못한 '둠네제울'은 세상에 큰 홍수를 내리어 '우리아쉬'와 인간 모두를 세상에서 없애버리기로 작정하셨다. 인간들 중에는 그나마 의로운 자가 한 명이라도 있었지만, '우리아쉬' 중에는 단 한 명도 없었다. 처음에 비가 내리기 시작했을 때 산보다도 더 큰 '우리아쉬' 종족은 설마 물이 자신들보다 더 높이 올라갈 리가 없을 거라고 비웃으면서 코웃음을 쳐 댔다. 그러다가 물이 자신들을 삼키기 시작하자 허둥대면서 헤엄쳐 나가려고 하였지만 이미 소용없는 짓이었다.

그러나 '우리아쉬' 중에 가장 크고 힘이 센 대장 '우리아쉬'는 세상에서 가장 큰 산을 밟고 올라서서 껑충 뛰어올라 하늘의 밑동을 붙잡고 매달려서는 '둠네제울'께 자신을 물에 빠뜨려 보라고 큰 소리를 쳐댔다. 그러자 '둠네제울'은 파리들과 구더기들을 보내어 대장 '우리아쉬'의 온몸을 물어뜯게 하셨다. 파리들이 눈을 간질이고 구더기들이 발바닥을 깨물어대는 통에 대장 '우리아쉬'는 잠시 눈과 발을 비비려고 하늘의 밑동을 잡고 있던 한 손을 떼었다. 발바닥의 구더기들을 간신히 떼어냈지만 그러는 바람에 손에 물이 묻게 되었다. 다시 하늘의 밑동을 움켜 쥐려했지만 손에 물이 묻은 까닭에 손이 미끄러져서 그만 하늘의 밑동을 놓쳐 버리고 말았다. 갑자기 중심을 잃은 대장 '우리아쉬'는 끝없이 차오른 물속으로 떨어져 허우적대다가 죽어갔다.

홍수로 물이 차오르자 하늘의 밑동을 잡고 버둥대는 대장 우리아쉬

대장 '우리아쉬'가 물속으로 떨어질 때 큰 파도가 일어서 하마터면 노아의 방주가 뒤집어질 뻔 했다는 말도 있다. 여하튼, 그 뒤로 '우리아쉬'는 이 세상에 하나도 남지 않게 되었다.

거인 족에 관한 이야기는 비단 루마니아뿐 아리라 전 유럽에 걸쳐 존재한다. 마을에 쓸모없는 큰 바위가 있어 사람들을 불편하게 한다던가, 아주 오래 전부터 계속 있어왔을 것 같은 신성한 바위들은 대부분 이 거인 족이 옮겨 왔을 거라 믿는 것이다.

성경의 창세기 6장에는 하나님의 아들들이 사람의 딸들을 취하여 자식을 낳았는데 그 자식들은 '네피림(nephilim)'이라고 불리는 거인 족이었고, 홍수 때 멸망했다는 이야기가 기록되어 있다. 이 이야기도 루마니아의 거인 족에 대한 믿음에 상당부분 영향을 미쳤을 것으로 보여 진다.

11

땅 밑 세상에 사는 피티치(Pitici ; 난장이족)

'둠네제울'이 처음에는 '우리아쉬' 종족을 만들어서 세상에 퍼지게 하셨는데 나중에 보니 이들이 너무나 거대해서 산과 숲을 다 막아 버리게 되었다. 게다가 세상을 위해 제대로 하는 일도 별로 없어 보였다. 그래서 이번에는 아주 작은 종족을 만들기로 하셨다. 그렇게 태어난 종족을 루마니아에서는 '피티치(Pitici)'라고 부른다. 이들은 너무나 온순하고 정직하고 신앙심도 깊어서 '블라지니(Blajini)'라고 불리기도 한다. '블라진(blajin)'은 루마니아어 단어로써, 사람의 행동이나 마음씨가 평화롭고 온순한 상태를 뜻하는 꾸밈씨이기도 하다.

이들 '피티치'는 너무나 작아서 아홉 명이 모여야 겨우 우리 보통 인간들 한 명 정도의 힘을 쓸 수가 있다고 한다. 그렇기에 땔감을 위한 조그만 나무를 베는 일도 제대로 할 수 없었고, 가축을 돌보는 일도 힘들었고, 밭을 경작하는 일에는 엄두조차 내지 못하였다. 이를 본 '둠네제울'은 결국 너무 크지도 너무 작지도 않은 지금의 인간들을 만들게 되었다.

처음에 이 세상에 살던 '우리아쉬'들은 나중에 사악해지는 바람에 심판의 홍수가 있었을 때에 모두다 물에 빠져 죽었지만, '피티치'는 이 세상에 살면서 '둠네제울'께 죄를 짓지도 않았고 사람에게 해를 끼치지도 않았기에 심판을 받지는 않았다.

그러나 이 세상에서 보통 인간들과 어울려 살면 서로 다투게 될 것이라고 생각한 '둠네제울'은 '피티치'를 또 다른 세상으로 보내어 그곳에서 평화롭게 살도록 하셨다. 그 곳은 '퍼트 프루모스(Făt-Frumos : 루마니아 민담에 자주 등장하는 기이한 능력을 지닌 영웅)' 왕자 외에는 아무도 가본 적이 없는 신비한 세상으로 우리가 사는 땅 밑에 있다고 한다.

그 신비한 지하 세계에는 '슴버터(Sâmbătă)' 강이 흐른다고 알려져 있다. 그 강은 세 번 똬리를 틀은 구렁이처럼 이 세상을 세 번 휘돌아 흐른 뒤에 '피티치' 종족들이 사는 곳을 지나고도 한참을 더 흘러서 지옥의 앞까지 다다른다고 한다. 땅 밑 세계로 옮겨간 '피티치' 종족들은 '로흐마니(Rohmani)' 또는 '루그마니(Rugmani)' 등으로 불리기도 한다. 그들은 보통 루마니아 사람들과 마찬가지로 예수 그리스도를 믿는 신자들이며 성탄절이나 부활절 같은 기독교의 명절을 빠짐없이 지킨다.

그러나 그들은 해와 달이 없는 곳에 살기 때문에 계절의 변화와 시간의 흐름을 제대로 알지 못한다. 때문에 지상에 사는 우리 사람들이 그들에게 명절 때를 알려주어야만 그들이 명절을 지킬 수 있게 되는 것이다.

성탄절에는 성탄 케이크를 만들고 남은 호두 껍데기를 강에 띄우기만 하면 된다. 이 강 저 강에서 흘러 들어온 호두 껍데기들이 긴 행렬을 이루며 '슴버터' 강으로 모여서 '로흐마니' 종족들이 사는 땅에 전해진다. 호두 껍데기를 보면 그들은 성탄절이 온 줄 알고 즐겁게 축제를 즐긴다.

만약 '슴버터' 강에 예쁘게 색칠이 된 계란 껍데기들이 동동 떠 지나가면 '로흐마니' 종족은 부활절이 돌아온 줄 알고 모두 기뻐하면서 축제를 준비한다.

루마니아 북부의 몰도바(Moldova), 바사라비아(Basarabia), 마라무레쉬(Maramureş) 그리고 트란실바니아(Transilvania) 일부 지역에서는 보통 부활절 후 여드레 뒤인 토마스(Tomas : 도마) 성인의 일요일을 '블라지니 종족의 부활절(Paştile Blajinilor)'이라고 부르며 함께 기념하기도 한다.

12

불완전한 인간

대다수의 문화 공동체들에서 발견되는 인간 창조의 신화들에는 최초의 인간에게 신성성을 부여하는 것이 일반적이다. 인간은 신의 자손이라는 이야기들이 신화의 가장 중요한 부분을 차지하고 있기도 하다. 루마니아도 마찬가지이다. '둠네제울'이 흙으로 사람을 만들고 생기를 불어 넣어 인간을 만들었다는 성경의 이야기를 인간 창조의 정설로 받아들이고 있다. 그러나 루마니아나 불가리아의 일부 신화들에서는 최초의 인간이 선신의 본성과 악신의 본성을 나누어 가진 것으로 그려지는 경우가 있다.

루마니아의 신화에서는 앞서 소개한 '커프커우니', '우리아쉬', '피티치' 같은 여러 종류의 인간이 만들어 진 후에 드디어 우리와 같은 인간이 만들어 졌다고 이야기 된다. 그 내용은 다음과 같다.

'둠네제울'이 '우리아쉬'나 '피티치'를 만드는 모습을 어깨너머로 보고 기술을 익힌 악마가 물가의 흙을 주물러서 이번에는 생긴 것도 보기에 좋고 크기도 적당한 지금의 우리 인간과 비슷한 형상을 만들게 된다. 그러나 악마는 아무리 숨을 불어 넣어도 인간에게 생명을 줄 수 가 없었다.

지나던 '둠네제울'이 이를 보고 자기가 대신 사람을 완성해 주겠다고 하면서 악마가 만들다 만 사람을 가지고 갔다. '둠네제울'은 돌멩이로 뼈를 만들고, 진흙으로 살을 입혔다. 이슬로 피를 만들어 몸 안을 흐르게 했다. 해와 달처럼 아름다움을 주었고, 천사들처럼 스스로 생각할 수 있게 하였다. 그리고 마지막으로 성스러운 숨결을 불어 넣어 생명을 갖게 하였다. 사람에게 일어나 걸으라고 하자 사람이 일어나 걸었다.

악마는 사람의 몸과 뼈는 자신도 만들 수 있는데 생명을 줄 수가 없다는 점에 불만을 품었다. 생명을 갖게 된 사람들이 자신을 따르지 않고 '둠네제울'을 따르는 모습도 보기가 싫었다.

지금도 악마는 자신이 처음에 만들었던 우리 인간들의 몸에 각종 병과 고통을 주면서 괴롭히고 있다. 그러나 영혼과 생명은 '둠네제울'이 주신 것이기에 악마도 마음대로 할 수가 없는 것이다. 사람이 죽으면 육신은 썩고 구더기에 먹혀 흙으로 돌아가지만, 영혼은 성스러운 곳으로 갈 수 있는 것이 이런 이유 때문이다.

일부 신화들에서는 이때 창세신이 처음으로 만든 최초의 인간은 양성구유, 즉 남성도 아니고 여성도 아닌 존재였다고 한다. 이들은 '둠네제울'을 잘 따랐고, 불만 없이 살고 있었다. 이 모습을 본 악마가 '둠네제울'에게 가서 인간들을 남성과 여성의 두 종류로 나누면 더 좋을 것이라고 제안을 하게 된다. 무엇 때문이었는지는 알 수 없지만, '둠네제울'이 이 제안을 받아들이고 인간을 남성과 여성으로 나누었다. 악마는 성애를 이용하여 사람들을 괴롭히는 악령들을 만들고 이들을 통해 여성과 남성이 끊임없이 서로를 탐닉하게 만들어 버린다. '둠네제울'은 원래 한 남성과 한 여성이 한 몸처럼 행복하게 살길 바라고 성을 나눈 것이지만, 악마의 계략 때문에 사람들은 '둠네제울'의 뜻을 어기고 기회가 되면 배우자를 배신하고 새로운 상대자를 찾게 되었다. 또한 성애의 감정에 의해 살인, 강도 등 여러 가지 죄악을 범하게 되었다.

사실 루마니아에서는 남성과 여성이 나누어지게 된 과정을 구체적으로 설명하고 있는 신화는 발견되지 않고 있다. 단지 두 개의 성이 나누어지게 된 이유가 악마의 계략 때문이었다고 간단하게 이야기하고 있는 신화들만이 채록 되었을 뿐이다. 그 신화들 속에서 공통적으로 이야기 되는 부분은 악마가 처음으로 타락시킨 것은 남자가 아니라 여자였다는 내용이다.

어떤 신화에서는 '둠네제울'이 남자와 여자를 나눌 때 악마가 여자에게 몰래 개의 꼬리를 넣었다는 이야기가 전승된다. 그래서 루마니아 여자들은 사나울 뿐 아니라 큰 소리로 악을 쓰는 일이 많다고 한다. 필자의 경험에 의한 사견으로는, 루마니아 여자들의 성질이 좀 사나운 면이 없지 않아 있는 것이 사실이지만, 그만큼 남자들에 비해 활동적이고 경제력이 있기 때문에 그렇게 큰 소리 칠 수 있는 것이 아닌가 한다.

또 다른 신화에서는 남자와 여자가 생겨날 때 악마가 여자에게 몰래 자신의 꼬리를 조금 잘라서 집어넣었다는 내용도 전해진다. 여자를 악마의 성질을 가진 존재로 표현한 신화가 전해지는 이유는, 아마도 하와가 뱀의 유혹을 받아 선악과를 따먹고 아담에게도 권하여 결국 낙원에서 쫓겨나게 되었다는, 성경의 신화가 루마니아의 신화에도 접목되었기 때문일 것이다. 또 다른 이유 중의 하나는 세계적 종교학자 미르체아 엘리아데(Mircea Eliade)나 죠셉 캠밸(Joseph Campbell)과 같은 학자들의 견해에서 찾을 수 있다. 그들에 따르면 대지의 어머니 여신을 숭배하던 정착 농경 집단이 강한 남성 전사신을 숭배하는 침략자 전사 집단에게 정복당하면서 모계사회가 부계사회로 넘어가기 시작했는데, 이 시기에 기존의 여신 숭배 신화들을 무시하고 남성을 여성보다 더 우월한 존재로 표현하는 새로운 신화들이 다수 출현하였다고 한다.

13

일곱 층의 하늘

고슴도치의 조언으로 산과 들과 언덕과 계곡을 만드신 '둠네제울'은 사람들을 만드셨고, 해와 달을 만드셨지만 아직은 지금처럼 높은 하늘을 만드시지 않았다.

단지 카르파치 산맥(Munții Carpați : 루마니아의 중심을 가로지르는 높은 산맥으로 해발 2000미터 이상의 산들이 즐비하다)의 높은 산에 키 큰 전나무를 심으시고 그 위에 눈에 보이지 않는 장막을 걸어 온 땅에 살짝 뒤덮이게 했을 뿐이었다. 그러나 아직은 하늘이 높지 않아서 사람들이 우뚝 솟은 산에 올라 손을 뻗기만 하면 하늘의 밑 부분을 만질 수가 있었다.

어느 날, 높은 산에 살고 있던 어떤 여자가 아기의 똥 기저귀를 털어 내다가 하늘에 똥을 묻히고 말았다. 또 어떤 날은 심심해하던 양치기가 할 일이 없었던지, 밤에 달에게 오물을 집어 던져 달이 화가 나는 일도 있었다. 또 다른 날에는 더위에 지친 할망구가 해를 향해 더러운 걸레를 집어 던져 해의 얼굴에 검정이 묻는 일도 있었다.

이렇게 하늘이 사람들에 의해 더러워지는 것을 본 '둠네제울'은 더 이상 하늘을 땅에 가까이 두면 안 되겠다고 생각하게 되었다. 그러던 차에 마침 마땅히 지나다닐 길도 없이 땅의 가까운 곳을 날아다니느라 힘들어 하던 해와 달이 하늘을 만들어서 그 위에 자신들이 지나다니기 편한 길을 놓아 달라고 '둠네제울'께 부탁을 해 왔다.

게다가 해가 날아가는 낮 동안에는 너무 밝아 눈도 뜰 수 없었고, 뜨거워서 도무지 견딜 수가 없을 지경에 있던 사람들이 참다못해 '둠네제울'께 하늘을 만들어 해와 달을 멀리 있게 해달라고 간청해 오기도 하였다. 이 말을 들은 '둠네제울'은 일곱 천사들을 불러 모은 뒤, '블라지니(Blajini)'가 사는 땅 밑 세상에 가서 각자 귀중한 돌멩이들을 가지고 오라고 하셨다.

천사들이 귀중한 돌멩이들을 모아오자 '둠네제울'은 그 돌멩이들로 크고 두꺼운 벽을 만드시고는 남은 돌멩이로 일곱 개의 기둥을 만드셨다. 벽은 유리처럼 만드셨기 때문에 사람들의 눈에는 보이지 않았다. 일곱 개의 기둥은 빨간색, 주황색, 노란색, 초록색, 파란색, 남색, 보라색으로 무지개의 일곱 색깔을 각각 하나씩 가지고 있다. '둠네제울'은 그 일곱 개의 기둥을 땅 위에 세우고는 그 위에 벽을 올려놓아 하늘과 땅이 구분되게 하였다. 그리고는 하늘을 일곱 개의 층으로 각각 나누고 제일 높은 층에 올라 쉬기로 마음먹었다.

땅과 하늘을 구분하는 공간은 창공이다. 이곳은 새들이 날아다니고 구름이 떠다니는 곳으로 하늘 그 자체는 아니다. 하늘의 층을 나눌 때 하늘에 오르지 못한 악마들이 이 창공에 남아 있다가 나중에 모두 땅 밑 아주 깊숙한 곳에 들어가 자신들의 세상을 만들게 되었다.

죽은 자의 영혼이 이 창공에서 하늘로 통과하기 위해서는 99개의 관문을 거쳐야 한다. 각각의 관문들에는 '바메쉬 버즈두훌루이

(Vameşii Văzduhului : 영혼의 심판관들)'가 지키고 서서 영혼들이 살아생전에 지은 죄를 한 가지씩 심판을 한다. 이들은 악령의 일종으로 털끝만한 자비심도 없어서 죄가 있는 영혼은 누구라도 단호하게 땅이나 지옥으로 내쳐버린다. 또 이들은 재물을 무척 좋아한다고 알려져 있다. 죄가 없는 영혼일지라도 만약 노잣돈이 없어서 하늘 통관비를 내지 못하는 일이 생기면 그 영혼을 통과 시키지 않고 땅으로 돌려보낸다고 한다. 마지막 관문에는 '푼테아 라이울루이(Puntea Raiului : 낙원으로 가는 외나무다리)'가 놓여 있는데, 그 아래는 '이아드(Iad : 지옥)'의 입구가 입을 벌리고 있다. 이 다리는 깊은 어둠으로 둘러 싸여 있고 항상 광풍이 휘몰아치고 있어서 한 번만 발을 잘못 디디면 그 즉시 그 아래에 있는 지옥의 입구로 떨어져 버린다. 순결한 영혼만이 이 다리 앞에서 빛의 날개를 받을 수 있다. 그 날개를 달아야만 이 다리를 무사히 통과할 수 있으며, 날개를 받지 못한 자는 아무도 이 다리를 통과 할 수가 없다.

'둠네제울'은 하늘의 첫 번째 층에는 해와 달이 지나다니도록 길을 만들어 놓았다.

두 번째 층의 하늘에는 기후를 관장하는 '슨틸리에(Sântilie)'[7]나 용을 혼내주는 '슨지오르즈(Sângiorz)'[8] 같은 성인들을 살게 하였다. 이들 성인들은 때때로 창공으로 내려와 구름을 움직여 땅에 비를 보내거나, 해가 비추게 도와준다.

세 번째 층의 하늘에는 별들을 놓아두었다. 어떤 사람들은 별들이 한 사람 한 사람의 운명과 연결되어 있는 호롱불들이라고 한다. 한 사람이 태어나면 별이 빛나기 시작하고 그 사람이 죽으면 그 별도 같이

---

7) 일리에(Ilie) 성인을 다르게 부르는 말이다. 고대에 루마니아 지역에서 살던 다치아(Dacia)민족의 불과 태양의 수호신이었던 '제벨레이시스(Gebeleisis)'가 크리스트교의 유입 이후에 일리에 성인으로 대치되었다.

8) 용을 물리쳤다고 알려져 있는 게오르게(Gheorghe ; 조지) 성인을 뜻한다. 다치아(Dacia)민족의 말(馬)과 소의 수호신이었던 '카발레룰 트락(Cavalerul Trac)'이 크리스트교의 유입 이후에 성인 조지로 이름이 바뀌었다.

저승으로 가는 관문을 지키는
'바메쉬 버즈두훌루이(Vameşii Văzduhului)'

사라진다고 믿는다. 또 다른 사람들은 별은 작은 구멍일 뿐인데, 천국의 빛이 그 구멍을 통해 땅으로 비친다고 한다.

네 번째 층의 하늘은 땅과 창공의 일들을 돌보는 온갖 종류의 정령들과 선한 요정들이 사는 곳이다.

다섯 번째 하늘은 '둠네제울'이 하늘의 제일 높은 층에 오르실 때 선택하신 대천사들이 머무는 곳이다. 나중에 위대한 성인들이 돌아가신 후 영혼이 되어 이곳에 들어가셨다고 한다.

여섯 번째 하늘에는 아름다운 정원이 있고 그 정원의 한 가운데에는 일곱 번째 하늘과 연결되어 있는 거대한 전나무가 솟아 있다. 그 전나무에는 맛있는 열매가 주렁주렁 열려 있고, 그 전나무 곁의 아름다운 꽃들에서는 감미로운 향기가 피어나난다. 이 여섯 번째 하늘은 루마니아 사람들이 '라이(Rai)'라고 부르는 천국이 있는 곳이다. '둠네제울'이 이곳에 가끔씩 내려오셔서 정원을 거닐며 세상일에 대해 근심하시다가 가시기도 한다.

일곱 번째 하늘은 오직 '둠네제울'만이 들어 갈 수 없는 비밀의 공간이다. 그곳에서 '둠네제울'은 아무것도 생각하시지 않고 오직 쉬기만 한다.

루마니아에서 일곱층의 하늘에 관한 신화는 말로써 전해지기 보다는 수도원의 벽화들을 통해 전해져 왔다는 특징이 있다. 특히 '천국으로 향하는 다리'나 '천국의 계단'은 종교적 가르침을 담은 벽화들의 강렬한 주제가 되었다. 루마니아의 북동부 부코비나 지역의 수도원들에는 이러한 주제를 담은 프레스코 벽화들이 많이 보존되어 있다.

특기한 것은 지옥으로 떨어지는 부정한 자들의 얼굴은 대부분이 루마니아를 침략했던 터키나 타타르 인들의 모습을 띠고 있고, 천국으로 향하는 순결한 영혼들의 얼굴은 전형적인 루마니아 사람들의 얼굴이라는 것이다.

14

운명의 호롱불

루마니아 사람들은 하늘의 별들을 우리 한 사람 한 사람의 운명과 연결되어 있는 호롱불이라고 믿고 있다. 누군가가 태어나면 하늘의 천사들이 새로운 호롱불에 불을 붙여 밤하늘에 반짝이게 한다는 것이다. 그리고 누군가가 생명을 다하게 되면, 그 사람의 호롱불을 땅으로 던진다고 한다. 그러면 그 호롱불은 긴 불꽃을 달고 하늘을 날아서 땅의 어딘가로 사라져 버리게 된다. 하늘의 호롱불인 별들이 그 크기가 제 각각이며 밝기도 다 다른 것은 이 세상의 많은 사람들이 모두 다 같은 지위와 같은 능력을 갖고 있지 않기 때문이다. 그렇기에, 왕들의 별은 아주 크고 밝게 빛나고, 재상들의 별은 눈에 확연하게 드러난다. 하지만 이름 없는 보통 사람들의 별은 있는 듯 없는 듯 조그맣게 깜박일 뿐이다. 같은 한 사람의 운명에도 희로애락의 굴곡이 있듯이 같은 별이라도 항상 같은 밝기로 비추지는 않는다. 별의 주인이 힘든 시기를 보내고 있으면 그 별도 흐릿하게 빛나고 별의 주인이 큰 성공을 거두고 있으면 그 별도 힘차게 빛난다.

하늘의 별이 인간의 운명과 연결되어 있다는 믿음은 비단 루마니아 사람들만이 가지고 있던 생각은 아니다. 이러한 믿음은 전 세계 어느 곳에서나 널리 알려진 공통된 믿음이다. 그러나 루마니아 사람들은 유독 그러한 믿음이 강하다. 지금도 거의 모든 루마니아 사람들은 하루의 시작을 호로스코프(Horoscop : 별자리로 알아보는 운세)를 보면서 자신의 별자리에 따른 그날의 운세를 보는 것으로 시작한다.

15

동 유 럽 의 신 · 영 웅 · 신 비 한 존 재 들

별자리 이야기

예전에는 하늘이 지금과 같이 높지 않아서 사람들은 수시로 산에 올라 하늘 밑동을 붙잡고 '둠네제울'께 원하는 바를 이야기 할 수 있었다. 그러면 하늘에 계신 '둠네제울'이 듣고 각 사람이 원하는 바를 거의 다 해결해 주었다. 해결할 수 없는 일이라면, 줄줄이 늘어놓는 하소연이라도 받아 주었다. 그러다가 하늘이 지금처럼 높아져서 더 이상은 사람들이 하늘에 쉽게 오르지 못하게 되었다.

그러던 어느 날 어떤 양치기의 아내가 경솔한 행동을 저지르는 일이 있었다. 무슨 일인지는 자세히 모르지만, 혹시 양치기가 여름 동안 산에 올라 집에도 못 오고 양을 돌보는 사이에 다른 남자와 속닥거렸다는 사람도 있다. 여하튼 그 양치기가 자기 아내를 흠씬 두들겨 주고는 너무 했다는 생각에 마음이 너무 아파서 '둠네제울'께 잘못을 빌게 되었다. 그런데 '둠네제울'이 자기를 용서해 줄 것 같지 않자, '둠네제울'을 직접 만나서 자초지정을 다 이야기 하고 면전에서 용서를 구하기로 결심하고는 당장 길을 떠날 채비를 꾸리기 시작했다.

땅에서 하늘까지 가는 여정이 길고 고단할 것을 미리 생각한 양치기는 만반의 준비를 하였다. 우선 소에게 멍에를 매어 큰 소달구지를 끌게 하였다. 그리고 작은 마차와 손수레도 준비 하였다. 벽에 있던 호롱불과 십자가와 화환을 뜯어서 짐에 넣었다. 손도끼, 작은 송곳, 큰 송곳, 긴 손잡이가 달린 낫, 작은 낫, 쟁기, 한마루 등도 챙겨 넣었다. 우유도 충분히 준비해서 큼지막한 양동이 두 개에 가득 담아 멜대에 끼우고 한 쪽 어깨에 짊어졌다. 다른 쪽 어깨에 둘러 맨 봇짐 속에는 밀과 옥수수 씨앗도 잊지 않고 챙겨 넣었다. 혹시 하늘까지 가는 길이 너무 멀어 중간에 먹을 것이 떨어지면 손수 심어 가꾼 곡식을 수확해서 다시 또 길을 떠날 요량이었다. 용감한 양치기 개와 집 앞뜰에 있던 강아지, 씨암탉과 병아리들, 암돼지와 돼지새끼들도 데리고 가기로 하였다. 혹시 가는 길에 이야기 나눌 사람이 없어 무료하지는 않을까 해서 동료 양치기도 한 명, 소몰이꾼도 한 명, 돼지 치는 사람도 한 명, 마부도 한 명 데리고 함께 길을 나섰다.

창공을 지나서 한참을 더 올라 '둠네제울'이 계신 곳까지 가는 하늘길의 한 중간쯤 정도에 다다랐을 때 갑자기 '우치걸 크루체아(Ucigă-l Crucea : 십자가로 그를 죽여라라는 뜻의 이름이다.)'라고 불리는 못된 악마가 양치기의 길을 가로막고 나섰다. 서로 비키라느니 못 비키겠다느니, 이래라니 저러라니, 내가 잘 했나니 네가 못했나니 티격태격 언성을 높이다가 급기야는 큰 싸움이 벌어지게 되었다.

'우치걸 크루체아'가 먼저 신비한 주머니를 뒤지더니 큰 용과 소름끼치는 뱀과 사나운 곰과 미친 듯 날뛰는 말과 저주 받은 전갈과 해골바가지를 꺼내어 양치기 앞에 던져 놓았다.

놀라서 겁을 내며 물러설 줄 알았던 양치기는 도리어 가소롭게 여기면서 아까보다 더 맹렬히 달려들었다. 부아가 치밀 데로 치밀어 오른 양치기가 고함을 지르며 주먹을 휘두르자 하늘에서 큰 소용돌이 폭풍이 일었다. 이 소용돌이 폭풍은 아직도 그치지 않고 있다고 한다. 현대 과학에서는 블랙홀이라고 부르는 현상이 이것을 말하는 것이다.

'우치걸 크루체아'와 양치기가 계속 싸우는 중에 이번에는 양치기의 강아지가 미친 듯 날뛰는 말에게 달려들었다. 작지만 용맹스러운 강아지가 악마의 말을 물고 늘어지는 사이에 이번에는 덩치 큰 양치기 개까지 달려들자 악마의 말은 놀라서 펄쩍 뛰며 도망칠 채비를 하는 수밖에 다른 도리가 없었다.

크고 포악한 용은 양치기를 잡아먹을 기세로 큰 입을 쩌억 벌리고 달려들었다. 그러자 양치기는 우유가 담긴 양동이에 끼워 놓았던 멜대를 뽑아 들고는 용의 머리를 인정사정없이 후려 갈겼다. 그런데 너무 급하게 멜대를 뽑느라고 그만 우유가 하늘 길 위에 다 쏟아져 버렸다. 아직도 하늘 길 위에는 그 때 쏟아진 우유 자국이 그대로 남아 있다고 한다. 우리가 은하수라고 부르는 것이 바로 그것이다. 루마니아 사람들은 은하수를 '칼레아 랍텔루이(Calea Laptelui)'라고 부르는데 우리말로 풀어서 설명하면 '우유의 길'이라는 뜻이다.

소름끼치는 큰 뱀은 양치기와 함께 온 소몰이꾼이 화환을 휘둘러 쫓아 버렸다. 놀란 뱀이 몸부림치면서 도망친 흔적이 아직도 하늘 위에 남아 있다고 한다.

해골바가지는 마부가 손도끼를 휘둘러 물리쳤다.

저주받은 전갈은 날카로운 꼬리를 세우고 양치기에게 달려들려고 마음먹었다가, '우치걸 크루체아'가 양치기의 주먹에 맞고, 큰 용이 멜대로 두들겨 맞는 것을 보고 너무 겁이 나서 눈에서 피눈물까지 흘리며 뒤로 물러나 벌벌 떨기만 했다.

사나운 곰은 양치기의 소달구지로 달려들었다. 겁 많은 소들이 놀라서 우왕좌왕 날뛰는 바람에 달구지에 매어 있던 끌채가 떨어져 나가면서 달구지가 엎어져 버렸다. 당연히 그 속에 있던 이런 저런 물건들도 죄다 사방으로 흩어지게 되었다. 그러나 곰도 전갈과 마찬가지로 양치기의 싸우는 모습을 보자마자 겁이 나 감히 으르렁 거리는 소리도 못 내고 앞발로 주둥이를 가리면서 움츠리고 있을 수밖에 없었다.

하늘 꼭대기에 있던 '둠네제울'은 하늘 길 중간에서 벌어진 이 싸움을 가만히 모두 다 지켜보고 있었다. 자신을 믿고 따르는 한 사람이 못된 악마를 상대로 용감하게 싸워 이기고 있는 것을 본 '둠네제울'은 그 모양을 모든 사람이 영원히 지켜 볼 수 있도록 별자리로 만들어 주었다.

하늘의 한 가운데서 힘차고 밝게 빛나는 별자리는 '우치걸 크루체아'라는 이름의 악마를 물리치고 있는 용감한 양치기의 모습이고, 그 옆에서 힘없이 깜박이는 별자리는 숨을 곳을 찾는 악마의 모습이다. 밤하늘을 보면, 악마에게 불려 나왔다가 호되게 혼만 난 곰, 전갈, 용, 뱀, 말, 해골바가지의 모습을 모두 찾을 수 있다. 양치기를 도와 용감히 함께 싸운 양치기 개와 강아지, 소몰이꾼, 마부 등의 모습도 보이고, 소달구지에서 쏟아진 각종 농기구나 가사도구들의 모습도 잘 찾아보면 보인다고 한다.

'둠네제울'께 용서를 빌러 가던 양치기는 더 이상 고된 하늘 길을 힘들게 여행하지 않아도 되게 되었다. 왜냐면 이미 '둠네제울'의 용서를 받고 축복도 받았기 때문이다.

16

요일의 별

루마니아 사람들은 각각의 요일을 지키는 성녀가 있다고 믿는다. 그 성녀들은 세상이 생길 무렵에 태어났기에 지금은 무척이나 늙은 할머니들이 되었다. 그런데 그 성녀들을 직접 만나는 사람은 대대손손 큰 복을 누리게 된다고 한다. 때문에 많은 사람들이 성녀들의 집을 찾아 나섰지만 아직은 아무도 찾은 사람이 없다.

'월요일의 성녀(Sfânta Luni, 스픈타 루니)'와 '금요일의 성녀(Sfânta Vineri, 스픈타 비네리)'는 해의 궁전이 있는 동쪽 아주 먼 곳에서 함께 살고 있다. 해지는 서쪽 세상 끝 어딘가에는 '화요일의 성녀(Sfânta Marți, 스픈타 마르치)'와 '수요일의 성녀(Sfânta Miercuri, 스픈타 미에르쿠리)'가 사는 집이 있다. 머나먼 남쪽 하늘 아래에는 '목요일의 성녀(Sfânta Joi, 스픈타 조이)'와 '일요일의 성녀(Sfânta

Duminică, 스픈타 두미나커)'가 산다. 북쪽 끝 어딘가에는 '토요일의 성녀(Sfânta Sâmbătă, 스픈타 슴버터)'가 홀로 살고 있다.

이들 중 토요일의 성녀만 빼고 나머지 여섯 성녀들은 모두 자매지간이다. 여섯 자매들은 각자 자신들의 별을 하나씩 가지고 있는데, 그 별들은 성녀들이 사는 집의 바로 위에 떠 있다. 하지만 사람들은 어떤 별이 그 성녀들의 별인지 알 수가 없다. 만약 어떤 별이 성녀들의 별인지 알았다면 사람들은 그 별빛을 따라서 성녀들의 집에 갈 수도 있었을 것이다.

그건 그렇고 그 성녀들은 사람들을 무척이나 사랑해서 언제나 사람들의 일을 걱정한다. 만약에 '둠네제울'이 사람들의 하는 짓이 못 마땅해서 이 세상에 벌을 내리신다고 작정이라도 하면, 성녀들은 '둠네제울'의 마음을 읽고 각각 자신의 별을 크게 반짝인다. 현명하고 정직한 사람들에게 미리 피하라고 알려주는 것이다.

지진이 일어나거나 땅이 갈라지거나 큰 산들이 무너지는 재앙을 '둠네제울'이 준비하고 있다면, 월요일의 성녀가 노란 불빛을 내는 자신의 별을 평소보다 밝게 빛나게 한다.

지독한 역병이 돌게 된다면 화요일의 성녀가 별을 밝힌다.

수요일의 성녀는 전란이 일어 사람들이 많은 피를 흘리게 될 것 같으면 미리 자신의 붉은 별로 경고를 해준다.

폭풍우나 홍수로 사람과 재산이 피해를 입을 것 같으면, 목요일의 성녀가 별을 밝히러 나선다.

금요일의 성녀는 들짐승들이 늘어나 사람들을 해치는 경우가 생길 것 같을 때에 별을 환하게 밝힌다.

가뭄이 들거나 메뚜기 떼가 나타나 사람들이 배고픔에 허덕이게 될 것 같으면, 일요일의 성녀가 별을 밝혀 우리들에게 미리 알려준다.

손 씻은 물이 변한 천사들과 악령들

'둠네제울'이 악마와 함께 세상에 이것저것을 만들어 놓았다. 악마가 자꾸 끼어드는 바람에 제대로 만들지 못한 것들도 많았다. 하지만 '둠네제울'은 그러려니 하고 그만 쉬기로 하였다. 그런데 손을 보니 열심히 일 한 뒤라 깨끗하지 못했다. '둠네제울'은 가장 깨끗한 물을 찾아서 손을 씻기 시작했다. 비비면서 손을 씻다보니 물방울들이 똑똑 흘러서 떨어졌다. 그러자 그 흘러내린 물방울들이 하나씩 천사로 변했다. 이것을 본 악마도 '둠네제울'이 하는 그대로 손을 씻었다. 그러자 이번에는 악령들이 생겨났다. 천사는 몸에서 하얀색 빛이 났지만 악령들은 몸이 검고 어두웠다. '둠네제울'은 한 사람 한 사람을 지켜주기 위해 사람의 수만큼 천사들을 만들어서 세상에 보냈다. 그러자 이번에는 악마가 사람들이 '둠네제울'이 바라는 일을 하지 못하도록 방해 하

루마니아 사람들이 상상하는 거옥(Iad)의 모습.
검은 강에 빠져 허우적 거리는 사람, 불에 구워지는 사람 등을 볼 수 있다.

려고 역시 그만큼의 악령을 만들어 세상에 보냈다.

악마는 처음에는 마치 그림자처럼 '둠네제울'을 따라 다니며, '둠네제울'이 시키는 대로 일을 하였다. 물론 자기에게 공이 돌아오지 않아서 불평하는 일이 더 많긴 하였다. 그리고 많은 것들이 자기 머리에서 나온 것인데 결국은 모든 영광이 '둠네제울'에게만 돌아가는 것이 영탐탁치가 않았다. 악마는 '둠네제울'을 쫓아내고 자기가 신들의 왕 자리에 대신 오르려고 호시탐탐 기회를 엿보았다. 자신을 따르는 수많은 악령들이 있고, 그들이 사람들을 타락하게 하는 데 성공해서 '둠네제울'보다 자기를 따르는 사람이 더 많아졌다. 그러자 악마는 힘으로 '둠네제울'을 몰아내고 자신이 세상을 지배하기로 마음먹었다. 그리고는 모든 악령들을 데리고 검은 화살을 쏘며 하늘을 공격하였다.

'둠네제울'은 대천사장 미하일(Mihail : 대천사 미카엘의 루마니아식 이름)과 가브릴(Gavril : 가브리엘의 루마니아식 이름)이 이끄는 천사군단을 싸움터로 보내었다. 천사들은 빛의 화살로 악령들을 쏘아 땅으로 떨어뜨렸다. 모든 악령들이 다 빛의 화살을 맞아 땅으로 떨어지자 지독하게 격렬한 전투는 하늘의 승리로 끝이 났다.

그런데 미하일과 가브릴이 너무 무지막지하게 화살을 쏘아 댔기 때문에 같은 편인 천사들 중의 많은 수가 빛의 화살을 맞고 땅으로 떨어지게 되었다. 그 모습을 본 미하일이 "모두 멈춰"라고 소리쳤다. 그러자 떨어지던 천사들과 악령들이 모두 떨어지던 그 자리에 멈추게 되었다.

하늘을 공격하던 악령들 중 어떤 놈은 들판으로 어떤 놈은 계곡으로 어떤 놈은 숲으로 어떤 놈은 강으로 어떤 놈은 바다로 떨어져 그 자리에 남게 되었다. 그래서 지금도 악령들이 세상 곳곳의 땅과 물과 창공에 남아 있게 된 것이다.

그러나 악령들과 사악한 혼령들은 원래 땅 밑의 '이아드(Iad : 지옥)'에서 살기 때문에 수탉이 우는 시간이 되면 지옥이나 무덤으로 되돌아간다.

18

출산을 방해하는 악령, 삼카(SAMCA)

임산부나 산모들을 괴롭히거나 죽이고, 그렇지 않으면, 갓난아이를 죽이거나 소아마비 등에 걸리게 한다고 알려진 '삼카'는 지독히도 무섭게 생긴 부정한 존재이다. 이들을 원래 저승의 심연인 '타르타르(Tartar)'에서 살고 있었는데, '스카라오스키(Scaraoschi)'라고 불리는 대장 악마가 사람들을 괴롭히기 위해 '삼카'를 이 세상으로 몰래 내보냈다고 한다.

'삼카'는 자유자재로 그 모습을 변신하기도 한다. 덩치가 크고 난폭한 돼지의 모습으로 바꾸기도 하고, 사냥감을 위협하듯이 입을 벌리고 송곳니를 드러낸 채 으르렁 거리는 사냥개의 모습으로도 변신 할 수도 있다. 털이 없고 기분 나쁘게 째려보는 듯이 빛나는 눈을 지닌 고양이로도 변한다. 검은 털로 뒤덮인 독거미의 모습으로 위장하기도 하고,

선혈처럼 빨간 눈을 가진 몸집 큰 까마귀로 변해 날아다니기도 한다.

그렇지만, '삼카'는 원래 발가벗은 늙은 노파의 모습을 하고 있다. 머리카락은 숱이 적은 대신에 발뒤꿈치까지 늘어져 있고, 쭈글쭈글한 젖가슴은 무릎 밑까지 축 늘어져 있다. 작은 눈은 마치 바람에 흔들리는 등잔불 같이 타오르면서, 이마에 붙었다가 턱에도 붙었다가 하면서 얼굴 이곳저곳을 옮겨 다니며 빛을 발한다. 귀 밑까지 찢어져 있는 보기 흉한 큰 입으로는 항상 알아들을 수 없는 말을 웅얼웅얼 거리는데, 그럴 때마다 화염이 새어 나온다. 손과 발은 심하게 뒤틀려 있고, 손톱과 발톱은 마치 날카로운 낫과 같이 섬뜩하게 생겼다. 그리고 항상 기분 나쁘게 절뚝거리면서 어기적어기적 걷는다.

'삼카'는 자신의 본래 모습을 숨기고 있다가 출산을 위해 자리에 누운 여자들의 침대 곁으로 다가가 그녀들에게 자신의 무시무시한 본 모습을 드러낸다. '삼카'를 본 여자들은 너무 놀라서 아기를 낳지도 못한 채 그 자리에서 죽음을 당할 수도 있고, 운 좋게 목숨을 구했다 하더라도 사지가 굳어서 평생 불구의 몸으로 살아가게 될 수도 있다. 산모를 죽이는데 실패하면 '삼카'들은 어린아이에게 저주를 걸기도 한다. 특히 어린아이들의 근육을 경직되게 만들거나 평생을 절뚝거리게 하는 소아마비에 걸리게 한다. 아직도 루마니아의 시골 마을들에서는 소아마비를 '삼카'가 준 병이라는 의미로 '삼커(Samcă)'라고 부른다.

이러한 이유 때문에 루마니아에서는 아이를 낳을 산모와 갓난아기를 '삼카'로 부터 지키기 위해 특별한 기도문과 주술문을 읊어 주는 풍습이 남아 있다. 그 중 부코비나(Bucovina : 현재 루마니아의 북동부, 우크라이나와 국경지역)에서 발견된 기도문은 1800년대 초에 손으로 직접 기록한 것으로 미하일 대천사가 '악마의 날개' 또는 '아베스티짜(Avestița)'로 불리기도 하는 '삼카'를 붙잡아서 혼내준 이야기를 담고 있다. '시소이(Sisoi)' 성인이 본 것을 누군가 대신 기록한 기도문의 내용은 다음과 같다 :

『하나님의 종인 나, '시소이(Sisoi)'가 '엘레온(Eleon)' 산을 내려올 때 사탄의 날개라 불리는 '아베스티짜'를 보았다. 머리카락은 발뒤꿈치까지 흘러내리고 있었고, 눈은 불처럼 타고 있었다. 손은 뒤틀려져 있었고 몸도 보기 흉하게 일그러져 있었다. '아베스티짜'는 거친 모습으로 사방을 살피면서 가고 있었는데 몹시 불안해 보였다. 조금 있다가 천사들의 왕 '미하일(Mihail)' 대천사가 '아베스티짜' 앞을 가로막서 나서면서 소리쳤다.

"하나님이 두렵거든 당장 거기 서거라, 사탄아! 이 불결한 악령아!"

그러자 '아베스티짜'가 덜덜 떨면서 그 자리에 멈추어 서서 두려운 눈으로 대천사를 바라보았다. 그러자 미하일 대천사가 물었다.

"너에게 묻겠다. 더러운 악령아, 어디서 오는 길이며 어디로 가고 있는 것이냐? 그리고 네 이름이 무엇이냐?"

'아베스티짜'는 대천사를 똑바로 쳐다보기가 두려워서 눈을 내리깔았다. 그리고 한 걸음 뒤로 물러나며 대답했다.

"나는 '사탄의 날개', '아베스티짜'입니다. 지금 지옥의 심연에서 오는 길입니다. 대천사 '가브릴(Gavril)'이 '요아킴(Ioachim)'과 '아나(Ana)'의 딸인 지극히 순결한 '마리아(Maria)'가 하늘과 땅의 왕이 되실 구세주 예수를 출산하신다는 말을 온 만방에 전했습니다. 나도 그걸 듣고 나의 보이거나 보이지 않는 힘을 가지고 그냥 가보는 중입니다."

이 말을 들은 대천사 미하일은 '아베스티짜'의 머리채를 쥐고는 빛나는 칼로 옆구리를 찌른 후 불의 채찍으로 모진 매를 때렸다. 그리고는 다시 물었다.

"너 더러운 악령아! 어떤 모습으로 사람들의 집에 들어가고 어떤 식으로 산모와 어린아이를 해치느냐?"

그러자 '아베스티짜'가 대답했다.

"나의 보이거나 보이지 않는 힘을 가지고 사람들이 잘 때 몰래 들어갑니다."

'아베스티짜'의 대답이 시원치 않자 대천사 미하일은 다시 모진 매를 들기 시작했다. 손이 가는 대로 머리며 몸뚱이며 팔이며 다리며 가리지 않고 불의 채찍으로 마구 두들겨 패 주었다. '아베스티짜'는 화끈거리는 고통을 참다못해 울부짖으면서 자신에 대한 모든 것을 다 말할 테니 제발 그만 때리라고 애원하였다. 대천사 미하일은 때리는 것을 잠시 멈추고 '아베스티짜'의 말을 들어주기로 하였다. '아베스티짜'는 자신에 대한 모든 이야기를 차례대로 늘어놓았다.

"나는 사냥개, 고양이, 그림자, 메뚜기, 거미, 파리 등 눈에 보이는 생명체뿐 아니라 눈에 보이지 않는 환영으로도 변할 수 있습니다. 그렇게 변신하고는 사람들의 집으로 들어가서 아이를 잉태하고 있는 산모들이 잠들어 있을 때 몰래 질병에 걸리게 하거나 갖은 방법으로 괴롭힙니다. 산모들 중에서도 특히 남을 해치기 위해 콩을 까부르는 등의 주술을 사용한 적이 있는 여자, 남편이 아닌 남자에게서 아기의 씨를 받은 여자, 남편을 구박하는 여자, 집안 일 돌보기를 귀찮아 여자 등에게는 더 쉽게 접근할 수 있습니다. 때에 따라서는 그 여자 집 안의 가축들을 이유 없이 죽어 나가게 할 수도 있습니다. 그리고 나는 '삼카(Samca)', '아베스티짜(Avestița)', '나다르카(Nadarca)', '살로미아(Salomia)', '나카라(Nacara)', '아베주하(Avezuha)', '나다리에아(Nadariea)', '살모나(Salmona)', '파하(Paha)', '푸하(Puha)', '그라파(Grapa)', '즐리하(Zliha)', '네르부자(Nervuza)', '함바(Hamba)', '글리피나(Glipina)', '훔바(Humba)', '가라(Gara)', '글라페카(Glapeca)', '티사비아(Tisavia)', '플리아쉬티아(Pliaștia)' 등 모두 열아홉 개의 다른 이름을 가지고 있습니다. 강하고 위대한 대천사 미하일 앞에서 맹세 하겠습니다. 앞으로는 나의 모든 이름과 내가 하는 일들을 적어 놓은 글, 그리고 미하일 대천사의 모습이 있는 집에는 절대로 들어가지 않겠습니다. 그것들이 있는 곳에서 70 거리 안으로는 접근도 하지 않겠습니다."

그 말을 듣고 미하일 대천사가 말하였다.

"너, 더러운 악령, 아베스티짜! 하나님의 종 니콜라에(Nicolae), 쉬테판(Ștefan), 이온(Ion), 그리고 하나님을 믿는 모든 사람의 집, 기도문이 있는 집에는 절대 들어가지 마라. 그들의 가족은 물론, 가축들과 어떠

악령 삼카의 모습

한 소유물에도 너의 악한 저주를 내리지 마라. 그렇지 않으면 하나님께서 너를 사람이 살지 않고 벌레조차 지나다니지 않는 황량한 계곡 속으로 영영 가두어 버릴 것이다. 지극히 순결한 마리아에게서 나실 예수 그리스도의 이름으로 너에게 말하였다. 영원히, 영원히, 아멘."』

'삼카'는 인간의 가장 중요한 통과 의례중의 하나인 출산, 그리고 그에 따르는 윤리 문제 등과 관련이 있는 존재이다. '삼카'의 손쉬운 저주 대상이 되는 산모들은 대부분이 부정한 행위를 저지른 적이 있는 여자들이라는 점에서 '삼카'에 대한 이야기는 산모의 부정한 행위가 태아에게 미칠 영향에 대해서 경고하는 사회 윤리적 역할을 담당하고 있다고 볼 수 있다.

19

무서운 숲의 정령, 무마 - 퍼두리(Muma-Pădurii)

루마니아 사람들은 예로부터 숲을 신성한 지역으로 여기며 공경하였다. 숲 속에는 '숲 할망구', '숲의 엄마'라는 뜻의 이름을 가진 '무마 - 퍼두리(Muma-Pădurii)'라는 무시무시한 존재가 돌아다니는데, 사람들은 그 존재가 숲을 지킨다고 믿고 있다.

'무마 - 퍼두리'는 지역에 따라 '마마 - 퍼두리(Mama-Pădurii)', '비드마 - 퍼두리(Vidma-Pădurii)', '퍼두레아나(Pădureana)', '쉬티마(Ştima)', '포트카 - 퍼두리(Potca-Pădurii)', '퍼두로아이카(Păduroaica)', '블바 - 퍼두리(Vâlva-Pădurii)', '마마 - 후치울루이(Mama-Huciului)', '수라타 딘 퍼두레(Surata din Pădure)' 등으로도 불린다.

'무마 - 퍼두리'는 보통 추악하게 생긴 늙은 할망구의 모습으로 묘사된다. 원래 모습은 앙상한 가지가 엉켜 있는 고목나무와 비슷하게 생겼다. 키가 크고, 머리카락은 뱀처럼 축 늘어져 있다. 입을 벌리면 드러나는 이빨은 마치 갈퀴처럼 섬뜩해 보인다. 그러나 '무마 - 퍼두리'는 원래의 모습 한 가지만 가지고 있는 것이 아니다. 때에 따라서 수녀의 모습으로 나타나기도 하고, 어떤 때는 예쁜 소녀의 모습으로 변장하기도 한다. 그리고 숲 속에 사는 온갖 새와 짐승과 곤충 그리고 나무의 모습으로 언제든지 변신할 수 있다.

'무마 - 퍼두리'는 원래 숲의 나무들과 생명체들을 지키고 사람들을 도와주는 착한 정령 중 하나였다. 자기가 지키는 숲의 모든 나무들을 친 자식 보다도 더 아낀다. 심지어 어린 나무들에게는 직접 자기 젖을 빨리기도 한다. 그리고 각 나무들마다 각자의 운명을 점지해 준다. 너는 재목이 될 것이며, 너는 땔감이 될 것이며, 너는 새와 짐승들의 보금자리가 될 것이라고 미리 말해 주는 것이다. 나무들 중에서 말을 듣지 않고 다른 나무들의 성장을 방해하거나 제 멋대로 구부러져 자라는 나무들에겐 저주를 내리기도 한다. 때문에 루마니아 사람들은 벼락을 맞고 쓰러진 나무들은 바로 '무마 - 퍼두리'의 저주를 받아서 그렇게 된 것이라고 믿기도 한다.

예전의 사람들은 숲의 신성함과 위험한 야생성을 알았기에 함부로 숲으로 들어가지 않았다. 그리고 함부로 나무를 베어 가지도 않았다. 루마니아의 민담과 전설 속에서는 사람들이 나무를 보고 마음속에 담기만 하면 그 나무가 충분히 자라서 쓸모 있게 되었을 때, 뱀처럼 스르륵 미끄러져 어느 샌가 집 앞에 와 있게 되었다는 이야기들을 찾을 수 있다. '무마 - 퍼두리'가 그 사람에게 나무를 보내 준 것이다.

그러나 언제부터인가 교만해진 사람들이 숲을 함부로 파괴하기 시작하였다. 나무가 충분히 자랄 때까지 기다리지 않고 어린 묘목들까지 마구 베어가기 시작한 것이다. 그 후부터는 예전처럼 원하는 나무가 집으로 오는 일이 없어졌다. '무마 - 퍼두리'가 더 이상 나무를 보내 주지 않게 된 것이다.

그 뿐만 아니라 '무마 - 퍼두리'는 숲을 훼손하는 사람들과 싸우느라 점점 포악해지기 시작했다. 처음에는 숲에 들어 온 사람들에게 겁만 주고 쫓아내는 정도에서 그쳤다. 그러나 지금은 사람들을 죽이기도 하고 심지어는 잡아먹기까지 하는 무서운 악령으로 변해버리게 되었다.

'무마 - 퍼두리'는 밤이 되면 낮은 신음 소리로 울부짖으면서 숲 속의 여기저기를 돌아다닌다. 그러다가 숲 속에서 길을 잃은 사람들을 만나면 그 사람들이 착한 사람들인지 아닌지 먼저 시험을 해 본다. 초라하고 배고픔에 지친 늙은 할망구의 모습을 하고 나타나 하염없이 흐느껴 운다. 그러면 사람들이 왜 그렇게 우는지 물어보게 될 것이다. 그러면 '무마 - 퍼두리'는 배가 고파서 운다고 대답을 한다. 만약 그 때 먹을 것을 나누어 준다면 '무마 - 퍼두리'는 어떠한 나쁜 짓도 하지 않을 것이다. 그러나 그냥 도망친다면 그 사람은 당장 잡아먹혀 버릴 것이다. '무마 - 퍼두리'도 악령이기에 십자가를 무서워한다. 십자가를 꺼내 보이면 움직일 수 없는 고목나무로 변해 버린다. 그러면 사람들에게 당장은 해를 끼칠 수 없다. 하지만 그런 일이 있으면 나중에 그 사람에게 저주를 내려서 일생동안 빈곤과 악재에 시달리게 만들기도 한다.

'무마 - 퍼두리'는 사람들의 발길이 닿지 않는 숲 속 가장 깊은 곳에 집을 가지고 있다. '무마 - 퍼두리'의 집은 죽어서 속이 텅 빈 거대한 고목이다.

그런데 홀로 사는 것이 아니고 많은 아이들을 기르며 살고 있다. 그 아이들은 '무마 퍼두리'가 '모슈 - 퍼두리(Moşu-Pădurii : 숲 할아범)'나 다른 악령들과 관계를 맺고 낳은 자식들이다. '무마 - 퍼두리'의 아이들은 너무너무 못된 아이들이라서 집 밖에다 풀어 놓으면 항상 말썽을 피우고 숲을 어지럽힌다. 어떤 지역에서는 '무마 - 퍼두리'의 말썽 많은 아이들이 말벌로 변하여 숲을 돌아다닌다고 알려져 있기도 하다. 그래서 '무마 - 퍼두리'는 자기 아이들을 억지로 오래 재우기 위해 인간 아이들의 잠을 훔쳐 가지고 와서 자기 자녀들에게 나누어 주기도 한다.

지금도 루마니아에서는 만약 아이들이 밤에 자지 않고 침대에서 뒤척이며 보채는 일이 있다면, 그것은 '무마 - 퍼두리'가 잠을 훔쳐 갔기 때문이라고 믿는다. 그럴 때면 아이에게 액막이 주술(Descântec)을 읊어준 다음에 약초를 달인 물을 마시게 한다. 어떤 지역에서는 액막이 주술을 부르면서 문지방을 낫으로 몇 차례 찌르기도 한다. '무마 - 퍼두리'가 문지방을 넘어 들어오지 못하도록 겁을 주는 것이다. 액막이 주술은 지역마다 조금씩 다른데 대표적인 것은 다음과 같다.

할망구 중의 할망구야, 숲의 할망구야, 내가 너를 부르니 너는 대답하여라.

너에게 줄 터이니, 내게도 다오.

너에게 내 울음을 줄게, 나에게는 네가 가져간 아이의 휴식을 다오.

대포처럼 무겁게 잘 수 있도록, 땅콩처럼 조용해지도록

새들이 네 옆에서 자는 것처럼, 아이가 내 옆에서 잠들 수 있게.

'무마 - 퍼두리'는 아이들의 잠만 훔쳐 가는 것이 아니라 아이들을 잡아 가기도 한다고 알려져 있다. 그러나 아무 아이나 잡아 가는 것이 아니고, 부모가 없이 밤에 혼자 집에 남아 있는 아이들만 잡아 간다고 한다.

그런데 이 무시무시한 '무마 - 퍼두리'가 꼭 부정적인 행동만 하는 것은 아니다. '바나트(Banat)'[9]와 '아르데알(Ardeal)'[10] 일부 지역 사람들 사이에서는 '무마 - 퍼두리'가 숲에서 길을 잃은 아이들에게 길을 찾게 해주고 집에 돌아가게 도와준다는 이야기도 전해지고 있다. 그러나 젊은 청년이 숲에서 길을 잃으면 길을 찾아 주는 대신에 홀려서 잡아먹는다는 이야기도 동시에 전해지고 있다.

루마니아의 신화학자들은 '무마 - 퍼두리'에 대한 믿음이 크리스트교가 유입되기 훨씬 전인 고대 다치아(Dacia)[11] 이전부터 이어져 내려왔을 것으로 보고 있다. 고대로부터 현재까지 루마니아 사람들은 자신

9) 루마니아의 북서부 헝가리와의 국경지역

10) 루마니아 북부 지방, 트란실바니아(Transilvania)라고 부르기도 한다.

11) 기원전 4세기 무렵부터 현재의 루마니아 땅에서 부족을 통합하기 시작하여 기원전 1세기에는 강대한 철기 문화를 꽃 피운 고대 왕국이다. 서기 106년에 로마의 트라이안 황제에게 정복당한 후 로마에 합병되었다. 현재의 루마니아 사람들은 고대 다치아 민족과 로마 민족의 후손들이라고 할 수 있다.

숲을 지키는 무마 - 퍼두리(Muma-Pădurii)

들을 '숲의 형제'라고 칭하며, 숲에 대해 매우 각별한 애정을 가지고 살아 왔다. 그들은 평소에는 숲의 언저리에서 얻을 수 있는 각종 혜택을 받으며 살다가 전란이 일어나면 울창한 숲 속으로 피신을 하곤 했다. 루마니아를 침략했던 외적들은 모든 마을 사람들이 깊은 숲 속으로 숨어 버린 뒤에야 빈 마을에 왔다가 아무것도 얻은 것 없이 허무하게 되돌아가는 일이 다반사였다. 다치아의 수도였던 사르미제제투사(Sarmigezetusa)의 요새는 그 주변이 숲으로 둘러싸여 있어 지금도 사람들의 접근이 쉽지 않은 정도이다. 로마가 다치아를 결국 멸망 시켰지만 그것은 다치아 내부의 배신자가 로마에게 사르미제제투사로 통하는 숲의 길과 숲 속의 비밀 식수로를 알려주었기 때문이라고 한다.

이렇듯 울창한 숲의 혜택을 누리며 살아 왔던 루마니아 사람들에게 숲은 항상 경외의 대상이었고, 그 숲을 지키는 '무마 - 퍼두리'는 신망의 대상이었다. 사실 '무마 - 퍼두리'는 숲을 알지 못하는 외부인들이 숲에 함부로 들어가지 못하도록 경고하는 역할을 해온 신화적 존재라고 할 수 있다.

20

아름다운 여자 요정들, 즈네(Zâne)와 이엘레(Iele)

루마니아에는 아름다운 여자 요정들에 대한 이야기들이 넘쳐난다. 요정들은 각자의 특별한 행동, 나타나는 시기나 장소에 따라서 각기 다른 이름으로 불린다. 그러나 요정들을 지칭하는 말로 가장 많이 사용되는 것은 이엘레(Iele)와 즈네(Zâne)이다. 보통 '이엘레'라는 말은 병이나 죽음을 초래하는 사악한 요정을 통칭하는데 쓰이며, '즈네'는 사람들을 도와주는 착한 요정을 말할 때 쓴다.

'이엘레(Iele)'라는 말은 루마니아어의 여성 복수 3인칭인 '이엘레(Ele)' 앞에 알파벳 'I'를 하나 덧 붙여 놓은 것으로 우리말로 번역하면 '그녀들'이라는 뜻이다. 루마니아 사람들은 사악한 요정의 진짜 이름을 함부로 부르면 그 요정들이 나타나 심각한 액운을 줄지도 모른다는 믿음을 가지고 있다. 그래서 요정들의 이름을 직접 부르는 대신에 '그녀들'이라고 돌려서 말하는 것이다.

'즈네'는 민담 속에 자주 등장하는 요정들로 주인공을 도와주거나 주인공과 사랑에 빠지기도 하는 아름답고 착한 요정이다. 쉽게 말하면, 우리나라의 선녀와 비슷한 특성을 지니고 있는 것으로 볼 수 있다. 원래 '즈네'는 인간과 함께 살 수 없는 존재들이지만 민담 속에서는 특별한 능력을 지는 영웅이라면 '즈네'와 결혼을 할 수도 있다. 누군가가 '즈네' 중 한 명과 결혼을 하여, '즈네'가 사는 곳에서 지내다가 세상에 돌아오게 되면 한 순간에 늙어 버리거나 죽게 된다. '즈네'가 사는 곳은 행복이 가득한 곳이지만 그 곳의 하루는 인간 세상의 백년과 맞먹기 때문이다. 그곳은 마치 우리나라의 이어도와 비견할 수 있다. 그러나 '즈네'는 인간의 대소사에 직접 영향을 미치는 신화적 존재가 아니라 그냥 민담 속의 등장인물일 뿐이다.

반면 '이엘레'는 루마니아의 민속에 깊은 영향을 미치는 신화적 존재로서 다양한 다른 이름들을 지니고 있다. 사악한 요정인 '이엘레'를 다르게 부르는 이름으로는 '네밀로스티베(Nemilostive : 자비가 없는 여자들)', '드러가이체(Drăgaice : 흰 옷을 입고 춤추는 여자)', '사모빌레(Samovile)', '블베(Vâlve)', '나고데(Nagode)', '이로디쩨(Irodițe)', '븐투리쩨(Vânturițe)', '븐토아세(Vântoase : 바람을 부르는 여자)', '루살리이(Rusalii)' 등이 있다. 그런데 이 이름들은 모두 요정들이 본래 가지고 있는 부정적인 성격을 직접 드러내고 있기 때문에 거의 입 밖으로 내는 일이 없다.

루마니아 사람들은 대부분 이 사악한 요정들을 부를 때는 다른 좋은 이름으로 부른다. 그래야 그녀들을 자극하지 않고 화를 피해가는 일이라 여기기 때문이다. 예를 들어, '이엘레'를 '든세(Dânse : 그녀들의 존칭어)', '부네(Bune : 착한 여자들)', '푸테르니체(Puternice : 힘 있는 여자들)', '돔니쩨(Domnițe : 공주님들)', '머이에스트레(Măiestre : 주인마님들)', '푸르모아세(Frumoase : 아름다운 여자들)', '페텔레 큼풀루이(Fetele Câmpului : 들판의 소녀들)', '쇼이만체(Şoimance :

총각을 사로잡아 와서 혼을 빼기 위한 춤을 추는 이엘레(Iele)

용감한 여자들)', '밀로스티베(Milostive : 자비로운 여자들)', '슨지에네(Sânziene)', '즈네(Zâne : 아름다운 요정)' 등으로 바꾸어 불러주는 경우가 많다.

'이엘레'라고 불리는 사악한 요정은 그 누구와 비견할 수 없는 아름다움을 지니고 있는 젊은 여자들로 묘사되는 경우가 많다. 그녀들은 보통 일곱 명 또는 아홉 명 씩 함께 다니는데 그녀들이 나타나는 시간은 해가 진 뒤부터 새벽 첫 닭이 울기 직전까지이다. 자주 나타나는 장소는 숲 속의 빈 공터나 들판, 또는 산 위의 평평한 언덕이다. 공터 한 가운데 작은 나무 한 그루가 있다면 십중팔구 그녀들이 가장 좋아하는 곳이다. 그녀들은 그 곳에서 밤새 현란한 춤을 즐기거나 감미로운 노래를 부른다. 그녀들은 속이 다 훤히 비치는 얇고 하얀 블라우스를 위에 걸치고, 허리춤에는 휘날리는 수건 같은 것을 감고 있을 뿐이다. 발에는 아름다운 소리를 내는 방울이 달려 있기도 하다. 어떤 때는 아예 옷을 다 벗어 버리고 맨몸으로 놀기도 한다.

'이엘레'는 육체를 지니고 있지 않은 환영일 뿐이지만, 매우 강한 영기(靈氣)를 지니고 있다. 그녀들은 특히 외모만 믿고 거만하게 구는 총각들을 혼내주는 걸 즐긴다. 그런 총각들 중의 한 명을 만나면 감미로운 자장가로 잠이 들게 한 다음 마을 가까이 있는 숲 속의 빈 공터로 데리고 온다. 그리고 가운데에 앉혀 놓고는 원을 만들어 춤을 추기 시작한다. 그녀들은 춤을 추면서 각자 한 명씩 심한 저주를 퍼붓는다. 혀를 굳어 버리게 한다던가, 정신이 나가게 한다던가, 이빨을 뽑아서 못생기게 만들던가, 눈알을 빠지게 한다던가, 손, 발을 뒤틀리게 하는 것들이 그녀들이 퍼붓는 저주들이다. 그녀들이 직접 저주를 퍼 붓지 않는다고 하더라도 단지 그녀들의 춤을 잠시 바라보는 것만으로도 그 총각은 넋이 빠지고 반미치광이가 되어 버린다. '이엘레'를 보았다고 해서 모두들 화를 입는 것은 아니다. 지나다가 '이엘레'를 보았지만 즉시 숨어서 그녀들의 눈에 띄지 않았다면 운 좋게 화를 피할 수도 있다.

21

처녀 귀신 루살리이(Rusalii)

'이엘레' 중에 '루살리이'라 불리는 신화적 존재는 우리나라의 처녀 귀신과 비슷한 존재이다. 우리나라의 무속에서 한을 품고 죽은 처녀 귀신을 가장 무섭고 비위 맞추기 힘든 존재로 여기고 있는 것처럼 루마니아의 민간에서도 '루살리이'를 무척 위험한 존재로 여기며 두려워한다.

'루살리이'는 특히 '루살리일롤 주간(Săptămâna Rusaliilor)'이라고 부르는 기간 동안 가장 왕성하게 활동하다가 그 기간이 지나면 거의 나타나지 않는다고 한다. '루살리일롤 주간'은 부활절 이후 50일이 지난 일요일부터 시작된다. 지역에 따라 명절 기간에 약간씩 차이는 있으나 보통 3일에서 일주일 정도 지속된다.

'루살리일롤 주간'은 고대에 행해졌던 죽은 조상의 무덤에 장미를 바치던 풍습과도 연관이 있어 보인다. 원래 '루살리(Rusali)'라는 말은 장미의 날을 뜻하는 라틴어 'Rosae'(Rosae > Rosalie > Rusali)에서 왔다고 보는 사람들도 많다. 이 기간은 공교롭게도 예수 승천일과 성령 강림절을 지키는 시기이기도 하다. 루마니아 사람들은 예수의 승천과 더불어 죽은 혼령들이 무덤 밖으로 나와 하늘로 승천한다고 믿고 있다. 그 혼령들 중에서 자살로 죽은 여자나, 결혼 전에 사고로 죽은 여자, 혼인 전에 임심했다가 죽은 여자들의 혼령은 하늘로 승천하지 못하고 창공을 맴돌다가 '루살리이'가 된다고 한다.

'루살리이'가 이 기간에 활동하는 것은 성령이 오시기 직전이 악령들이 가장 왕성히 활동하는 시기이기 때문이라는 말도 있다. 혹자는 '루살리이'를 슬라브 신화에 등장하는 '루살카(Rusalka)'와 비슷한 존재로 보기도 한다.

'이엘레'의 가장 큰 특징이 강력한 마법의 힘과 혼을 뺏는 아름다움이라면 '루살리이'의 특징은 눈부시도록 화려한 춤을 춘다는데 있다. 이들은 여름밤에 숲속에서 둥그런 원을 그리고 둘러서서 서로 춤 솜씨를 자랑한다. 때론 땅 위에서 때론 허공 높이 솟아올라 아주 화려한 춤을 선보인다. 마치 나비가 나풀거리듯이 공중을 유유히 날아다니면서 춤을 춘다. 속설에 의하면, 이들이 춤을 추고 지나갔던 자리와 둘러 앉아 있던 자리는 마치 불에 탄 것처럼 풀이 말라죽는다고 한다. 그러나 얼마 지난 후에는 그 곳에 전에 보지 못했던 화려한 꽃들이 피어나는데, 소와 양들은 이 풀을 절대로 먹지 않는다.

만약 어떤 사람이 '루살리이'들이 춤추고 즐기던 자리를 잘못 밟고 지나가면 아주 심한 중병에 걸린다고도 한다. 그리고 '루살리이'와 눈이 마주친 남자들은 혼을 빼앗겨 미쳐버린다는 말도 있다. 루마니아 시골마을에서는 누군가가 숲에서 일을 하고 돌아왔는데 이후에 이유를 알 수 없는 심한 병에 걸리면 '루살리이' 때문이라고 여긴다. 이렇게 걸린 병을 '루아트 데 루살리(Luat de Rusalii : 루살리에게서 얻어왔다는 뜻)'라고 부른다.

이 기간 중에는, 언덕 위에 혼자 오르는 것, 숲에서 잠을 자는 것, 밤에 우물물을 길어 마시는 것 등이 금지 된다. 밤에 '루살리이'가 혹시 우물물을 마셨다면 그 다음 처음 우물물을 마시는 사람은 병에 걸리게 된다. 그렇게 되지 않으려면, 새벽에 처음 우물물을 길어 마실 때는 돌이나 죽은 나무 가지 등을 우물에 올려놓아야 한다. 그러면 병이 사람에게 가지 않고 그 돌이나 나무한테 간다고 한다.

그리고 '루살리일롤 주간'에는 들판과 숲의 약초들을 채집하는 것도 금기시 한다. '루살리이'가 부정한 기운들을 마구 뿌리고 돌아다니는 기간이기 때문에 혹시 약초들에도 부정한 기운이 옮아서 사람들에게 해가 될 수도 있기 때문이다.

처녀 귀신 루살리에
(Rusalie ; 루살리이의 단수형)

'루살리이'가 이 기간 중에 하는 사악한 일들 중에서 가장 경계해야 할 것은 일반 가정집까지 찾아와 사람들을 괴롭히는 것이다. '루살리이'는 평소 행실이 좋지 않은 사람들만 골라서 찾아온다고는 하지만, 누구도 자신의 행실이 항상 올바르다고 확신하지 못할 것이다. 때문에 사람들은 '루살리이'에 대한 두려움에 떨 수밖에 없다. 그래서 루마니아 사람들은 '루살리이'가 집안사람들에게 해를 끼치지 않게 방지하려고 문 양쪽에 말머리를 한 쌍 걸어 놓고, '루살리이'를 퇴치하는 액막이 주술 노래를 부르는 일을 잊지 않는다.

'루살리이'에게서 얻은 병을 치료하는 방법으로 가장 잘 알려져 있는 것은 '컬루샤리(Căluşari)' 놀이이다. 루마니아 민간에서 행해지고 있는 '컬루샤리' 놀이는 고대의 입문 의례, 액막이, 사자와의 소통, 주술적 치유 등, 다양한 동기들을 복합하고 있는 종합적 성격의 민속 의례이다.

'컬루샤리' 놀이의 기원은 아직 정확하게 밝혀지고 있지는 않다. '컬루쉬(căluş)'가 작은 말(馬)을 의미하기 때문에 '컬루샤리' 놀이는 고대에 말을 숭배하던 의례에서 기원한다는 학자도 있고, 태양 숭배와 연관 짓는 학자들도 있다.

'컬루샤리'에 입단하고자 하는 동네 총각들은 '루살리일롤' 주간이 오기 일주일 전에 마을에서 정한 신성한 장소로 모인다. 이 장소는 마을에 따라 조금씩 차이가 있지만 대부분 강가나 호숫가 등 으슥한 물가 근처로 정해진다. 이곳에서 총각들은 '컬루샤리'에 입단하는 서약을 하고 '루살리일롤' 기간 중에 지켜야 하는 여러 의식과 규약들을 준수하겠다는 맹세를 하고 나서야 비로소 '컬루샤리'의 일원으로 참여할 수 있게 된다.

'컬루샤리'의 일원이 된 총각들은 '루살리일롤' 명절 기간을 신성한 주간으로 여기고 깨끗한 마음가짐과 몸가짐을 유지해야 한다. 이 일주일간의 명절 기간 중에 이들은 성적 접촉을 엄격하게 금해야 하며, 마을의 전통 도덕을 철저하게 준수하는 행동태도를 잃지 않아야 한다. 또한 이들은 명절 기간이 끝나기 전과 그 후에라도 '껄루샤리' 입단의례 시에 서약했던 맹세의 내용을 다른 사람에게 발설해서는 절대 안 되며, '껄루샤리'의 신비스러움을 영원히 간직해야 할 의무를 지닌다.

'껄루샤리'는 보통 9~11명 정도로 구성되며 '껄루샤리' 단체의 구성원은 집단 안에서 각각 계급이 나누어져 있다. 이중 '버따프(Vătaf : 대장)'라는 명칭으로 불리는 사람이 우두머리가 되어 집단을 이끈다. 그리고 '무툴(Mutul : 벙어리)'이라는 명칭을 가진 단원은 춤판이 진행되는 동안 남근 모양의 나무 봉을 지니고 돌아다니면서 아주 특별한 역할을 수행하게 된다. '무뚤'은 직접 춤을 추지는 않는다. 이 사람은 춤과 익살극이 진행되는 동안, 우스꽝스런 행동을 하는 역을 맡은 춤꾼, 외설스런 행동을 보이는 역을 맡은 춤꾼, 그리고 실수하는 춤꾼들을 벌주는 역할을 맡고 있다. '무툴'은 사람들 사이로 돌아다니면서 여자들을 남근 모양의 나무 봉으로 내려치기도 하는데, 루마니아 마을 사람들은 '무툴'의 남근 봉에 맞은 여인들이 이내 임신을 할 수 있게 된다고 믿었다. 그리고 '컬루샤리'의 허리춤에 메여있는 마늘을 빼앗을 수 있는 여자는 자신의 남편이 절대로 바람을 피울 수 없게 된다고 여기기도 하였다.

'루살리일롤' 명절 기간, 그리고 의식을 행하는 동안에 '컬루샤리'

단원들은 특별한 민속의상과 복장을 갖춘다. 다리에는 마구에 다는 작은 종을 동여매고, 손에는 작대기를 쥔다. 그리고 이들은 마늘과 향쑥(Pelin)으로 장식된 긴 장대 깃발을 앞세운다. 이는 고대로부터 마늘과 향쑥이 악귀를 물리치는 힘을 가진 신성한 식물이라고 믿고 있기 때문이다. 드라큘라를 소재로 한 소설과 영화에서 흡혈귀를 물리치는데 마늘이 동원되는 것도 이런 사상과 무관하지 않다. 특기할 사항은 우리나라 단군신화에서 곰이 웅녀로 다시 태어나기 위해 100일간 동굴 속에서 참고 연명해야 하는 시험기간 중에 먹을 수 있게 허락된 단 두 가지의 식물도 바로 이 마늘과 쑥 이었다는 사실이다.

'컬루샤리' 단원들의 특별한 복장과 치유 식물을 매단 장대 깃발에서 알 수 있듯이, 이들의 춤은 단순한 유희적 성격의 춤이 아니라 공동체의 결속을 다지고 초자연적인 힘들을 방어하는 주술적 성격의 춤이다. 공중으로 껑충 뛰거나 무릎을 꿇은 자세로 땅을 기는 동작들을 하며 다리에 달린 종을 울리고, 허공으로 막대기를 휘두르며, 마늘과 향쑥으로 치장한 장대 깃발 주위를 맴도는 이들의 춤은 원래 병든 사람을 고치는 샤먼적인 성격이 포함되어 있다. 원래 이들은 춤을 추면서 무아지경에 빠져들어 실제로 병자들을 고쳤다고 한다. 그리고 이들의 춤과 익살극은 치유뿐 아니라 대지의 풍요와 여인들의 다산을 기원하는 제례의식의 일종이기도 하다.

신성한 루살리일롤 명절 기간이 끝난 후, 컬루샤리 단원들은 처음 모여서 맹세를 나누었던 신성한 장소에 다시 모여 장대 깃발에 달았던 마늘과 향쑥을 걷어낸 다음에 아무도 모르는 그들만의 비밀스런 장소에 정성껏 파묻는다. 그리고 나서야 비로소 컬루샤리 집단을 해체하고, 각각의 단원들은 각자 다른 방향으로 뿔뿔이 흩어져서 마을로 향한다. 마을에 돌아온 이들은 명절 기간 중 헤어져 있던 식구들, 그리고 마을 사람들과 인사를 나눈 후 일상으로 되돌아온다. 일반적으로 '컬루샤리' 집단의 단원들은 별다른 일이 없을 경우 몇 해 동안은 같은 사람이 계속 되풀이해서 단원으로 참여한다.

22

하지의 요정, 슨지에네(Sânziene) 또는 드러가이체(Drăgaice)

루마니아 사람들은 '이엘레'로 통칭되는 대부분의 여자 요정들을 인간에게 해를 끼치는 사악한 존재로 여기고 있다. 그렇다고 해서, 루마니아의 모든 여자 요정들이 전부다 사악한 존재는 아니다. 어떤 요정들은 대자연의 신비한 힘을 품고 있는 자연의 정령으로 신성시되기도 한다. 그 중 대표적인 요정이 '슨지에네(Sânziene)' 또는 '드러가이체(Drăgaice)'라 불리는 아름다운 요정들이다.

그녀들은 루마니아의 북부와 서부, 즉 '트란실바니아(Transilvania)', '마라무레쉬(Maramureş)', '바나트(Banat)', '부코비나(Bucovina)' 지역에서는 라틴어의 영향을 받아 '슨지에네(Sânziene)'로 불리며, 남부와 서부, 즉 '문테니아(Muntenia)', '올테니아(Oltenia)', '도브로제아(Dobrogea)' 그리고 '몰도바(Moldova)' 남부에서는 슬라브어와 섞인 토속어의 영향으로 '드러가이체(Dragaice)'로 불린다.

신성한 힘을 지닌 자연의 정령에 대한 믿음은 아주 먼 고대로부터 이어 내려온 것이지만, 언제부터인가 로마의 디아나(Diana) 여신에 대한 경외심과 이들 요정들에 대한 믿음이 혼합되기 시작하면서 요정의 이름도 지금과 같이 바뀌었다. '슨지에네'의 단수형인 '슨지아나(Sânziana)'가 디아나 여신을 뜻하는 라틴어 'Sancta Diana'(Sancta Diana > San Diana > Sanziana > Sânziana)에서 변형 되었다는 것이 이를 증명하고 있다. 로마 신화에 등장하는 달의 여신 디아나는 그리스 신화의 아르테미스(Artemis)와 비슷한 숲과 수렵의 여신으로 알려져 있지만, 고대에는 풍성한 수확과 다산을 가져다주는 여신으로 믿어졌다. '슨지에네'와 '드러가이체' 요정들도 디아나 여신과 마찬가지로 들판의 풍성함을 상징하는 신성한 존재로 믿어지고 있다.

그녀들은 주로 태양의 힘이 절정에 달하는 하지(夏至 : Solstițiul de vara)에 즈음해서 나타난다고 알려져 있다. 그리고레력으로 6월 24일이며, 성 세례요한의 성일이기도 한, 하지는 낮의 길이가 일 년 중 제일 길고 자연의 힘이 절정에 달하는 시점이다. 이 시기에는 한 해의 긴장감이 최고조에 달한다. 동지 이후 계속 강해지던 밝음과 선의 힘이 하짓날 저녁에 가장 높은 곳에 도달하고 이 날 이후로는 점점 약해지면서 어둠과 악의 기운이 점차로 강해지기 때문이다. 또한 들판의 밀과 곡식들이 첫 수확을 기다리는 시기이기도 하다.

그러나 이 기간이 지난 7월부터 루마니아는 기후의 변화가 심해 갑자기 우박이 떨어지거나 폭풍우가 심하게 몰아치는 바람에 다 자란 작물의 수확을 망치는 경우가 심심치 않게 생긴다. 어떤 때는 가뭄과 폭염 때문에 농작물이 다 말라 죽기도 한다.

'슨지에네'는 바로 이 중요한 시점에 나타나서 자신들이 지닌 신비한 자연의 힘을 이용해 들판의 곡식을 자연 재해로부터 지켜주는 일을 한다고 믿어지고 있는 것이다. 그녀들은 하짓날 밤에 나타나 노래를 부르고 춤을 추면서 들판과 숲을 돌아다닌다고 한다. 그녀들이 이렇게 돌아다니는 것은 사람들을 위한 여러 가지 자연의 축복을 내려주기 위해서라고 한다. 또한 사람들의 고통과 질병을 치료할 수 있는 물약을 숲과 들판의 식물들에게 마음껏 뿌려준다고 한다. 새들과 짐승들과 가축들이 수를 늘일 수 있도록 서로 짝을 맺어 준다는 이야기도 있다. 물론 마을의 처녀 총각들을 짝 지어 주는 일도 잊지 않는다.

그러나 가장 중요한 것은 그녀들이 각종 사악한 힘들로부터 사람들을 보호해 주고 건강과 사랑과 행운과 풍요를 가져다준다는 믿음이다. 그렇기에 루마니아에서는 하지를 특별히 '슨지에네의 날(Ziua de Sânziene)'로 부르며 그녀들의 신비한 힘이 재난을 막고 풍요를 가져다주기를 기원하는 다양한 세시 풍속을 지킨다.

이 세시 풍속 중 어떤 것은 슨지에네 요정들과 같은 이름을 가진 꽃과 관련되어 있다. 이 꽃은 과수원, 건초 밭, 숲의 가장자리 부근에 서식하는데, 학명은 '갈리움 로툰디폴리움(Galium rotundifolium)'이며 우리말로는 '갈퀴꽃'으로 불린다. 진한 향기가 나는 하얗거나 노란 꽃을 피우는 꽃이다. 춘분에 태어나서 하짓날에 꽃을 활짝 피우기 때문에 하지의 상징이 되며 슨지에네 요정과 같은 이름을 갖게 된 것이다.

아직까지도 루마니아에서는 많은 시골 여인들이 '슨지에네의 밤(Noapte de sânziene)'이면 두려운 마음을 갖고 '슨지에네 꽃'과 관련된 풍습을 지키기 위해 애쓰고 있다. 많은 여인네들이 새벽이 올 때까지 숲을 향해 그림자 같이 긴 행렬을 이루기도 한다. 풍습을 행하는 장소는 숲 속 어딘가로 신중하게 정해서 미리 깨끗하게 치워 놓는다. 이날 밤 여인네들은 나뭇가지 끝을 새로 짠 아마포(亞麻布, linen)로 감싸서 들고 간다. 그 막대기를 조심스럽게 '슨지에네 꽃'의 꽃망울로 가져가 새로 머금은 이슬이 아마포에 스르르 스며들게 만든다. 아마포에 묻어 있는 이슬을 짜서 새로 만든 항아리 속에 정성껏 담아 놓는다. 이렇게 해서 모여진 액체는 신비스러운 힘을 가지고 있다고 여인네들은 말한다. 꽃과 이슬과 아마포 그리고 항아리가 모두 새롭기 때문에, 이 액체로 얼굴을 씻으면 언제까지나 젊고 싱싱한 피부를 간직

할 수 있다고 믿는다. 시골 농부들은 이날 저녁에 모은 슨지에네 꽃으로 즙을 짜내 이것을 해열제나 진통제로 사용하기도 한다.

그리고 여인네들은 숲을 돌아다니며 갖은 약초를 모으기도 한다. 이 약초들은 '슨지에네'가 뿌려준 물약이 스며들어 있기 때문에 사악한 정령들로부터 얻은 여러 가지 질병을 이 약초들로 고칠 수 있다고 생각한다. 그래서 꽃, 나뭇가지, 잎사귀, 뿌리 들을 모을 때 여인네들은 각각에 알맞은 주술을 노래한다. 그러나 혹시 '슨지에네'가 지나간 뒤에 나쁜 요정 '이엘레'가 몰래 와서 부정한 기운을 심어 놓았을지도 모르기 때문에 이 약초들을 교회로 가지고 가서 정화 받는 일을 잊지 말아야 한다. 이 약초들로 만든 약은 사랑을 가져다 줄 뿐 아니라 건강과 행운 그리고 무엇보다도 악령들로부터 자신을 보호하게 해준다고 믿는다.

그러나 젊은 여자들이 정작 만들고 싶어 하는 약은 사랑을 이루게 해주는 감미로운 묘약이다. 이런 묘약은 요즘 식으로 말하면 천연 향수와 화장품의 대용인 것이다. '슨지에네'의 풍습과 노래들은 지역에 따라 특색을 보이지만, 낮이 가장 긴 하지 날에 식물들의 몸속에 자연의 힘이 가장 강하게 응집되어 있다고 생각한 것은 차이가 없는 것 같다.

아르제쉬 계곡(Valea Argesului)과 아푸세니 산간(Muntele Apuseni) 마을들의 처녀들은 한 해의 행운을 점쳐보기 위해서 '슨지에네의 밤'이면 '목향(Inula helenium)'으로 머리를 감은 뒤에 '슨지에네 꽃'과 밀 이삭을 꼬아서 만든 화환을 지붕위로 던지기도 한다. 만약 화환이 지붕의 처마위에 걸리면 그 해에 시집 갈 운세라고 믿는다. 화환이 그냥 땅으로 떨어지면 그 해에는 짝을 이룰 운명이 아니라고 믿는다. 대신에 침대 머리맡 밑에 '슨지에네 꽃'을 품어두고 잠이 든다. 그러면 꿈속에서 미래의 신랑감을 미리 만나 볼 수 있다고 한다. 남자들은 둥근 화환 대신에 십자가 모양의 꽃다발을 만들어서 지붕위로 던져 올린다. 이때도 여자들의 경우와 마찬가지로 십자가 모양의 화환이 지붕 처마에 걸쳐져야 좋은 운세이고 그냥 땅에 떨어지면 나쁜 운세라 여긴다.

트란실바니아 지방의 마이에루(Maieru)라는 마을에서는 '슨지에네의 밤'에 산 위 양 우리 근처에 모닥불을 피우기도 한다. 그리고 처녀와 총각이 쌍을 이루어 이 모닥불의 타오르는 불꽃 위를 뛰어 넘으며 춤을 춘다. 이 춤은 청결과 사랑의 지속을 상징한다.

루마니아 대부분의 마을에서는 '슨지에네의 날'에는 마을 사람들이 모두 모여 흥겨운 춤을 추며 축제를 벌인다. 슨지에네의 힘이 자신들을 지켜주기를 한 마음으로 기원하는 것이다.

마라무레쉬(Maramures) 지방에서는 온 마을 주민들이 횃불을 켜 들고 들판이나 과수원 주위를 빽 둘러싸고 태양의 일주 운동과 같은 방향으로 몇 바퀴를 돌며 한 해의 풍요를 기원하기도 한다.

축제 중에 빠지지 않는 것이 있는데 그것은 마을 처녀들이 '드러가이체'를 흉내 내는 춤을 추는 것이다. 이 춤은 '드러가이체의 춤(Dansul Drăgaicei)'으로 불리는데, 보통 다섯 명 또는 일곱 명의 처녀들이 한 조를 이루어 둥그런 원을 만들어 빙빙 돌면서 추는 춤이다. 춤의 동선이 십자가를 이루는 경우도 많다. 한 조를 이룬 처녀들 중에서 한 명은 여신의 역할을 맡는다. 여신의 역할을 맡은 처녀는 결혼식 신부의 복장으로 아름답게 치장하고 머리에는 '슨지에네 꽃'으로 만든 화환을 쓴다. '드러가이체 춤'의 일원들은 마을의 집집을 돌며 춤을 추는데, 방문 받은 집에서는 좋은 선물로 화답하는 것이 상례이다. 이 춤은 '슨지에네' 요정들을 기쁘게 하여 액운을 물리치고 행운을 비는 제의적 성격을 지니고 있기 때문에 춤을 선물 받은 집에서도 그에 대한 보답을 하는 것이다.

'슨지에네'는 축복을 내려주기도 하지만 항상 베풀기만 하는 존재는 아니다. 만약 '슨지에네'의 날을 지키지 않고 혼자만 들에 나가 일을 한다던가, '드러가이체의 춤'을 거절한다던가 하면 '슨지에네'의 노여움을 사게 된다고 한다.

23

밤에 날아오는 즈부러토룰

(Zburătorul ; 夢魘, 夜來者)

루마니아 사람들은 '즈부러토룰(Zburătorul)'이라고 불리는 '이야기 속 존재(ființa fabuloasă)'에 대한 미신을 가지고 있다. '즈부러토룰'은 말 그대로 해석하면 '날아다니는 것(cel ce zboară)'을 뜻한다. '악귀(nălucă)'의 일종으로 믿어지고 있는데, 밤에 멋진 남성의 모습으로 변신해 사춘기 소녀들이나 갓 결혼한 새색시들의 집 안에 침입해서 밤새도록 그 여자들과 '말로 설명할 수 없는 어떤 짓(lucru necuviincios)'을 저지른다. 보통 사람들의 눈에는 잘 띄지 않지만 마음씨 착한 남자들은 '즈부러토룰'을 잡아서 벌을 줄 수 있다고 한다.

'즈부러토룰'은 성애와 관련된 신성한 존재이자 '인큐버스(incubus)'와 비슷한 악령의 일종으로 고대로부터 믿어져 왔다. '즈부러토룰'은 평소에는 '날개 달린 뱀(Şarpele înaripat)', '날개 달린 용(Zmeu, Balaur)',

'타오르는 불꽃(Sul de foc)' 등의 모습을 하고 있다. 공교롭게도 이들의 모습은 모두 늠름하게 발기(勃起)한 남성의 성기(性器)를 연상시킨다. '뱀'과 '용'의 몸통은 미끈한 남근의 모습과 흡사하며, 옆에 붙어 있는 날개는 토실토실한 고환을 떠올리게 한다. '타오르는 불꽃'의 모습도 역시 마찬가지로 쉽게 남성의 것(?)을 연상시킨다.

'즈부러토룰'은 때때로 온 몸이 은빛 비늘로 덮여 있고 머리에는 불타는 황금빛 머리카락이 휘날리고 있으며 어깨에는 희고 커다란 날개가 달린 반신반인의 형상으로 나타나기도 한다.

'즈부러토룰'은 희생자가 될 사춘기의 소녀들이나 성에 대한 집착이 강한 여자들을 찾아 자정부터 새벽까지 온 마을을 몰래 돌아다니다가 대상을 찾으면 사랑으로 활활 타오르는 건장한 청년 또는 이상향 남성의 모습으로 변신하고는 눈에 보이지 않게 바람처럼 살며시 집 안으로 들어가 어느새 침대 속으로 파고든다. 여자들의 꿈속으로 들어가 그녀들과 동침한 후 새벽이 닭이 울면 유유히 사라져 버린다. 그리고는 그녀들의 평온을 앗아가고 대신 혹독한 그리움(dor 恨)에 젖어들게 만든다. 그녀들은 막연한 희열과 애매한 고통을 동시에 느끼는 병에 걸린다. 그것은 다름 아닌 사랑의 열병이다.

루마니아에서는 '즈부러토룰'에 의해 생겨났다고 여겨지는 이러한 백일몽 증상을 '리피투러(Lipitură)'라고 부르는데, 그것은 '(무엇인가가) 달라붙었다'는 뜻이다. 희생자가 된 여자들은 꼭두각시처럼 '즈부러토룰'에게 완전하게 조종당하지는 않지만 심한 정신적 동요를 겪게 된다. 루마니아에는 '즈부러토룰'에 관련된 미신 때문에 이를 막는다고 믿어지는 다양한 액막이 주술들과 주술적 제구(祭具)들이 존재한다.

'즈부러토룰'을 막는 방법으로 가장 많이 알려진 것은 악령이 들어올 수 있는 집안의 모든 틈새, 다시 말하면, 문, 창문, 굴뚝, 쪽문 등에 마늘을 바르고 칼을 꽂아 놓거나 주술적 효능이 있는 약초가 담긴 작은 가방을 매달아 놓는 액막이 행위가 있다. 이미 '즈부러토룰'의 영향이라고 의심되는 증세가 나타난 여자들을 치료하는 방법으로는 아홉 종류의 신비한 약초를 깨끗한 개울물이 담긴 들통에 넣어 삶은 다음 그 물로 목욕을 하면서 주술 노래를 부르는 방법이 많이 사용된다.

'즈부러토룰'이라는 존재 그 자체는 여성을 괴롭히는 악귀(nălucă), 악령(daimon), 악마(demon) 등으로 간주되는 부정적 존재임이 확실하다. 그러나 '즈부러토룰'은 사람의 육신을 해치거나 사악한 마음을 품게 만드는 등, 사회적으로 해악을 끼치는 그런 존재로 묘사되지는 않는다.

'즈부러토룰'의 신화적 상징들을 사회 기능상의 측면에서 분석해 보면, 오히려 '즈부러토룰'이라는 존재의 긍정적인 역할이 발견된다. 한 소녀가 생리적 사춘기를 보내며 '즈부러토룰'로 인하여 성애의 감정을 알게 되었다는 것은 여성으로서의 성 역할을 인식하기 시작한 동시에 자신의 성 정체성을 확립하기 시작했다는 것을 뜻한다. 또한 성욕을 절제하는 고통을 느끼면서 사랑의 가슴앓이를 심하게 치렀다는 것은 사회가 요구하는 여성의 성 윤리를 습득하기 위한 고난의 시험을 통과했음을 의미한다.

그렇다면, '즈부러토룰'에 의해 겪게 되는 사랑의 가슴앓이는 여자(sex : woman)를, 사회가 요구하는 여성(gender : feminity)의 역할을 올바르게 수행하는, 성인 여성(person : adult woman)으로 거듭나게 하기 위한 무형의 입사식(Ritual de Inițiere ; Rite of Initiation)으로 볼 수 있으며, 이 경우, 여자들에게 성애를 느끼게 만드는 '즈부러토룰'은 사악한 목적으로 여자들을 괴롭히는 악귀가 아니라 일종의 입사 시험관으로 자격 지을 수도 있다.

루마니아에는 '즈부러토룰'에 관한 많은 이야기들이 있는데 그 중에서 토칠레스쿠(Tocilescu)가 채록한 이야기를 한 편 소개하겠다.

먼 옛날에, 짝짓기를 위한 수컷 뱀들의 싸움에서 승리한 가장 강한 뱀 한 마리가 반짝이는 마법의 돌을 집어 삼키고 '즈부러토룰'로 변하게 되었다. '즈부러토룰'은 매력적인 남성의 모습으로 변신하여 한밤중을 틈타 사람들이 사는 마을로 들어갔다. 그 곳에서 이제 막 애티를 벗기 시작한 어떤 소녀를 유혹해 내는데 성공한다. '즈부러토룰'은 밤마다 그 소녀를 찾아와서는 사랑을 나누며 가슴이 터질듯 한 희열을 선사하고 새벽닭이 울 무렵 사라져 버리기를 되풀이 하였다. 소녀는 다음날 일어나면 밤새 무슨 일이 일어났었는지 기억하지 못한 채 하루 종일 누군가에 대한 그리움으로 사랑의 열병을 앓다가 밤이 되면 다시 잠이 들곤 했다. 이런 일이 몇 달간 지속되자 소녀는 점점 수척해 지고 급기야 병석에 눕게 되었다. 소녀를 간호하던 가족들이 이를 이상하게 여기고 밤에 몰래 어린 소녀를 지켜보기로 하였다. 그 사실을 모르는 '즈부러토룰'은 여느 때와 같이 소녀의 침실로 찾아들었다가 가족들에게 발각되어 버린다. 목숨의 위협을 느낀 '즈부러토룰'은 다시 뱀의 모습으로 변신하고는 하늘을 날아서 그곳을 빠져나간 뒤 숨을 곳을 찾는다. 그러나 사람들이 결국 그를 발견하고는 숨은 장소에 불을 질러 그를 태워 죽이고 말았다. 그런 일이 있은 뒤 소녀는 일 년쯤을 계속해서 시름시름 앓다가 그리움을 견디지 못하고 저 세상으로 떠나 버렸다.

원귀(寃鬼), '스트리고이(Strigoi)'와 아기 귀신, '모로이(Moroi)'

루마니아 사람들도 우리나라 사람들과 마찬가지로 혼령의 존재를 믿는다. 혼령들 중에서 사람들에게 해악을 끼치는 사악한 혼령들이 있는데 루마니아에서는 이들을 총칭해 '스트리고이(Strigoi)'라고 부른다.

'스트리고이'는 눈에 보이지 않는 망령으로 주로 가까운 친척들에게 나타난다고 알려져 있다. 그들은 친척들을 역병에 걸리게 하거나 다치게 할 뿐 만 아니라 포도밭과 양봉장에 우박을 뿌리거나 지독한 가뭄이 지속되게 하는 등의 각종 재앙을 불러오는 부정한 존재이기도 하다. 그러나 이들은 원래부터가 악령이나 자연의 정령이 아니고 보통 사람의 영혼이 변해서 된 존재이기 때문에 초자연적인 능력은 다른 악령들에 비해 떨어진다. 그러나 사람들에게 피해를 주는 사악한 기운은 다른 악령들에 못지않다. 심하면 사람들의 영혼을 빼앗아 죽음에 이르게 만들기도 한다. 일부 지역에서는 '스트리고이'가 생기와 마력을 보충하기 위해서 사람들의 피를 빨기도 하는 것으로 이야기 된다. 피를 빨린 사람은 몸에 바늘로 찌른 뒤에 생기는 것과 같은 멍 자국이 남고 점점 야위어 가는데 주술로 즉시 치료하지 않으면 목숨을 잃을 수도 있다고 한다.

'스트리고이'는 스스로 창공이나 물 위를 날아다닐 수도 없고 오직 땅 위를 걸어 다닐 수 있을 뿐이라고 한다. 이들은 먼 곳을 갈 때면 사람과 마찬가지로 피로를 느끼기도 한다고 전해진다. 그래서 될 수 있으면 자신과 별 관계가 없는 먼 곳으로는 가지 않고, 자신의 친척이나 가까운 이웃 사람들에게 수로 찾아가는 것이다. 혹여 먼 곳을 갈 일이 있으면, 빗자루나 나무 막대기를 타고 날아가고 물을 건널 때면 나무통을 타고 간다. 흔치 않은 일이긴 하지만, 다른 악령들의 등에 업혀 먼 곳까지 갈 수도 있다.

그리고 '스트리고이'는 초승달이 뜨는 밤을 제일 좋아해서 이날은 모두 다 밖으로 나온다고 한다. 만약 마땅하게 해칠만한 사람들을 찾지 못하면 동구 밖 어딘가 그들이 아는 장소에서 서로 모인다. 보통은 한적한 무덤 근처이거나 사람이 없는 버려진 양우리 등이다. 거기서 그들은 각자 가지고 온 빗자루, 도리깨, 삽 등을 가지고 싸움을 벌이는 것을 좋아한다. 그들 중 누군가가 '우스투로이 로슈(Usturoi Roșu : 빨간 마늘)'라고 외치면 싸움이 시작되고 '우스투로이 알브(Usturoi alb : 하얀 마늘)이라고 외치면 싸움이 끝난다. 싸움을 할 때에는 "다우, 다우, 다르 누 타이.(Dau. Dau, dar nu tai.)"라고 외치면서 싸우는데, 이 말은 "때린다. 때리지만 자르지는 않는다."라는 뜻이다. 만약 지나던 사람이 몰래 숨어서 "다우. 다우, 쉬 타이.(Dau. Dau și tai.)", 즉 "때린다. 때리고 자른다."라고 외치면 서로 싸우다가 다 죽게 된다고 한다.

'스트리고이'는 밖에서만 사람들을 괴롭히는 것이 아니라 집 안으로 들어오기도 한다. 보통은 자신이 생전에 살던 집으로 자주 찾아오는데, 어떨 때는 단지 생전이 그리워서 일수도 있고, 어떨 때는 생전에 안 좋은 일을 겪은 것을 복수하기 위해서 일수도 있다. 그러나 루마니아 사람들은 '스트리고이'가 무슨 목적으로 찾아 왔던지 별로 좋게 생각하지는 않는다. 살아 있는 자와 죽은 자가 같은 곳에서 함께 하는 것은 순리에 어긋난다고 생각하기 때문이다.

집 안으로 '스트리고이'가 들어오는 것을 막는 방법은 집안의 모든 틈새, 다시 말하면, 문, 창문, 굴뚝, 쪽문 등에 마늘 즙을 바르고 칼이나 날카로운 쇠붙이를 꽂아 놓는 주술 행위이다. 이 방법은 비단 '스트리고이' 뿐 아니라 다른 모든 악령을 막는데 가장 효과적이라고 믿어지고 있다. 그런데 '스트리고이'는 집 안의 모든 문이 다 잠겨 있으면 가재도구들을 조종해 문을 열게 만들 수도 있다. '스트리고이'가 "솥단지야 문을 열어 다오"하면 솥단지가 굴러와 문을 열고, "숟가락아 문을 열어 다오"하면 숟가락이 튀어와서 문을 연다는 식이다. 그러나 가재도구들이 제자리에 잘 엎어져서 정돈되어 있으면 아무리 강한 '스트리고이'라도 조종할 수 없고, 여기저기 널브러져 있어야만 비로소 마음대로 조종할 수 있다.

이들 '스트리고이'는 크게 두 가지 종류로 나눌 수 있다. 한 종류는 '스트리고이 비이(Strigoi vii)'라고 불리는 살아있는 사람의 혼령이고 또 다른 종류는 '스트리고이 모르치(Strigoi Morți)'라고 불리는 죽은 자의 망령이다. '스트리고이 비이'는 원래부터가 부정한 기운을 받고 태어난 사람의 생령이다. 반면에 누군가가 원한을 품고 죽거나 세례를 받지 못하고 죽은 까닭에 그 영혼이 하늘로 승천하지 못하고 지상을 맴도는 원귀가 된 사령은 '스트리고이 모르치'로 불린다. 그러나 두 가지 존재 모두 사람들에게 비슷한 해악을 초래한다는 점에서는 구분을 두지 않는다.

'스트리고이 비이'는 낮에는 살아 있는 보통 사람의 몸 안에 있다가 밤이 되어 그 사람이 잠들면 그 사람의 몸 밖으로 빠져나와 돌아다니는 사악한 혼령이다. '스트리고이 비이'의 몸이 되는 사람은 자신도 모르게 '데오키(deochi)'라고 불리는 흉안(凶眼)의 해악을 초래한다고 한다. 흉안은 악마의 힘을 지닌 눈을 뜻하는데, 흉안을 지닌 사람은 단지 째려보는 것만으로도 아이나 가축이나 농작물들에 저주를 내릴 수 있다고 한다. 그렇게 흉안의 저주에 걸린 사람은, 몸에 병이 나거나 집안의 재물들이 축나는 등 재주 없는 일들을 줄줄이 겪게 된다. 그래서 루마니아 사람들은 흉안의 저주를 방지하거나 풀어 주기 위해서 부적 등을 몸에 지니거나 각종 주술을 행하고 있다. 그 중 '스트리고이'가 원인이 된 흉안의 저주를 푸는 데에는 특별한 주술 노래와 함께 마늘과 양파를 이용한 주술 방법이 많이 이용된다.

'스트리고이 비이'는 태어날 때부터 특별한 징후를 가지고 있기 때문에 알아 볼 수 있다고 한다. 갓난아기가 머리에 대방막(大網膜 : tichie, căiță)을 덮어 쓰고 몸에는 얇은 막을 걸치고 털이 복슬 하고 꼬리뼈가 남들보다 길면 나중에 '스트리고이 비이'가 될 가능성이 많다고 한다. 이런 아기가 태어나는 원인은 아기 엄마가 '스트리고아이커(Strigoaică : 여자 스트리고이)'이거나, 악마와 관계를 맺어 임신이 되었거나, 임신 중에 악마가 침을 뱉어 놓은 부정한 물을 먹었거나, 혹은 머리에 두건을 쓰지 않고 밤에 돌아다니다가 악마를 만났거나 했기 때문이라고 믿는다. 악마가 자신이 쓰던 빨간 두건을 임산부에게 빌려주고 나중에 아기가 태어나면 다시 받으러 오기로 했기 때문에 아기가 머리에 대망막을 쓰고 태어나게 됐다는 것이다. 그래서 루마니아에서는 대망막을 '악마의 모자'라는 뜻의 '티키에 데 드락(tichie de drac)'으로 부르기도 한다. 이런 아이가 태어나면 산파는 대망막을 즉시 벗겨 주는 것이 좋다. 만약 그 갓난아기가 자신의 대망막을 먹게 되면 어떠한 살풀이 주술도 소용이 없게 되고 무조건 '스트리고이 비이'가 된다는 미신이 있기 믿기 때문이다.

'스트리고이'와는 상관이 없는 이야기이지만, 많은 루마니아 사람들은 갓난아기가 다른 징후 없이 단지 머리에 대망막을 쓰고 태어나는 경우에는 행운을 가지고 태어났다고 말하기도 한다. 대망막은 송사에서 이기게 해주는 힘을 가지고 있다고도 한다. 그래서 루마니아 사람들은 갓난아기의 대망막을 잘 보관해 두었다가 나중에 송사를 치르는 경우가 있으면 꺼내어 몸에 지니게 한다. 또한 대망막은 흉안의 저주를 푸는 주술 재료로도 사용된다. 말려 놓은 대망막을 한 조각 잘라서 마늘 즙에 담갔다가 꺼낸 다음 그 위에 침을 뱉고 흉안의 저주에 걸린 아이의 배꼽 주위를 문질러 주면 흉안의 저주가 풀린다고 한다.

그 외에도 '스트리고이 비이'를 구별하는 방법은 여러 가지가 있다. 모두 다 그런 것은 아니지만, 머리 정수리 부분이 대머리인 사람, 마늘과 양파를 전혀 먹지 않는 사람, 미사 드릴 때 사용하는 향(tămâie)을 피하는 사람, 11월 30일인 성 안드레이(Sf. Andrei)의 날에 집 밖 야외에서 자는 사람, 척추 끝의 꼬리뼈가 돌출되었고 그 부분에 털이 많은 사람, 일곱 자매, 혹은 일곱 형제 중 막내, 아빠가 누군지 모르는 사생아 등도 '스트리고이 비이'일 가능성이 높다고 한다. 그러나 더 중요한 것은 루마니아에서는 다른 사람들이 잘 되는 것을 시기 하거나 다른 사람들에게 저주를 퍼 붓는 못된 사람들, 평소 행실이 올바르지 않은 여자들, 부모를 원망하는 아이들 등과 같이 도덕적으로 비난받을 만한 일을 저지르고 다니는 사람이라면 누구든 '스트리고이'로 의심 받을 수 있다는 사실이다.

'스트리고이 비이'는 사냥개, 늑대, 고양이, 쥐, 등으로도 변신을 할 수 있다고 한다. 갓난아기가 가지고 태어난 대망막을 잘 간직하거나 즉시 태우지 않고 함부로 아무데나 버리면 그것을 들짐승들이 먹게 되는데 그렇게 되면 나중에 '스트리고이 비이'가 그 들짐승으로 변신을 할 수 있게 된다는 것이다. 특히 자신도 모르게 늑대나 사냥개로 변신하는 경우에는 자신이 원래 사람이었다는 것을 완전히 잊어버리고 가까운 일가친척들을 잡아먹는 것도 서슴지 않는다고 한다. '스트리고이 비이'가 짐승으로 변신하고 또 다시 사람으로 변신하는 방법은 재주를 세 번 팔딱 팔딱 넘는 것이다. 이것은 우리나라의 민담에 많이 등장하는 여우나 호랑이가 사람으로 변신하는 방법과도 상당히 비슷하다.

'스트리고이 비이'인 사람도 자신이 위험한 들짐승으로 변신할 수 있다는 사실을 알고 있을 경우가 있다. '스트리고이 비이'도 평소에는 보통 사람이기 때문에 가까운 사람들에게 해를 끼치지 않으려고 자신이 변해서 된 위험한 짐승을 피하는 방법을 미리 알려주기도 한다. 짐승으로 변한 '스트리고이'에게 잡혀 먹히지 않으려면 끝이 날카로운 도구나 무기로 대항하여 그 짐승의 몸에 상처를 내고 피가 흐르게 하는 방법 밖에는 없다고 한다.

늑대로 변할 수 있는 '스트리고이 비이'는 종종 달을 먹는 것으로 알려져 있는 신화적 존재인 '브르콜락(Vârcolac)'과 혼동되기도 한다.

그리고 '스트리고이 비이'는 흉안의 저주를 통해 가축과 사람들에게 해를 가져다 줄 뿐 아니라, 비를 싫어해서 가뭄을 불러 온다고도 알려져 있다. 혹시 가뭄 뒤에 갑자기 우박이 내리면, '둠네제울(Dumnezeul : 하느님)'이 '스트리고이'를 혼내주려고 내리는 것이라 한다. 또 햇볕이 있는 날에 비가 내리면 '스트리고아이커(strigoaicà : 스트리고이의 여성형)'가 악마에게 시집을 가기 때문이라는 말도 있다.

때문에 루마니아 사람들은 마을에 흉안의 저주에 걸리는 사람들도 많아지고, 가축과 사람들에게 안 좋은 일이 계속 생기고, 가뭄이 오래 지속되는 경우에는 '스트리고이 비이'가 마을 어딘가에 살고 있기 때문이라고 믿는다.

그럴 때면 우선 '스트리고이 비이'를 가려내기 위해서 마을 사람들을 교회에 모이게 한 다음 모두에게 마늘과 양파를 먹게 한다. '스트리고이'는 마늘과 양파를 싫어하기 때문에 누군가가 마늘과 양파를 극구 먹지 않는다면 그 사람은 '스트리고이 비이'로 의심을 받게 된다.

'스트리고이 비이'는 밤에 주인의 몸이 잠들어 있을 때에만 그 몸을 떠나 영혼 상태로 떠돌아다니면서 갖은 해악을 범하다가 닭이 세 번 울기 전에 주인의 몸으로 다시 돌아온다고 알려져 있다. 그런데 주인이 잠 들어 있을 때 그 몸을 잠자던 곳에서 다른 곳으로 옮겨 놓고 얼굴을 바닥으로 향하게 눕혀 놓으면 '스트리고이 비이'가 해 뜰 때까지 주인의 몸을 찾아 돌아오지 못하고 헤매다가 마침내 죽는다고 한다. 때문에 루마니아 마을에서는 '스트리고이'로 의심 받은 사람이 잠잘 때 위와 같이 해 본다. 그래서 그 사람이 죽으면 그 사람은 '스트리고이 비이'였던 것이고 죽지 않으면 '스트리고이 비이'였다는 의심이 풀리게 된다. '스트리고이 비이'는 죽으면 '스트리고이 모르치'가 되기 때문에 '스트리고이 비이'로 의심 받던 사람이 죽으면 '스트리고이 모르치'가 되는 것을 방지하는 특별한 주술 의식을 행하여야 한다.

죽은 자의 원귀인 '스트리고이 모르치'는 여러 가지 원인에 의해 생겨난다. 앞서 말했듯이, 죽은 자가 살아있을 때 '스트리고이 비이'였다면 그 망자의 영혼은 '스트리고이 모르치'가 되어 무덤 밖으로 나올 가능성이 아주 높다. 그 외에도 여러 원인이 있는데 특히 억울하게 살해되었거나 원인불명의 죽음을 맞이한 사람, 세례를 받지 않고 죽은 사람, 임종 시 돌봐주는 이 없이 객사한 사람 등도 '스트리고이 모르치'가 될 가능성이 높다. 그러한 이유는 이들이 살아생전에 원한을 품어 신과 사람들을 싫어하게 되었고, 어떻게든지 사람들에게 복수를 하려는 마음을 죽어서까지 버리지 못했기 때문이다. 그런 영혼들에게는 악마가 다가가기가 그만큼 쉬워지는 것이다.

시신을 돌보지 않아 시신의 몸 위를 개나 고양이나 쥐가 지나간 경우, 운구 도중 관 밑으로 개나, 고양이나 쥐가 지나간 경우 등도 그 시신의 주인이 '스트리고이 모르치'가 될 수 있다. 개나 고양이, 쥐 등은 악마가 모습을 바꾸고 죽은 이의 영혼을 꼬드겨 지상을 맴도는 원귀를 만들기 위해 찾아 온 것이다. 그렇기 때문에 루마니아 사람들은 부득이 시신을 혼자 있게 방치해 두어야 할 경우에는 시신의 위에 낫과 반지를 올려놓는다. 그러면 악령들이 접근하지 못해서 그 시신의 주인이었던 혼령을 함부로 '스트리고이'로 만들지 못한다고 한다.

식구들이 장례 때 망자에게 저승 가는 노잣돈을 마련해 주지 않았거나 망자가 저승길에 노잣돈을 잃어버리는 바람에 하늘의 관문에서 '바메쉬 버즈두훌루이(Vameşii Văzduhului : 영혼의 심판관들)'에게 통과비를 지불하지 못하게 되었다면 그 망자의 영혼은 다시 지상으로 돌아와 '스트리고이'가 될지도 모른다. 그래서 루마니아 사람들은 장례 때에는 망자에게 노잣돈을 충분히 준비해 주고 혹여 망자가 저승 여정에 노잣돈을 잃어버리지 않게 하기 위해서 노잣돈을 망자의 입속에 정성껏 꽂아 주기도 하고, 노잣돈에 구멍을 뚫어 망자의 새끼손가락에 끼워 주기도 한다.

그 외에도 '스트리고이 모르치'가 될지도 모른다고 생각되는 시신이 있다면, 그 시신의 모든 구멍을 향이나 마늘 즙으로 막아 놓고 입관 시킨다. 코를 막아서 숨을 못 쉬게 하고, 귀를 막아서 악령들의 달콤한 유혹을 들을 수 없게 만들고, 눈을 막아서 악령들을 볼 수 없게 하고, 입을 막아서 악령들에게 식구나 친척들의 이름을 이야기하지 못하게 하는 것이다. 그러면 '스트리고이'가 되지 않고 편히 잠들 수도 있다는 믿음에서이다. 그렇게 해 두면 혹여 '스트리고이'가 되어도 힘이 없기 때문에 사람들에게 아무런 해도 끼치지 못한다고 한다.

앞서 말했지만, 루마니아에서는 마을에 흉흉한 일들이 자주 발생하면, 혹시 '스트리고이'가 생기지 않았나 의심을 한다. 마을에 '스트리고이 비이'가 없는 것으로 생각되면 '스트리고이 모르치'가 있는 것으로 여기고 찾아본다.

'스트리고이 모르치'를 찾기 위해서는 우선 마을의 공동묘지와 버려진 묘지들로 가서 무덤 주변에 구멍이 있거나 땅이 파헤쳐지지 않았는지를 살펴본다. 또는 검은 수말이나 검은 수탉을 데리고 가서 어느 무덤에 멈추는지 알아본다.

그런 무덤이 있다면 땅을 파서 관을 꺼내 시체의 상태를 확인한다. 시체가 썩지 않거나, 혈색이 좋거나, 관 밖으로 발이 삐져나왔으면 그 시체는 '스트리고이 모르치'라고 의심 받는다. 지금도 루마니아의 일부 마을들에서는 망자가 '스트리고이 모르치'가 되었는지를 확인하기 위해, 어린 아이가 죽으면 3년 후, 젊은이가 죽으면 5년 후, 어른이 죽으면 7년 후에 관을 열어 보는 것이 관습으로 남아 있다. '스트리고이 모르치'라고 의심되는 망자의 시신에는 그것을 멸하는 여러 가지 특별한 주술 의식을 행한다. 이 주술 의식들은 지역에 따라서 약간씩의 차이가 있는데 다음과 같은 방법들이 많이 사용된다.

시신의 얼굴과 배와 다리를 가시나무 줄기로 묶은 뒤에 얼굴을 밑으로 향하게 엎어 놓고 다시 관에 넣는 방법이 있다. 그러면 일어서기도 힘들고 다시 관 밖으로 나오려고 해도 가시에 찔려서 나오지 못하게 된다고 한다. 시신의 배꼽과 심장에 말뚝을 꽂아 놓는 방법도 사용된다. 자작나무로 만든 굵고 긴 말뚝을 시신의 심장에 꽂으면 피가 7 스튼제니(stânjeni : 목재의 길이를 재는 단위, 약 1.96~ 2.23m) 정도나 치솟는데, 그러면 '스트리고이'가 다시는 깨어나지 못하고 사멸한다고 한다. 시신을 관에 넣을 때 시신의 머리를 잘라서 발밑에 놓고 관을 닫는 방법도 자주 사용된다. 머리가 발밑에 있으면 일어서지 못 할 거라는 믿음 때문이다. 무덤 주위에 구멍이 있으면 삼 부스러기로 무덤의 구멍을 모두 메운 다음 불을 붙이기도 한다. 이것은 불과 함께 '스트리고이'가 타 죽길 바라는 의식이다.

'스트리고이'를 죽이거나 방지하는 주술을 행하고 돌아오는 길에는 무덤 근처에 조 알갱이를 몇 움큼 흩뿌려 놓은 다음, "스트리고이야 한 해에 조 한 알씩만 먹고 아는 사람의 심장은 먹지 말거라" 라고 크게 외치기도 한다. 이것은 '스트리고이'가 조 알갱이에 정신이 쏠려 사람들을 해하는 일을 할 시간이 없었으면 하고 바라는 마음에서 비롯된 의식이다.

공교롭게도, 루마니아에서 '스트리고이 모르치'를 방지하는 풍습들은 우리나라의 처녀귀신 즉 왕신을 예방하는 풍습들과 매우 유사한 점들이 많다. 우리나라의 '왕신'과 루마니아의 '스트리고이'는 사람들에게 해악을 끼치는 점도 유사하다. 왕신이 나면 집안일이 되는 것이 하나도 없고, 심하면 식구들이 왕신의 해로 인해 죽기까지 한다고 한다. 그래서 지금도 우리나라의 일부 지역에서는 한 번 왕신이 나면 왕신이 노하지 않도록 지극 정성으로 모시길 마다하지 않는다. 그러나 그러기 전에 죽은 처녀가 왕신이 되어 관 밖으로 나오지 못하게 하기 위해서 여러 가지 방편을 사용하는 것이 우선된다. 처녀가 죽으면 왕신이 되어 나오지 못하게 하기 위해서 시신의 옷섶에다가 많은 바늘을 꽂아 놓는다. 시신을 엎어 묻는 방법도 사용된다. 참깨 세 되를 관 속에 넣거나 화장품과 책 등의 잡동사니를 넣기도 한다. 옷섶에다가 바늘을 꽂아 두는 것은 처녀의 혼령이 바늘에 찔려 관 밖으로 빠져 나오지 못하게 하기 위한 방편이다. 시신을 엎어 묻는 것은 그렇게 하면 혼령이 일어나기 힘들 거라는 믿음에서 비롯된다. 관 속에 참깨를 넣은 것은 혼령이 참깨 세는 일에 정신이 팔려 관 밖으로 나올 생각을 잊어버리게 하기 위함이다. 관 속에 화상품, 책 잡동사니를 넣는 것도 같은 이유에서이다.

많은 루마니아 사람들이 '모로이(Moroi)'를 '스트리고이'와 동일한 존재로 보고 있다. 그러나 '모로이'는 원래 아기 귀신을 뜻하는 말이라는 의견이 많다. 세례 받지 못하고 죽은 아이의 혼령, 미혼모인 산모가 몰래 버려서 죽게 된 아기의 혼령, 고의적 낙태에 의해 사산된 아기의 혼령 등이 '모로이'가 된다고 한다.

'모로이'는 엄마 젖이 그리워 하늘로 올라가지 못한 혼령이기에 항상 엄마 젖을 빨기 위해 지상에서 울며 배회한다고 한다. '모로이'를 편히 잠들게 하려면 죽은 아기의 친엄마가 7년 동안 매년 1월 6일 예수 세례일에 일곱 곳의 수도원에서 성수를 얻어 그것을 입에 고이 담고 아기의 무덤으로 가서 영혼을 씻겨 주어야 한다. 그렇지 않으면 '모로이'가 '스트리고이 모르치'가 될지도 모른다고 한다. 그렇기 때문에 '모로이'의 해악은 '스트리고이'와 별 차이가 없다.

미국의 유명한 드라마 X-file 시리즈의 시즌 2, 제 21부 "The Calusari(컬루샤리)"편에 죽은 아이의 혼령이 악마적인 힘을 가지고 가족들을 해치는 내용이 나오는데, 그 이야기는 루마니아의 '모로이'에 대한 믿음을 근거로 하고 있다. 기회가 된다면 그 영화를 한 번 보길 권하고 싶다.

루마니아에서는 '스트리고이'가 피를 빤다는 내용을 포함하고 있는 이야기들도 많이 발견되고 있다. 그래서 '스트리고이'의 신화들이 흡혈귀 드라큘라의 이야기에 영향을 미치지 않았을까하고 생각하는 사람들도 많아지게 되었다. 그러나 흡혈귀에 관한 이야기는 루마니아에서가 아니고 세르비아 등지에서 더 많이 발견된다. 루마니아에서 발견되는 흡혈귀의 이야기는 거의 세르비아 땅에 살던 루마니아 사람들이 세르비아 사람들에게서 전해들은 흡혈귀 뱀파이어의 이야기를 루마니아의 '스트리고이' 이야기에 접목시켰을 가능성이 높다.

무덤에서 나온 스트리고이(Strigoi)

25

죽은 자리를 지키는 혼령, '스타피에(Stafie)'

'스타피에(Stafie)'는 죽은 자의 영혼이 자기가 죽은 자리를 지키거나 자기의 시신을 지키는 수호령으로 변한 존재이다. 특히 손수 집이나 건물을 지은 사람이 그곳에서 살다가 죽었을 경우에는 '스타피에'로 변해 죽어서도 자신이 만든 집이나 건물을 돌본다고 한다. 이들은 자신이 지키고 있는 집이나 장소에 악령들이나 부정한 사람이 들어오지 못하도록 철저하게 방어해 주기도 하고, 집과 건물이 무너지지 않게 보호해 주기도 하는 것으로 알려져 있다. 아주 오래전 루마니아 사람들은 집, 수도원, 다리 등을 지을 때면, 누군가가 '스타피에'가 되어야 그 건축물이 무너지지 않고 오래 지속된다고 믿었다. 그래서 건축 공들 사이에는 건축물의 첫 벽돌이 올라가기 전에 누군가를 '스타피에'로 만들기 위해 그림자를 훔치는 풍습이 있었다고 한다. 사람이 서 있으면 갈대를 가지고 몰래 가서 그림자의 길이를 잰 후 그 길이만큼 갈대를 자른다고 한다. 그리고 그 갈대를 밑에 먼저 깐 다음 주춧돌을 세우는 것이다. 그러면 그림자를 도둑맞은 사람은 40일이 지나기 전에 죽음을 맞이하게 되고 그 건축물을 지키는 '스타피에'가 된다는 믿음이다.

'스타피에'에 관한 믿음은 루마니아 구비문학의 진수 중 하나인『명인 마놀레, Meşterul Manole』와도 연관이 깊다. 운문으로 전해지는 명인 마놀레의 이야기 중 건축을 위해 산 사람이 희생된다는 내용이 담긴 부분을 요약하면 다음과 같다.

문테니아(Muntenia)[12] 지방의 영주인 네그루 - 보더(Negru-Vodă)가 석공 명인(名人)인 마놀레(Manole)를 비롯한 9명의 석공들에게 세상에서 가장 아름다운 수도원을 만들라고 명령한다. 마놀레와 석공들은 혼신의 힘을 다해 수도원을 건축하기 시작하였다. 그러나 낮에 쌓아 올린 벽은 밤이면 무너져 내리는 것이 아닌가? 이렇게 며칠이 지난 어느날 명인 마놀레는 낮잠을 자면서 잠깐 꿈을 꾸게 된다. 그 꿈은 계시의 꿈이었다. 마놀레와 석공들의 아내들 중 누군가 한 명을 건축 중인 수도원의 벽 속에 넣고 돌을 쌓아 올리면 벽이 다시는 무너지지 않는다는 것을 알려주는 꿈이었다. 그 꿈을 믿기로 한 마놀레와 다른 석공들은 다음날 아침 그들에게 음식을 가지고 처음으로 그곳에 도착하는 사람을 희생시키기로 의견을 모으게 된다. 그런데, 처음으로 도착한 여자는 다름 아닌 명인 마놀레의 사랑스러운 아내 아나(Ana)였다. 절망에 빠진 마놀레는 신에게 기도를 하여 그의 아내가 그곳에 도착하지 못하게 강한 바람과 많은 비를 내리게 하지만 결국, 아나는 모든 역경을 이기고 수도원 건축 장소에 도착한다. 어쩔 수 없이 마놀레는 아나를 벽 옆으로 데려가 그냥 숨바꼭질 놀이를 하자고 하면서, 아나의 주위로 무거운 벽돌을 쌓아 올린다. 아이를 가진 아나는 벽이 배를 누르자 아이를 걱정하면서 꺼내 달라고 애원하지만 마놀레는 매정

12) 루마니아의 남서부 지역.

하게도 그녀의 몸 위로 벽돌을 계속 쌓아 올린다. 결국, 산 채로 벽에 갇혀 죽음을 맞이한 아나의 희생으로 세상에서 다시 볼 수 없는 아름다운 수도원이 완성된다.

『명인 마놀레』에 관한 더 자세한 사항을 알고 싶다면 "신화의 나라, 드라큘라의 나라"(박정오 저, 한국외국어대학교출판부)를 꼭 읽어보길 권하면서 이 책에서는 세부 설명을 생략한다.

'스타피에'도 '스트리고이'와 마찬가지로 사람의 혼령이 변한 존재이지만, 살아 있는 사람들에게 해를 끼치는 일은 거의 하지 않는다는 점에서는 '스트리고이'와 확실하게 구별된다. '스타피에'가 사람들에게 끼치는 해악 중에 가장 나쁜 것은 단지 사람들을 놀라게 한다는 정도이다. 현대에 와서 '스타피에'는 본래의 의미를 거의 잃어버리고 그냥 유령이라는 의미만 가지게 되었다. 인간에게 특별한 해를 끼치지도 않고 그렇다고 좋은 일을 하는 것도 아닌 평범한 유령을 총칭하는 말로 바뀐 것이다.

26

운명의 세 여신 '우르시토아레(Ursitoare)'

루마니아 사람들은 각자의 운명이 태어날 때부터 이미 정해져 있다고 믿는다. 삶의 여정은 우리 인간들이 스스로 바라는 대로 만들어 지는 것이 아니라 이미 정해져 있는 운명을 따라 가는 길일뿐이며 아무도 그 길에서 멀리 벗어 날 수 없다는 것이다. 루마니아 사람들은 운명이라 불리는 삶의 여정을 '우르시토아레'라는 이름을 가진 여신들이 정해주는 것이라고 믿고 있다. 이 세 명의 여신들은 우리들이 이승에서 얼마나 살지, 무엇을 하고 살지, 어떤 인생을 향유할 것인지 등을 결정해 준다고 한다. 우리는 마치 장님들처럼, 세 명의 '우리시토아레' 여신들이 정해 준 길을 더듬거리면서, 끝을 향해 앞으로 나아갈 뿐이다. '우르시토아레'가 정해 준 운명을 바꿀 수 있는 사람은 아무도 없다.

'우르시토아레'는 아이가 태어난 지 삼 일 뒤에 찾아와 운명을 결정해 주는 여신들이다. 그녀들이 언제 어떻게 이 세상에 오게 되었는지, 그리고 왜 운명을 결정해 주는 일을 맡았는지는 잘 알려져 있지 않다. 단지 그녀들이 어딘가 먼 곳에 있는 궁전과 같은 집에 함께 살고 있다는 이야기가 전해질 뿐이다. 그녀들이 살고 있는 집에는 어마어마하게 큰 거실이 있는데, 하늘의 별처럼 많은 호롱불들이 빛나고 있다. 그 호롱불들은 바로 우리 인간들의 운명과 연결되어 있다. 어디에선가 갓난아기가 새로 태어나면 그녀들은 새로운 호롱불에 기름을 붓고 불을 밝힌다. '우르시토아레'는 그 아이가 이 세상에서 살게 될 수명에 꼭 맞추어 딱 그 만큼의 기름만을 호롱불에 붓는다. 그녀들은 매순간 수백 개의 호롱불을 끄고 또 다시 수백 개의 호롱불에 새로 불을 밝히는 일을 끝없이 반복한다. 이 세상에서 죽는 사람들의 수만큼 호롱불을 끄고, 새로 태어나는 아이들의 수만큼 호롱불에 불을 밝혀 주어야 하기 때문이다.

그러고 나서 밤이 되면 '우르시토아레'는 새로 태어난 아이들이 있는 집집마다 그 아이들의 운명을 점지해 주러 찾아 간다. '우르시토아레'는 아무도 그녀들을 볼 수 없게 하기 위해 모두가 잠들어 있는 밤에 몰래 찾아와 굴뚝을 통해 집안으로 들어온다.

루마니아 사람들은 '우르시토아레'를 맞이하는 것을 오래전부터 지금까지 풍습으로 지켜오고 있다. 갓난아기가 태어난 집에서는 산파가 아기가 태어난 지 삼일 동안 간단한 음식을 준비해서 식탁이나 화로 위 또는 창가에 놓아두고 '우르시토아레'에게 대접한다. '우르시토아레'는 사람들처럼 이것저것 많이 먹지 않기 때문에, 보통 깨끗한 물 세 잔과 갓 구워낸 빵 세 덩어리, 그리고 세 명이 먹을 수 있는 소금을 준비해 두는 것으로 충분하다. 어느 지역에서는 물 대신에 집에서 담근 와인을 준비하기도 한다. 물 잔에는 갓난아기 키 정도 되는 길이의 빨간 비단 실 세 가닥을 묶어 놓는다. 그리고 예수님과 성모 마리아 또는 성인들의 성상들 앞에는 촛불을 밝혀 놓는다. 루마니아에서는 이렇게 '우르시토아레'를 대접하는 조촐한 식탁을 '스니에(Sânie)'라고 하는데 이런 풍습은 '우르시토아레' 여신들이 갓난아기에게 조금이라도 좋은 운명을 점지해 주기를 바라는 마음에서이다.

밤에 찾아온 운명의 세 여신 우르시토아레(ursitoare)

'우르시토아레'는 집 안으로 들어 와서 차려 놓은 음식을 맛 본 후에 갓난아기의 요람 곁으로 간다. 그리고는 그 아기가 앞으로 맞이하게 될 운명을 이야기하기 시작한다. 이 아기가 몇 살까지 살게 될 것이며, 무슨 일을 하면서 살게 될 것이며, 어떻게 죽음을 맞이하게 될 것인지 등에 관해 이미 정해진 대로 이야기 한다.

세 명의 '우르시토아레' 여신들 중에서 마지막 세 번째 여신이 하는 말이 가장 중요하다. 앞의 두 여신들은 인생에서 조심할 것들과 꼭 해야 할 일에 대해서 애매모호하게 설명하는 데 그치지만, 마지막 세 번째 여신은 그 아기의 삶이 어떨지에 대해 좀 더 구체적으로 이야기해주기 때문이다.

또한 세 번째 여신은 매일 옷을 갈아입고 매일 자기 방을 다르게 꾸미는데 그 것이 바로 갓난아기들의 운명과 직접적으로 연관이 되어 있다. 어떤 날은 마치 왕비들처럼 아름다운 옷을 입고 방을 각종 보석들로 꾸민다. 또 다른 날은 그냥 평범한 농사꾼 아내의 옷을 입기도 한다. 어떤 날은 가난한 사람들이 입는 누더기 옷을 입기도 한다. 세 번째 여신은 이렇게 매일 다른 옷을 입고 아이들을 찾아 간다. 그리고는 그 아이들이 지금 여신이 하고 있는 모습과 같은 인생을 살게 될 것이라는 말을 남긴다. 세 번째 여신이 멋진 옷을 입고 어떤 아기에게 찾아갔다면 그 아기는 평생 동안 멋지고 부유한 삶을 누리게 될 것이다. 그러나 다른 아기에게는 누더기 옷을 입고 찾아 갔다면 그 아기는 이마에 땀방울이 맺혀야 겨우 끼니를 때울 수 있을 정도로 가난하게 살게 된다.

그런데 '우르시토아레'를 몰래 훔쳐보거나 '우르시토아레'가 갓난 아기의 운명을 이야기하는 것을 엿듣는 것은 금기 사항이다. 이 금기를 어기는 사람은 갑작스레 죽음을 당하는 수도 있다고 믿어지기 때문이다.

이렇듯 운명을 이미 정해진 것으로 믿는 믿음 때문에, 루마니아 사람들은 인생에서 어려운 일이 닥치거나 안 좋은 일이 생겨도 그냥 그것이 자신이 운명이겠거니 하면서 큰 걱정 없이 넘어간다.

참고
문헌

- Cantemir, Dimitrie (1992) Descrierea Moldovei. Chisinau : Ed. Moldova.
- Ciauşanu, Gh. F. (2005) Superstiţiile poporului român. Bucureşti : Ed. Saeculum I.O.
- Dragomir, Constantin (2002) Legende populare româneşti. Chişinău : Ed. Litera.
- Marian, Simion Florea (1994) Mitologia românească. Bucureşti : Ed. Stiintifică.
- Olinescu, Marcel (2004) Mitologia românească. Bucureşti : Ed. Gramar.
- Pamfile, Tudor (2006) Mitologia poporului Român. Bucureşti : Ed. Vestala.
- Vulcănescu, Romulus (1987) Mitologia română. Bucureşti : Ed. Academiei RSR.

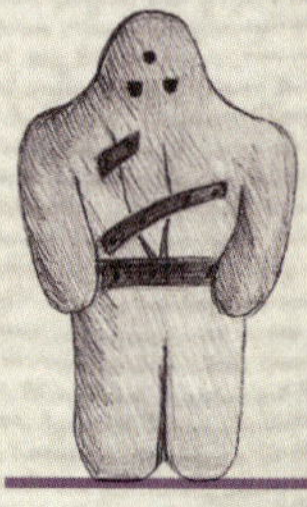

동유럽 신화 ; 동유럽의 신 · 영웅 · 신비한 존재들

미래를 내다보는 리부셰(Libuše) / 여전사 샤르카(Šarka) / 블라닉(Blánik)의 기사 /
브룬츠빅(Bruncvik)과 마법의 칼 / 유대인과 인조인간 골렘(Golem) / 물의 요정 루살카(Rusalka)
키다리와 넓쩍이 그리고 천리안의 모험 / 로틀레프(Rotlev)와 카롤리눔 /
비셰흐라트 성당과 악마의 기둥 / 하누쉬(Hanuš)와 천문시계
카렐다리를 보수하기 위해 악마와 거래한 사나이

III

체코

체코는 10세기 기독교를 수용한 이래 수차례 종교가 변하는 과정을 거치면서, 다른 슬라브인들 사이에서 널리 퍼져 있던 이교 신 중심의 사회에서 벗어났다. 832년 대모라비아 제국 시기에 현재의 슬로바키아 지역인 니트라에 최초의 교회가 건설된 기록이 남아 있으나, 체코에서 기독교가 수용된 것은 이보다는 약간 뒤인 863년 이었다. 당시 비잔틴 제국의 사도인 키릴과 메토디우스가 대모라비아 제국에 파견되어 그리스 정교를 포교했으나 다시 10세기 중반에 로마 가톨릭으로 개종하면서 이후 계속해서 가톨릭의 영향권에 남았다.

그러나 15세기 초에 시작된 후스주의 운동으로 인해 체코는 가톨릭을 버리고 프로테스탄트 국가가 되었지만, 17세기 초반에는 합스부르크 제국의 지배를 받게 되면서 다시 로마 가톨릭만이 인정되는 시기를 맞기도 했다.

현재 체코에서의 종교 비율은 상당히 낮은 편인데(35% 이하), 역사적으로 볼 때, 수차례의 종교 전쟁을 거치면서 종교적 열정이 식은 것으로 풀이할 수 있다. 물론 지난 20세기 중반에서 후반까지 이어졌던 공산주의 정권 시기의 종교 탄압 역시 체코인들 사이에서 종교적 열정이 사라진 원인으로 볼 수 있다.

어쨌든, 체코인들 사이에서 신화란 대단히 현실적이다. 이교적 전통이 많이 남아있지 않은 상황에서 강제로 이식된 가톨릭에 대한 두려움으로 인해 프로테스탄트나 이교신과 같은 이단의 종교가 살아남지 못한 것은 당연한 것일 수도 있다. 또한 민간전통이나 농촌지역에 여전히 남아있는 이교적 전통은 그나마 '신'의 존재가 배제된 채 유지되고 있기도 하다.

체코에서의 '신'은 가톨릭에서 의미하는 유일신이다. 따라서 신화는 대체로 기독교에서 연유하는 형태로 남아있고, 유일신 이외의 신은 불경한 존재이며 인간의 능력을 벗어나는 유일한 존재는 하느님뿐이라는 믿음도 비교적 강하게 남아있다. 다만 마녀라든가 악마라든가 하는 신비한 존재는 신의 영역이 아니라 인간의 영역에 남아있으면서 감히 신과 대립하지는 못하는 존재로 그려진다.

체코에서의 신화 혹은 전설이 본격적으로 채록된 것은 18세기 중엽에 와서이다. 18세기 초에 시작된 체코의 '민족부흥운동'은 우선 언어와 문학 그리고 스스로의 역사 찾기에서 시작되었는데, 이 가운데 일반 대중들에게 가장 영향력이 컸던 분야는 신화와 전설이었다. 특히 알로이스 이라섹(Alois Jirásek)의 옛체코전설(Staré pověsti české)은 체코의 신화와 전설을 채록해 당시 체코인들의 유구한 역사와 민족적 자긍심과 자존심을 높이는데 상당히 기여했다.

이라섹에 따르면, 체코의 건국은 체흐, 레흐, 루스라는 삼형제에서 시작된다. 이중 레흐는 폴란드를 그리고 루스는 러시아를 세우는 인물로 그려지며, 체흐는 체코민족을 이끌고 현재의 체코에 도읍을 정한 체코 민족의 기원으로 묘사된다. 체흐가 나머지 형제들과 헤어져 현재의 체코 프라하 근교까지 체코인들을 이끌고 머나먼 여정을 하는데, 현재 프라하 북쪽에 이르러 체흐는 평원 한가운데 솟아있는 나지막한 산(Řip: 르지프산)[13]을 발견하고 산 위에 올라가서 주변을 둘러

13) 르지프산은 프라하에서 북쪽으로 약 40km 정도 떨어져 있는데, 자연유산으로 지정되어 있다. 산

체코인의 선조인 체흐(Čech)가 체코인들을 이끌고 정착했다고 알려져 있는 르지프(Říp)산

본다. 그리고는 비옥한 땅과 맑은 물이 흐르는 이 지역을 체코인들이 살만한 곳으로 여겨 이곳에 정착한다. 이렇게 체코에 정착한 체코민족은 점차 세력을 확대하며, 현재의 프라하를 도읍으로 정해 수 천년 동안 번성하고 있다.

체흐에서 기원하는 체코민족의 신화 혹은 전설은 리부셰 시대에 이어 프제미슬 왕조로 이어지고 이후 룩셈부르크 시기까지 이어진다. 미래를 내다보는 리부셰는 현재의 프라하 성에 도읍을 옮기고 프라하(Praha)라는 지명을 언급하면서, 프라하라는 도시의 명성은 하늘의 별만큼 높아질 것이라는 예언을 하며, 동시에 체코민족에게는 수없이 많은 곤궁과 전쟁과 위기가 닥칠 것이지만, 그런 상황에서도 체코민족은 영원할 것이라는 예언을 한다.

이렇듯, 체코인들에게 있어 체흐에서 리부셰로 이어지는 신화 혹은 전설의 시기는 체코가 수많은 위기를 극복하면서도 살아남을 수 있었던 역사적 현실을 신화의 형태로 미리 예견되어 있었음을 보여준다.

정상에는 성 이지와 보이테흐 로툰다(Rotunda sv. Jiří a sv. Vojtěcha)가 세워져 있고 바로 앞에 있는 산장에는 다음과 같은 글귀가 적혀 있다. Co Mohamedu Mekka, to Čechu Říp(체코인들에게 르지프 산은 무슬림들에게 메카와 같은 의미다).

체코인들에게 르지프산은 무슬림들에게 메카와 같은 의미를 지닌다.

그렇다고 해서 체코인들이 스스로를 선민으로 인식한다거나 혹은 자신들을 가장 위대한 민족이라는 식으로 묘사하지는 않는다. 그들은 역사적인 현실 속에서 자신들의 위치와 존재를 정확히 인식하고 있으며 이것이 그들의 신화와 전설 속에서도 그대로 보여진다.

체코 편에서 소개하는 몇 가지 신화와 전설 그리고 신비로운 이야기들은 우선 '미래를 내다보는 리부셰'에서 시작한다. 앞서 언급했듯이 리부셰는 체코민족의 영원성을 역사가 시작되기 전에 이미 예견했던 존재로 실제 역사가 시작되는 시점인 프제미슬 왕조와 연결됨으로써, 그 존재가 마치 역사적인 실체로 보여진다.

두 번째 이야기는 '여전사 샤르카'에 대한 전설이다. 리부셰에서 시작되는 체코인들의 신화와 전설은 남성과 여성간의 치열한 전쟁 시기로 이어지는데, 그 중심에 샤르카라는 아름다운 여인이 등장한다. 이 여인은 남성들과의 전쟁에서 여성전사를 이끄는 존재인데, 현재까지도 여성에 대한 차별에 맞서 싸우는 인물로 인식된다.

'블라닉의 기사'는 체코인들에게 있어 가장 신성시되는 인물인 성 바츨라프(sv. Václav)에 관한 이야기와 연결되어 있다. 바츨라프는 궁중 암투에서 동생인 볼레슬라프에게 암살당한 인물이지만, 체코인들에게 있어 그는 단순히 왕위계승에서 패한 인물이 아니라, 체코민족을 지켜주는 수호신으로 인식된다.[14] 바츨라프는 체코민족이 위기에 처하면, 블라닉 산에서 잠들어 있는 기사들을 깨워 체코에 침입한 외적을 물리칠 것이라는 전설과 연결되어 있다.

'브룬츠빅과 마법의 칼'은 브룬츠빅이라는 전설상의 인물이 악마에게서 빼앗은 칼로 외적과 사악한 존재를 무찌른다는 이야기이다.

체코에서 독특한 전설 혹은 이야기 중 하나는 유대인들과 연결된 '인조인간 골렘'이다. 다른 유럽 국가에서와 마찬가지로 체코에 거주하던 유대인들 역시 상당한 핍박을 받고 있었는데, 이런 상황에서 유대인들은 골렘이라는 인조인간을 창조한다.

'물의 요정 루살카'는 다른 슬라브권 신화에서 등장하는 물의 정령이다. 다만 여기에서 이를 요정이라고 한 것은 체코출신 음악가 드로브작의 오페라 '루살카'를 바탕으로 했기 때문이다. 대부분 슬라브권에서는 루살카를 사악한 정령으로 묘사하지만, 체코에서의 루살카는 왕자를 사랑하는 지고지순한 여인으로 그려지며, 안데르센의 인어공주와 유사한 스토리를 가지고 있다.

다음으로 소개하는 이야기는 신화나 전설은 아니지만, 신비한 존재가 등장하는 것으로 가톨릭교회와 관련된 '악마와 베드로' '카렐다리를 보수하기 위해 악마에 영혼을 판 사나이' 그리고 '하누쉬와 오를로이 천문시계'와 '키다리와 넓쩍이, 천리안의 모험' 등의 이야기이다.

14) 프라하의 중심가에는 그의 이름을 딴 바츨라프 광장이 있고 광장 맨 윗부분에 '바츨라프의 기마상'이 있다. 기마상 하단에는 '체코민족의 지도자'라는 글귀가 쓰여 있어 체코민족의 영원한 수호성인으로 바츨라프를 기리고 있다.

1

미래를 내다보는 리부셰(Libuše)

체흐(Čech)가 지금의 체코 땅에 도읍을 정한 이후 체흐의 후계자인 크록(Krok)이 체코인들을 통치했다.

크록은 종교, 찬송, 예언, 마술 등을 가르치는 학교를 세웠고 신과 접촉할 수 있는 신비한 능력을 갖추고 있었다. 하루는 크록이 신에게 도읍을 어디로 정해야 할지를 물었다. 신은 그동안 지내던 작은 성을 버리고 블타바(Vltava)강[15] 언덕에 성을 지으라고 권했다. 크록은 블타바 강이 내려다보이는 언덕 위에 성을 짓고 '높은 성'이라는 뜻으로 이곳을 비셰흐라트(Vyšehrad)라고 불렀다.

크록에게는 아들이 없었지만, 카지(Kazi), 떼타(Teta) 그리고 리부셰

15) 블타바(Vltava) 강은 우리에게 몰다우 강으로 알려져 있는 강이다. 남부 보헤미아에서 발원하여 프라하를 관통해서 북해로 흘러가는 블타바 강은 체코의 젖줄로 알려져 있다.

체코인들을 인도하는 체흐

(Libuše)라는 세 명의 딸이 있었다. 카지는 각종 약재를 다루는 방법을 알아 의술에 능통했으며, 둘째인 떼타는 이교 신앙을 공부한 무녀였다. 셋째인 리부셰는 예지력을 지니고 있었는데, 가끔 무아지경에 빠져들어 예언을 하곤 했다. 세 딸 중 리부셰가 가장 아름다웠으며 가장 현명했고 따라서 사람들의 사랑을 한 몸에 받고 있었다.

크록이 죽자 리부셰가 크록을 계승해 프라하를 통치했다. 리부셰는 행정, 입법, 사법권을 모두 가지고 있어 재판관의 역할을 담당하기도 했다. 하루는 리부셰가 분쟁에 휘말린 사건을 재판하게 되었다. 명확한 판결을 통해 사건을 해결했지만, 재판에서 진 사람은 리부셰의 결정을 인정하지 않고 그녀를 비난했다. 그는 판결에 불복하면서 모든 사람들이 들을 수 있을 정도로 다음과 같이 소리쳤다.

"머리카락만 길고 머리가 짧은 여자에서 어떻게 공명정대함을 기대할 수 없겠는가? 여인네는 집안일이나 하고 바느질만 하면 되는데, 어떻게 우리 남자들이 그런 여자의 판결을 받게 되었는지 기가 막힐 노릇이군. 그래서 우리가 다른 나라 사람들에게 놀림감이 되고 있는거야."

리부셰는 부끄러움과 슬픔으로 자기를 비난하는 그 사람을 향해 다음과 같이 말했다.

"당신이 옳아요. 나는 여자에요. 남자들처럼 권위를 가지고 통치하지 않았어요. 나는 여자이기 때문에 부드럽고 인정을 가지고 통치했어요. 당신이 나약함이라 여기는 그런 연민의 정으로 말이에요. 더 엄격하고 권위적인 통치자를 원한다면 그렇게 하세요. 사람들로 하여 자신을 통치한 군주를 직접 뽑도록 하세요. 그리고 나는 여러분이 선택한 그 남자와 결혼하겠어요."

며칠이 지나도록 사람들이 새로운 지도자를 정하지 못하자, 리부셰는 사람들을 모아놓고 다음과 같이 말했다.

"모두들 내가 왜 이렇게 다들 모이라고 했는지 알거에요. 여러분은 내가 여러분에게 주었던 자유의 소중함을 느끼지 못했어요. 그래서 신께서 나에게 더 이상 여러분을 통치하지 말라고 했어요. 여러분은 여러분의 지도자로 남자를 원하고 있죠? 그 남자

비셰흐라트

는 여러분의 아이들을 여러분에게서 떼어내어 자기를 섬기도록 할 것이며, 여러분들이 가지고 있는 소와 말 중에서 가장 좋을 것을 세금이라는 명목으로 강탈해 갈거에요. 이것은 여러분이 지도자로 남자를 선택하는 대신 치러야 할 대가에요. 여러분은 지금까지와는 달리 주인을 섬겨야 하고 또 주인에게 그만큼의 대가를 치러야 할 겁니다. 그에 대한 대가로 여러분은 여자의 통치를 받는다고 창피해 하지 않으셔도 됩니다. 이제 여러분의 '남자'를 선택하세요. 그러나 현명하고 신중하게 선택해야 해요. 누군가를 권좌에 앉히기는 쉽지만 그를 끌어내리기는 어려우니까요."

결국 리부셰는 예언을 통해 남자 통치자인 프제미슬(Přemysl)을 선택했고, 프제미슬은 리부셰를 대신해 체코인들을 통치하며 프제미슬 왕조를 열었다.[16)]

프제미슬과 결혼한 리부셰는 직접 통치를 하지는 않았지만, 예언을 통해 체코인들의 미래를 내다보았다. 리부셰는 프라하의 미래를 내다보며 다음과 같이 예언했다.

"보라! 나는 위대한 도시를 본다. 그 명성은 별처럼 빛날 것이다. 거기는 숲으로 둘러싸여있고, 블타바 강이 휘감아 흐른다. 우리의 도시에 세계의 모든 사람들이 머리 숙여 경배할 것이고 그 명성은 하늘의 별처럼 높아질 것이다."

리부셰가 한 예언에서 가장 중요한 것은 바로 체코민족의 미래에 관한 것이다. "나는 불이 타오르는 것을 보고 있다. 어두운 물위에 휘젓든 비치는 모습 속에서... 그 속에는 마을과 성들, 큰 건물이 있다; 아! 모든 것이 무너져 내린다. 불 속에 피비린내 나는 전쟁이 보인다. 피의 전쟁이. 아! 전쟁!.. 창백한 시체들, 가득한 피. 형제가 형제를 죽이고 이방인이 그 목덜미를 짓밟는다!" 그러나 리부셰는 이런 비참한 현실에도 불

16) 프제미슬이란 이름은 체코어 přemýšlet에서 유래한 것으로 보이는데, 이 말은 '(곰곰)생각하다'라는 뜻이다. 즉, 프제미슬이란 인물은 전설상에서는 쟁기를 끄는 사람, 농부로 나오지만 이름에서 알 수 있듯이 지식, 문명, 문화라는 뉘앙스를 담고 있다. 결국 자연의 이치를 알고 있는 사람(리부셰)과 문명을 개척하는 사람(프제미슬)의 결합은 체코가 자연 상태에서 문명 상태로 발전되는 의미로 해석할 수 있다.

구하고 체코민족이 영원할 것이라고 예언한다.

리부셰와 프제미슬

리부셰는 체코민족의 영원함과 위대함을 강조하는 체코의 건국신화의 일부이다. 체흐에서 크록 그리고 리부셰로 이어지는 위대한 체코 민족사는 리부셰와 결혼하는 프제미슬로 연결되어 프제미슬 왕조의 통치로 실제 체코의 역사가 시작된다.

리부셰 전설은 체코의 건국신화인 동시에 프제미슬 왕조에서 시작되는 본격적인 체코 역사에 정통성을 부여해주고 있다. 다른 한편 아직까지 부족사회를 유지하고 있던 리부셰의 통치시기에 국가는 아니라 하더라도 최초의 정치적 실체로 등장하게 된 프제미슬 왕조의 창시자인 프제미슬은 모계사회에서 부계사회로의 전환을 그리고 부족사회에서 정치사회로의 전환을 의미하기도 한다. 이 단계를 거쳐 체코는 원시적인 야만의 상태에서 벗어나 문화의 상태로 전환된다는 의미를 지니고 있기도 하다.

체코에서 국난을 거칠 때마다, 민족주의를 고양하기 위해 리부셰 전설을 다시 재조명하는 것은 체코인들이 비록 세계 역사의 주역으로 등장하지는 못할지라도 끈질긴 생명력을 지니고 있고 또 자랑스러운 과거를 가지고 있다는 점을 통해 체코인들을 하나로 묶어주려는 목적을 지니고 있었기 때문이다.

2

여전사 샤르카(Šarka)

전설에 따르면 체코민족의 어머니이자 지도자인 리부셰가 죽자 남성들은 곧 리부셰를 포함해 모든 여성들을 비하하고 조롱하며 욕했고 이에 여성들이 격분했다. 여성들의 분노는 누그러지지 않았고 드디어 남성들과의 일전을 준비했다. 리부셰 측근 중 최고전사였던 블라스타(Vlasta)가 여성들을 지휘했는데, 블라스타는 여성들에게 남성에 대항해 무기를 들도록 독려하며, 여성들은 그녀를 중심으로 데빈(Děvín)성에 집결해 남성들에게 복수를 결심했다.

여성들이 전쟁을 준비하며 훈련하는 동안 남성들은 이 모습을 지켜보면서 여성들을 조롱하고 비웃었다. 그러나 당시 프라하 성에서 통치를 하고 있던 프제미슬은 다음과 같은 꿈 이야기를 들려주며 남성들에게 여성들과의 전쟁을 경고했다.

어두운 밤이었다... 불속에서 나는 무장한 여인들의 모습을 보았다. 투구 밑으로 머리카락이 늘어져 있고, 한손에는 칼을 그리고 다른 손에는 긴 채찍을 들고 있었다. 먼지와 피로 뒤덮인 땅에는 죽은 남자들의 시체가 뒹굴고 있었다. 여전사들은 남자들의 시체를 짓밟으며 격분한 듯 이리저리 뛰어다녔고 살아있는 남자들에게는 채찍질을 해댔다. 그런 뒤 잔을 집어 들고는 피를 가득 담아 마치 맹수가 먹이감을 먹어치우듯 들이켰다. 우리 남자들이여! 신의 목소리를 듣고 잊지 말라. 우리가 위험에 빠져있음을...

프제미슬의 예언에도 불구하고 남성들은 이를 전혀 신경쓰지 않았고, 데빈성으로 출정하면서도 여성들을 비웃고 승리를 자신했다. 그러나 여전사들은 강했다. 블라스타는 전쟁에서 패배할 경우 여성들이 감내해야 하는 남성들의 놀림과 조롱 그리고 그들의 압제를 상기시키면서 여전사들를 격려했다. 여성들은 이미 만반의 준비를 끝낸 뒤였다. 전투는 그리 오래 지속되지 않고 여전사들의 대승으로 끝났다.

점점 전쟁은 지구전 양상으로 바뀌었고 여성들은 미인계를 써서 남성 병사를 유혹해 죽이는 방법을 사용했다. 블라스타는 남성 병사 중에서 가장 용감하고 뛰어난 츠티라드(Ctirad)에게도 이 방법을 사용했다.

어느 더운 여름날 츠티라드는 부하들을 이끌고 프라하 성 쪽으로 가고 있었다. 무더운 여름 한낮 바람 한 점 없었다.

샤르카와 츠티라드

숲속이라고 예외가 아니었는데, 숲속으로 접어들자마자 일행은 어디선가 도움을 외치는 소리를 들었다. 츠티라드 일행은 가던 길을 멈추고 그 소리가 나는 방향으로 걸음을 재촉했다. 그들은 오래된 떡갈나무에 몸이 묶인 여인을 발견하고 그녀를 풀어주었다. 츠티라드는 첫눈에 그녀의 미모에 마음을 빼앗겼는데 그녀가 바로 샤르카(Šarka)였다.

샤르카는 츠티라드 일행에게 벌꿀 술을 권했고, 향긋한 꿀 술을 들이킨 츠티라드 일행은 피로와 더위에 지친 나머지 금방 잠에 곯아 떨어졌다. 이틈에 샤르카는 바위 뒤에 숨어있던 여성전사들을 불러내어 그들을 모조리 죽여 버렸다. 이런 일이 있은 직후 남성병사들의 분노는 극에 달했고, 결국 총공세를 펼쳐 최후의 승리를 거두었다.

또 다른 전설에서는 모질게 고문당하는 츠티라드를 강조하는 경우도 있다. 샤르카가 츠티라드를 사로잡아 데빈성으로 끌고 가서 모진 고문을 가했는데, 그의 비명소리가 데빈성 주변은 물론 거기에서 멀리 떨어진 비셰흐라트까지 들렸다고 한다. 여전사들은 츠티라드에게 남성군의 비밀정보를 캐물었지만, 끝내 대답하지 않자 눈알을 도려내고, 손톱을 뽑고, 끓인 나무수액을 귀속에 붓는 등 모진 고문을 가했다. 결국 츠티라드의 죽음은 남성들의 복수심을 자극하게 되어 남녀전사들 간 최후의 대결로 이어졌다.

남성들의 총공세에 밀린 여성군은 결국 패배했다. 남성병사들이 도망치던 샤르카를 디보카 샤르카 산꼭대기 바위까지 쫓아 갔으나, 갑자기 바위가 열리더니 샤르카가 그 속으로 사라졌다.

체코에서 여성들이 주인공인 신화와 전설이 많은 이유는 여성들에 대한 역할과 그들의 능력을 보여주는 단면이다. 언젠가 남성군에 쫓겨 바위 속으로 사라진 샤르카가 다시 나타나 여성을 차별하고 무시하는 남성들에게 칼을 겨눌 것이라는 전설이 아직까지 남아있는 것도 남성들의 차별에 대한 여성들의 반발이라고 할 수 있다. 체코의 신화와 전설이 본격적으로 발굴되던 18세기에서 19세기 민족부흥운동 시기 여성들의 역할 역시 남성에 못지않다는 점도, 체코의 신화와 전설에서 여성에 얽힌 이야기가 많은 이유 중 하나일 것이다.

샤르카가 츠티라드를 유혹한 장소는 현재 프라하 외곽에 위치해 있는 디보카 샤르카(Divoká Šarka)라는 곳이다. 이곳은 자연보호 구역으로 지정되어 있어 프라하 시민들의 사랑을 받고 있는데, 야트막한 언덕과 바위 산으로 둘러 쌓여 있어 산책로로 많이 이용된다.

블라닉(Blánik)의 기사

카렐4세

전설에 따르면 어떤 방랑시인이 14세기 신성로마제국의 황제였던 카렐4세에게 다음과 같은 이야기를 들려주었다.

"블라닉 산[17] 아래에는 고딕식의 문처럼 생긴 바위 입구가 있습니다. 바로 그 입구로 들어가면 땅 밑에 널찍한 석실이 있는데, 석실은 고딕식의 방으로 커다란

17) 블라닉은 프라하 남동쪽에 위치한 638m의 낮은 산으로 블라닉의 기사가 잠들어 있다는 전설을 갖고 있다.

홀처럼 크고 높은 천장과 두꺼운 기둥이 놓여있습니다. 원주에는 각종 중세 무기가 걸려있고, 수백 필의 말이 홀의 왼쪽 벽에 도열해 있습니다. 그 말들은 소리도 전혀 내지 않고 마치 마법에 걸린 것처럼 미동도 하지 않고 서 있습니다.

방에는 커다란 돌로 만든 탁자가 있는데, 그 주위로 돌로 만든 의자가 놓여있고, 이 의자에는 말 주인들인 블라닉의 기사들이 언젠가 있을 출동명령을 기다리면서 수백년 동안 잠들어 있습니다. 이들은 성 바츨라프의 군사들로, 체코에서 가장 비참한 암흑기가 도래하는 그때까지, 수를 헤아릴 수 없는 많은 적들이 체코를 유린하는 그때까지 잠들어 있는 것입니다."

그 장님이 황제에게 한 이야기에 따르면, 아주 이상한 일들이 생기고 유례가 없는 최악의 난국에 처하게 되면, 바로 그때 성 바츨라프가 죽

비츨라프 기마상

음에서 깨어나 기사 브룬츠빅(Bruncvik)의 칼을 들고 블라닉 산으로 가서 기사들을 깨운다고 한다.

성 바츨라프는 백마에 올라 마법의 칼을 휘두르면서 블라닉의 기사들을 지휘한다. 적들은 두려움에 떨며, 프라하 쪽으로 도망친다. 그러나 이미 프라하에서도 체코 병사들이 패주한 적들을 쫓아 승리를 거둔다. 적들의 피는 스트라호프 수도원에서 카렐다리까지 흘러내린다. 전투가 다 끝나면, 체코인들은 그들의 마지막 황금기를 경험하게 된다. 행복하고 조화로운 시대가 이어지고 사랑이 가득하다.

또 다른 전설에서는 블라닉의 기사를 만난 사람들의 이야기를 다루고 있다.

"어느 달 밝은 밤, 블라닉의 기사들이 말을 타고 산속 지하석실에서 나와 훈련을 하고 있었다. 그 소리가 하도 요란해서 멀리 떨어진 곳에서도 들을 수 있을 정도였다. 다음날 산 근처에서 말발굽 자국이 발견되었지만, 아직까지 누구도 블라닉의 기사들이 훈련하는 모습을 직접 보지는 못했다. 더욱이 그 모습을 보려고도 하지 않았는데, 그 이유는 블라닉의 기사들과 마주치면 위험하다는 생각 때문이었다.

한번은 이런 일이 있었다. 이 지방에 사는 한 아가씨가 기사의 부탁으로 지하석실에 들어가 청소를 해주었다. 청소하는 동안 아무도 그녀를 제지하려 하지 않았고, 말을 건네지 않았으며, 심지어는 움직이거나 잠에서 깨어나지도 않았다. 그녀는 고작 하루저녁 동안 거기에서 일을 해주었는데, 집에 돌아와 보니 친척들은 그녀가 1년 동안이나 집을 비웠다고 말했다.

또 다른 이야기도 있다. 한번은 로우뇨비츠(Louňovic) 출신의 한 대장장이가 블라닉 산을 지나가다 흑기사가 부르는 소리를 들었다. 흑기사는 그 대장장이에게 지하석실로 가서 말굽을 박아달라고 부탁했다. 대장장이가 그렇게 하고 나오는데, 흑기사는 품삯으로 말 거름(혹은 똥)을 가져가라고 했다. 대장장이는 말없이 그것을 모아 가방에 담아 거기에서 나왔다. 그러나 그는 겁에 질린 나머지 가방에 넣은 거름을 모두 쏟았다(혹은 밖에 나와서 냄새가 심해서 버렸다). 집에 돌아오자 식구들이 기뻐하며 그렇게 오랫동안 어디에 갔다 왔냐고 물었다. 대장장이는 고작 하루저녁이라고 말했지만, 식구들은 그 기간이 1년이라고 했다. 가방에 묻어있던 거름이 황금으로 변한 것을 알아챈 대장장이는 자기가 흘린(혹은 버린) 거름을 다시 주으려고 그 장소로 가봤지만, 도저히 입구를 찾을 수 없었다. 또 다른 이야기도 있다. 블라닉에서 집으로 향하던 한 목동이 무엇엔가 홀려 길을 잃고 1년 동안이나 블라닉 산을 헤매 다니다가 집에 돌아온 일도 있었다."

블라닉 산은 남부 보헤미아의 로우뇨비츠 근처에 있는 작은 산이다. 봉우리가 두 개 있어 각각 작은 블라닉과 큰 블라닉으로 불리우는데, 작은 블라닉 산에는 오스트리아 - 헝가리 제국의 황제 요셉 2세 통치 시기 파괴된 것으로 보이는 수도원이 있다. 큰 블라닉에는 카렐4세가 지은 목조 성이 있었다고 한다.

블라닉의 전설이 생겨난 것은 1799년 V.M. 크라메리우스(Kramerius)가 [자스묵 출신의 즈데넥(Zdeněk ze Zásmuku)과 장인들 혹은 산에 갇힌 블라닉의 기사]라는 책을 출간한 다음부터 인 듯하다. 이후 체코 음악의 아버지라고 일컬어지는 스메타나(B. Smetana)는 교향시 '나의 조국(Má Vlast)'의 마지막 악장의 제목을 블라닉(Blánik)이라고 붙이고 체코인들에게 어려움이 닥쳤을 경우, 이들을 구해줄 전설의 기사들이 있다는 믿음을 주어 체코인들이 결코 패배하지 않을 것이라는 미래에 대한 예언과 자신감을 보여주었다. 스메타나가 이 곡을 작곡할 무렵의 시기는 정치적으로 억압받던 체코인들이 독립을 쟁취하고 완전한 문화적 자유를 위해 투쟁했던 시기였는데 스메타나는 결국 체코인들이 투쟁에서 승리할 것이라는 염원을 이 곡에 담았던 것이다.

4

브룬츠빅(Bruncvik)과 마법의 칼

브룬츠빅 전설은 호메로스의 오디세이아와 비슷한 이야기이다. 이 이야기는 브룬츠빅이 집을 떠나 세상을 돌아다니면서 모험을 한다는 내용인데, 모험 중에 브룬츠빅은 꼬리가 두 개 달린 사자를 구해주고, 마법의 칼을 구해 사악한 악마들을 모조리 죽인다. 브룬츠빅의 칼은 마법의 칼로 휘두르기만 해도 적들의 목이 떨어진다고 한다.

이야기는 평화로운 나날을 보내던 브룬츠빅이 일상의 무료함을 이기지 못하고 모험을 떠나기로 결심하는데서 시작된다. 브룬츠빅의 아내 네오메니아는 브룬츠빅의 모험을 달갑게 생각하지 않지만, 어쩔 수 없이 남편의 모험을 허락해준다. 브룬츠빅은 아내에게 자신의 반지를 끼어주었고 자신은 아내의 반지를 대신 끼었다. 그리고 7년 내에 돌아오겠다고 약속했다. 만약 7년 후에도 자신이 돌아오지 않는다면 죽은 것으로 생각하고 다른 사람과 재혼하라는 당부를 했다. 네오메니아는 눈물로 작별을 했고, 브룬츠빅은 50명의 수행원과 함께 말을 타고 모험을 떠났다.

브룬츠빅과 그 일행은 수없이 많은 날을 걷고 또 걸어 마침내 바다에 이르렀다. 커다란 배를 빌려 항해를 시작했고 몇 달 동안 고요한 바다 위에서 편한 시간을 보낼 수 있었다. 그러나 어느 날 밤 폭풍이 몰아쳤다. 선원들은 폭풍우와 맞서 싸웠지만 배를 통제하지 못해 어쩔 줄을 몰라했다. 결국 배가 침몰하자 선원들은 모두 바다로 뛰어들어 인근에 있는 섬으로 헤엄쳐 갔다.

브룬츠빅과 마법의 칼

섬으로 피한 사람들과 말은 섬에서 2년간 살았다. 그러나 그동안 브룬츠빅과 한 노인을 제외하고는 다른 모든 사람들이 죽었다. 브룬츠빅은 섬을 빠져나갈 방법을 궁리하다가 거대한 새가 1년에 한번씩 섬에 날아오는 것을 알아챘고 그 새에 줄을 묶어 섬에서 탈출하려는 계획을 세웠다. 노인은 브룬츠빅을 말 가죽으로 둘러싸고 실로 동여맸다. 얼마를 기다렸을까. 거대한 어미 새가 브룬츠빅을 먹이감인줄 알고 브룬츠빅이 싸여있는 말가죽을 움켜쥐고 둥지로 날아갔다. 둥지에서 어미새를 기다리던 어린 새는 먹이를 먹으려했다. 이 순간 브룬츠빅은 칼을 빼 어린 새를 죽이고 어미 새가 돌아오기 전에 도망쳤다.

섬에서 빠져나온 브룬츠빅은 계속 걷고 또 걸어 어느 깊은 숲속까지 들어오게 되었다. 어디선가 으르렁거리는 소리가 들려 그곳으로 가보니, 꼬리 두 개 달린 사자가 머리가 아홉 개 달린 괴물과 싸우고 있었다. 브룬츠빅이 자세히 살펴보니 이미 사자는 지쳐있었고 괴물이 사자를 잡아먹으려는 찰라였다. 브룬츠빅은 괴물이 무섭기는 했지만 싸움에 끼어들어 자신이 사자 대신 괴물과 싸우는 동안 사자가 쉴 수 있도록 해주었다.

너무 피곤에 지친 사자는 이내 잠에 골아 떨어졌고 브룬츠빅은 머리가 아홉 개인 괴물과 저녁 내내 싸웠다. 다음날 아침까지도 싸움은 계속되고 몇날 며칠 동안 싸움이 이어졌다. 마침내 브른츠빅도 기진맥진해갈 무렵 사자가 깨어나 다시 싸움에 끼어들었다. 브룬츠빅과 사자는 힘을 합쳐 괴물의 머리를 하나씩 베어 나갔다. 아홉 개의 머리를 모두 베어낸 다음 둘은 지쳐 쓰러졌다.

먼저 잠에서 깨어난 브른츠빅은 사자가 자신을 해칠 것을 두려워해 나무 위로 올라가 사자가 깨어나길 기다렸다. 사자가 잠에서 깨어나 브른츠빅이 나무 위에 숨어있는 것을 보고, 나무 아래에서 그가 내려오기를 기다렸다. 삼일 째 되던날, 브룬츠빅은 너무 지치고 배가 고파 나무에서 떨어졌다. 나무에서 떨어진 브룬츠빅은 삼일간 잠을 잤고 그 동안 사자는 브룬츠빅의 옆에서 그를 지켜주고 먹을 것을 가져다 주었다. 결국 둘은 친구가 되었고 이날 이후 다시는 헤어지지 않았다.

브룬츠빅과 사자는 함께 낯선 땅을 모험했다. 마녀가 통치하는 어느 곳에 이르렀을 때, 마녀는 브룬츠빅과 결혼하자고 졸랐다. 그러나 브룬츠빅은 자신은 이미 아내인 네오메니아와 결혼을 했기 때문에 이를 정중히 거절하고 그 나라에서 도망쳐 나왔다. 그곳에서 도망치면서 브룬츠빅은 마녀가 사용하던 칼을 훔쳤는데, 그 칼은 칼 주인의 의지대로 혼자 날아다니면서 적들의 머리를 베어버리는 마법의 칼이었다.

그 이후로 브룬츠빅과 사자는 만나는 괴물과 마귀를 모두 이 칼로 물리쳤다. 브룬츠빅이 향한 다음 나라는 이상한 사람들이 살고 있는 곳이었다. 이 나라 사람들은 반은 회색이고 반은 흰색인 사람들, 반은 정상적인 색깔이고 반은 빨간 색인 사람들 또 어떤 사람들은 외눈인 사람들과 다리가 하나인 사람들이 살고 있는 나라였다. 또 어떤 사람들은 사람의 머리가 아닌 개의 머리를 한 사람도 있었다. 그 나라의 왕은 머리 앞에도 그리고 뒤에도 눈이 달려 있는 괴물이었다. 브룬츠빅은 마법의 칼을 휘둘러 모든 마귀들을 죽여 버렸다.

수많은 모험을 마치고 마침내 브룬츠빅은 집으로 돌아왔다. 그러나 그날이 마침 네오메니아가 재혼을 하기로 한 날이었다. 브룬츠빅이 7년 이상 집을 비웠기 때문에 그의 아내는 더 이상 남편을 기다리지 못했고 외로움에 지쳐 다른 사람과 결혼을 하려고 했다. 브룬츠빅은 결혼식 전날 몰래 집으로 숨어들어가 자신이 끼고 있던 아내의 반지를 와인 잔에 넣고 빠져나왔다. 브룬츠빅의 아내인 네오메니아가 와인을 마시려다 반지를 발견하고 남편이 돌아온 것을 알아차렸다. 네오메니아가 결혼식을 취소하자 새 남편이 될 사람은 화가 머리끝까지 나서 브룬츠빅을 찾아 죽이려고 했다. 그러나 브룬츠빅은 마법의 칼을 이용해 그들의 머리를 베어버렸고 다시 네오메니아를 만났다.

이날 이후 브룬츠빅은 다시는 집을 떠나지 않았고 그의 사자도 그 옆을 떠나지 않았다. 세월이 흘러 브른츠빅이 나이가 들어 죽게 되자 브룬츠빅의 사자는 가장 친한 친구를 잃은 슬픔으로 브룬츠빅의 무덤 옆에서 심장이 터져 죽었다.

브룬츠빅의 사자는 꼬리가 둘 달린 사자로 체코를 상징하는 동물이며, 체코의 국장에 그려져 있다. 현재 프라하 스프라호프 수도원[18)]의

18) 스트라호프 수도원은 체코에서 가장 오래된 수도원으로 도서관에 약 50만권의 장서를 보유하고 있으며, 그중 상당 부분은 희귀 필사본으로 연구 가치가 높은 것으로 평가된다.

체코를 상징하는 사자

앞마당에 브룬츠빅의 사자 상이 놓여 있다. 한편 브룬츠빅의 마법의 칼은 브룬츠빅이 죽은 다음에 어디론가 사라졌다. 19세기 체코 전설을 기록한 이라섹에 따르면 그 칼이 묻혀 있는 장소는 칼레 다리 근처 브룬츠빅의 동상 밑이라고 주장했는데, 체코가 국난에 처하게 되면 성 바츨라프가 죽음에서 깨어나 브룬츠빅의 칼을 움켜쥐고 체코와 체코민족을 구원할 것이라고 한다. 이는 앞선 블라닉의 기사 전설과 마찬가지로 체코인들에게 미래를 보장해주며, 체코의 영광스런 승리를 예견하는 의미를 지니고 있다.

유대인과 인조인간 골렘(Golem)

골렘은 사람모양을 한 일종의 인조인간인데, 중세부터 구전되던 이 전설에 따르면 유대인 랍비 뢰브(Löeb)가 블타바 강변의 진흙을 사람모양으로 빚어 여기에 생명을 불어넣었다고 한다.

유대인들의 힘든 삶을 염려하던 랍비 뢰브는 사람들을 도와줄 힘센 인조인간을 만들기로 결심한다. 그는 나뭇가지를 잘라 몸체로 삼고 넝마 조각을 둘둘 말아서 머리모양을 만든 후 거기에 블타바 강변의 진흙을 바르고 주문을 외웠다. 그러자 그 진흙으로

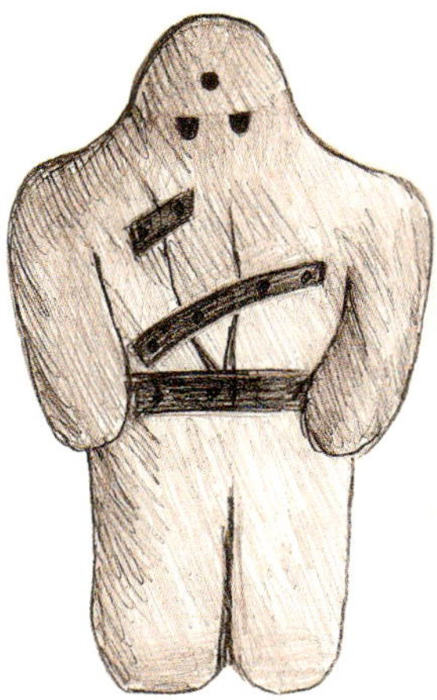

골렘

만든 몸이 마치 불타오르는 것처럼 빨갛게 변하더니 머리와 팔, 다리가 생겨났다. 뢰브는 비법을 통해 골렘에게 생명을 불어넣고 하인 복장의 옷을 입혀 유대인들을 돕고 보호하라고 명령했다. 이에 골렘은 밤새 사람들을 대신해 일을 했고 어둑해진 뒤에는 프라하의 뒷골목을 돌아다니며 유대인들을 보호하고 유대인 공동 거주지역인 게토의 경비를 맡았다.

골렘 전설은 당시 프라하에 살고 있던 유대인들의 비참한 상황을 배경으로 생겨났다. 당시 유대인들은 기독교인들의 차별에 시달리며 게토에서 생활해야 했는데, 16세기에 들어와 더욱 더 심해진 반유대주의 때문에 유대인들은 사신들을 보호해줄 무엇인가가 필요했다. 당시 유대인들이 유월절 무교병을 만드는데 기독교도 어린아이의 피를 사용한다는 유언비어가 돌아 기독교도들은 무차별적으로 유대인들에게 폭력을 가했는데, 이런 상황에서 유대인들은 기독교도들의 폭력에서 자신을 지켜줄 힘센 보호자가 필요했고 그것이 곧 골렘이라는 전설로 나타났다.

그러나 골렘이 점차 포악해 지자 랍비 뢰브는 골렘에서는 생명을 빼앗아 프라하에 있는 신구 예배당(Stará a Nová Synagoga) 천장 서까래 밑에 숨겨두었다. 2차대전 당시 독일 병사들이 신구 예배당에 있다는 골렘의 실체를 확인하고자 이곳으로 올라갔다가 아무 이유없이 죽었다는 이야기도 전해진다.

체코인들은 독일인들과 유대인들이 공존하는 19세기 프라하의 안개 낀 새벽을 두려워한다. 사람들은 골렘이라는 무시무시한 괴물이 갑자기 나타나 자신들을 위협할지 모른다고 걱정한다. 그렇지만 골렘은 사람들의 눈에 띠지 않고 다만 그들의 마음속에 남아있을 뿐이다. 골렘은 사람들을 보호하는 동시에 그들을 위협하는 무서운 괴물이기 때문이다. 설령 그 체코인이 유대인들을 차별했거나 그들에게 폭력을 사용한 적이 없다 해도, 그들은 이미 수백년 동안 유대인들을 차별해왔고 그들을 죽음으로 몰아넣기도 했다. 따라서 체코인들의 마음 한 구석에는 유대인을 보호하는 골렘에게 보복을 당할 수 있다는 두려움이 남아있는 것인지도 모른다.

게토
유대인 집단 거주 지역이었던 게토는 현재에는 유대인 공동묘지(Josefov)로 남아있다.

물의 요정 루살카(Rusalka)

어느 달 밝은 밤에 한 왕자가 숲속에 있는 호수에서 물놀이를 즐기고 있었다. 멀리서 왕자를 바라보던 물의 요정 루살카는 왕자를 보고 한눈에 반하고 말았다. 그러나 루살카는 사람이 아닌 정령으로 사람의 눈에 보이지 않고 사람들과 말을 할 수도 없었다. 몇날 며칠을 고민하던 루살카는 아버지인 보드닉(Vodnik)에게 사람이 되어 왕자를 만나고 싶다고 하지만, 보드닉은 루살카를 나무라며 사람이 될 생각은 하지도 말라고 말했다.

그러나 보드닉도 너무나 왕자를 그리워하는 루살카의 고집을 꺾을 수 없었다. 결국 보드닉은 루살카에게 마녀인 예지바바(jezibaba)를 소개해 주었다. 예지바바는 정령을 사람으로 변화시킬 수 있는 능력을 가진 마녀였다.

예지바자를 찾아간 루살카는 사람이 되고 싶다고 했지만, 예지바바는 사람이 되면 결국 사람에게 배신을 당할 것이며, 사람이 된다 해도 사람의 말을 하지 못할 것이라고 경고했다. 그러나 루살카는 왕자를 만나고 싶은 마음에 예지바바의 경고를 무시하고 예지바바가 건내주는 마법의 물약을 마셨다.

사람이 된 루살카는 아름다웠다. 마침 숲속 호수에서 물놀이를 하던 왕자는 루살카를 발견하고 한눈에 반해버렸다. 왕자는 루살카를 왕과 왕비에게 소개하고 루살카와 결혼하려고 했다. 그러나 왕궁의 모든 사람들은 이름도 모르고 말도 못하는 루살카와의 결혼을 걱정하고 루살카가 마녀일지도 모른다고 수군거렸다.

결혼식을 준비하면서 결혼식 하객으로 초대된 아름다운 외국 공주는 왕자를 유혹했다. 왕자는 말도 못하고 이름도 알지 못하는 루살카를 사랑했지만, 사람들이 수군대는 소리에 자신도 루살카를 마녀가 아닌지 의심하기 시작했다. 거기에 아름다운 외국 공주의 유혹에 왕자는 그만 루살카를 버리고 말았다. 외국 공주는 승리를 자축하면서 루살카를 버린 왕자를 비웃고 떠나버렸다.

루살카는 왕자의 변심에 가슴이 찢어지는 듯 슬펐다. 이를 본 루살카의 아버지 보드닉은 루살카를 다시 숲속 호수로 데려갔다. 루살카는 다시 예지바바를 찾아가 자신의 슬픔을 해결할 방법을 물었다. 예지바바는 루살카에게 단도를 건네주며 단도로 왕자를 죽이라고 했다. 왕자의 피만이 루살카를 다시 물의 요정으로 되돌릴 수 있는 유일한 방법이라고 말했다. 루살카는 왕자의 배신에 슬퍼했지만 사랑하는 왕자를 죽일 수는 없었다. 물의 요정으로 돌아오지 못하는 루살카는 블루디츠카(Bludicka)로 변해버렸다. 블루디츠카는 숲속에서 남자들을 유혹해 죽음으로 몰아가는 사악한 정령이었다.

외국 공주에게 버림받고 뒤늦게 자신의 잘못을 깨달은 왕자는 루살카를 찾아 숲속에 헤맸다. 마침내 루살카를 만난 왕자는 이미 루살카가 남자를 죽이는 사악한 정령으로 변해있는 것을 알면서도 루살카에게 키스를 해달라고 부탁했다. 루살카는 키스를 하면 왕자가 죽는 다는 것을 말해주었지만 왕자는 자신의 잘못에 용서를 빌고 한번만이라도 키스를 해달라고 간청했다. 결국 루살카는 왕자와 키스를 하고 왕자는 루살카의 품속에서 죽어갔다.

루살카는 슬라브 신화에 나타나는 물의 정령으로 숲속을 지나가는 남자들을 노래와 춤으로 유혹해 그들을 물속으로 데리고 들어가는 사악한 존재이다. 슬라브 민속에서는 연인에게서 배신당해 자살한 여인이나 혼전 임신을 한 여자들이 죽으면 일정 기간 동안 정령이 되어 남자들을 유혹해 죽인다고 하는데 바로 이 존재가 루살카이다.

루살카의 아버지 보드닉 역시 물의 정령으로 동슬라브 신화에서는 보디아노이(Vodyanoy)로 불리기도 한다. 동슬라브 신화에 따르면 보드닉은 긴 푸른 수염을 하고 있으며 벌거벗은 몸에 물풀과 진흙을 잔뜩 묻히고 있고 물고기의 꼬리를 가지고 있다고 그려진다. 마녀인 예지바바는 동슬라브 신화에서는 바바야가(Baba Yaga)로 불리는데, 러시아 신화에서는 빗자루를 타고 다니는 사악한 마녀로 그려진다.

대부분의 슬라브 신화에서 루살카는 사악한 물의 정령이지만 체코에서는 루살카를 악한 정령이 아니라 아름답고 선한 정령으로 그리고 있다. 그녀가 사람을 사랑해서 오히려 사람에게 배신을 당하는 존재로 그리고 있는 것이다. 그러나 결국 루살카는 사랑하는 사람과 입맞춤을 함으로써 그를 죽음으로 몰아가는 존재이기도 하다. 민족 음악가인 드보르작(A. Dvořak)은 루살카를 오페라로 각색했고, 이 오페라는 그의 작품 중에서 가장 뛰어난 작품으로 인정받고 있다.

키다리와 넓쩍이 그리고 천리안의 모험

옛날 옛적에 나이 많은 왕이 있었다. 왕에게는 아들이 하나 있었는데, 왕자는 이미 혼기가 찼지만 아직 결혼을 하지 못했다. 하루는 왕이 아들을 불러놓고 말했다.

"사랑하는 아들아. 익은 과일은 새로운 과일을 위해 가지에서 떨어지기 마련이란다. 내 머리는 이미 익은 과일과 같고, 내 머리위로 태양이 비칠 날도 그리 많이 남지 않았다. 오래지 않아 나는 땅에 묻힐 것이다. 그 전에 네가 결혼하는 것을 보고 싶구나."

왕자는 부왕의 뜻을 따르겠다고 대답했지만, 마땅히 마음에 두는 아가씨가 없었다. 늙은 왕은 주머니에서 황금 열쇠를 꺼내 아들에게 보여주며 성의 가장 높은 곳에 있는 꼭대기 방으로 올라가 보라고 말했다. 꼭대기 방을 찬찬히 둘러보고 어떤 것이 가장 마음에 드는지도 말해달라고 했다. 왕자는 주저하지 않고 성의 맨 꼭대기로 올라갔다. 왕자는 이전에는 이 방에 대한 사실을 알지 못했고 성에 사는 어느 누구도 이 방의 존재 자체를 모르고 있었다.

왕자가 성의 맨 꼭대기 층으로 올라가자 천장에 작은 철문이 있는 것을 보았다. 왕자가 부왕에게서 받은 황금 열쇠로 철문을 열고 안으로 들어갔다. 그 방의 천장은 마치 밤하늘에 별이 빛나는 것처럼 푸른색을 띠고 있었고, 바닥은 푸른색 실크로 된 카펫이 깔려 있어 마치 하늘에 떠있는 것 같았다. 원형으로 된 방의 벽에는 12개의 창문이 있었는데, 금으로 만들어진 창틀에는 크리스털로 된 유리가 끼어져 있었고 각각의 창은 무지개 색으로 여인의 모습이 그려져 있있다. 그림 속 여인의 머리에는 신분을 상징하는 듯한 왕관이 씌어져 있었는데, 12개의 창이 모두 다른 모양을 한 것과 마찬가지로 창에 그려진 12명의 여인 역시 다른 얼굴을 하고 있었고 다른 옷을 입고 있었으며, 각각의 여인은 누구에게도 뒤지지 않을 정도로 아름다웠다. 왕자가 그림들을 유심히 쳐다보자 그림 속의 여인들은 마치 살아있기라도 한 것처럼 왕자를 바라보며 부드럽게 미소 지었다.

왕자는 12개의 창문 중 하나가 흰 커튼으로 가려져 있는 것을 보았다. 그는 커튼을 젖히고 그 커튼 뒤에 숨겨져 있는 그림을 바라보았다. 그림 속의 여인은 흰색 드레스를 입고 있었고 은빛 거들에 잘록한 허리띠를 하고 있었으며, 진주로 된 왕관을 쓰고 있었다. 그 여자는 세상 누구보다도 아름다웠지만, 마치 무덤 속에서 막 일어난 사람처럼 슬픈 표정에 창백한 얼굴을 하고 있었다. 왕자는 그 그림 앞에서 오랫동안 움직이지 않고 그림을 바라보았다. 얼마나 지났을까. 왕자는 가슴이 아파왔다. 이윽고 왕자는 "이 여인을 아내로 맞이할 거야. 다른 여인은 절대로 아니야"라고 소리쳤다. 왕자가 이 말을 하자 그림 속 여인이 왕자에게 머리 숙여 인사하더니 마치 장미처럼 얼굴이 붉어졌고 그 순간 그림 속의 여인은 순식간에 사라졌다.

왕자는 다시 궁으로 돌아와 부왕에게 자신이 본 것을 말하고 그림

속 여인 중 한명을 선택했다고 말했다. 늙은 왕은 갑자기 슬퍼하며 생각에 잠기더니 왕자에게 말했다. "네가 선택을 잘못했구나 아들아. 너에게 아주 큰 위험이 닥친 것 같다. 네가 본 그 여인은 사악한 마법사에게 잡혀 있단다. 마법사는 그녀를 철로 만든 성에 가둬두었는데 그녀를 구하려고 했던 용맹한 기사들 중 어느 누구도 다시는 돌아오지 못했단다. 그러나 어쩌겠니. 이미 네가 결정한 것을 할 수밖에. 네가 그녀를 아내로 맞이하겠다고 한 그 말을 지켜야 한다. 가거라 아들아. 가서 네 운을 한번 시험해 보거라. 그리고 무사히 돌아오길 빈다."

아름다운 여인
체코의 대표적인 아르누보 작가인
알폰스 무하(A. Mucha)의 작품

왕자는 왕에게 작별을 고하고 말에 올라타 그림에서 보았던 그 여인을 찾기 위해 길을 떠났다. 얼마나 갔을까? 왕자는 깊은 숲 속에서 그만 길을 잃고 말았다. 이리저리 헤매고 있는데, 어디선가 자신을 부르는 소리를 들었다. 왕자가 뒤를 돌아보니 어떤 키 큰 남자가 헐떡거리며 달려오고 있었다.

키 큰 남자는 왕자에게 자기를 데려가 달라고 부탁했다. 왕자는 그가 누군지를 물었고 무엇을 할 수 있는지도 물었다. 그 남자는 자신의 이름은 '키다리'라고 대답했고 몸을 늘릴 수 있다고 말했다. 그 사람은 왕자에게 자신의 능력을 보여주기 위해 몸을 길게 늘려 소나무 위에 있는 새 집에서 새 알을 꺼내보였다.

왕자는 그 사람의 능력을 보았고 깊은 숲속에서 빠져나가기 위해 몸을 늘려 길을 찾도록 했다. '키다리'는 어렵지 않게 나무보다 더 크게 키를 늘려 숲을 둘러본 다음 길을 찾아냈다. 두 사람이 숲을 빠져나왔을 때, 키다리는 왕자에게 자신의 친구가 이리로 오고 있다고 말하면서 평원 쪽을 가리켰다. 키다리는 자신의 친구도 이번 여행에 동행시키면 도움이 될 거라고 말했다. 그러면서 키다리는 저 멀리에 보이지도 않는 친구를 데려오기 위해 머리가 구름 속으로 들어갈 만큼 몸을 길게 늘렸다. 잠시 후 키다리는 겨드랑이에 친구를 끼고 왕자 앞으로 돌아왔다. 키다리가 데려온 친구는 작달막하고 올챙이 배를 한 뚱뚱한 사람이었다. 그 사람은 왕자에게 자신을 소개했다.

"왕자님 내 이름은 '넓적이'입니다. 내가 무엇을 할 수 있는지 보여드릴게요. 그 대신 말을 몰아 빨리 숲속으로 달려가세요. 어서요." 그리고 나서 '넓적이'는 자신의 몸을 부풀리기 시작했다. 왕자는 자신이 왜 숲속으로 도망치듯 가야하는지 이해할 수 없었지만, 키다리가 재빨리 숲속으로 도망치는 것을 보고 자기도 말에 뛰어올라 숲속으로 뛰었다. 넓적이가 몸을 부풀리기 시작하자 그의 몸은 사방으로 넓어졌고 들판과 산을 모두 덮어버렸다. 그러고 나서 넓적이는 몸을 다시 줄여 원상태로 돌아왔다. 왕자는 넓적이의 능력을 보고 그의 동행을 허락했다.

세 사람은 다시 여행을 떠났다. 그들이 어떤 바위산에 이르렀을 때, 손수건으로 눈을 가리고 있는 사람을 만났다. 키다리는 그 사람을 보자 왕자에게 바로 이 사람도 도움이 될 것이라고 말했다. 그러나 왕자는 눈을 가리고 있는 사람이 무슨 소용이 있느냐고 따져 물었다. 왕자는 그에게 이름이 무엇이며 왜 눈을 가리고 있는지를 물었다.

그 사람은 왕자에게 자신은 아무것도 볼 수 없는 것이 아니라 완전히 반대라고 소개했다. 자신은 너무나 잘 보기 때문에, 수건으로 눈을 가리고 있을 때는 일반 사람들처럼 볼 수 있고 수건을 풀고 보면 세상 끝까지 볼 수 있다고 말했다. 또 어떤 것을 뚫어지라 응시하면 그 물건이 불타버리거나 아니면 산산조각난다고 말했다. 눈을 가린 사람은 이런 이유 때문에 자신의 이름이 '천리안'이라고 했다. 그렇게 말하고 나서 '천리안'은 눈을 가린 수건을 풀고 반대편에 있는 바위를 응시했다. 그러자 바위가 쩌억하는 소리와 함께 순식간에 산산 조각나 모래로 변해버리고 그 위에서 무엇인가 반짝거렸다. 천리안은 그것을 들어 왕자에게 주었다. 바로 순금이었다.

왕자는 천리안의 능력에 감탄하면서 놀라운 시력을 통해 자신이 찾고 있는 철의 성이 어디에 있는지 물었다. 천리안은 왕자에게 자신을 여행에 데려간다면 하루 만에 그곳에 갈 수 있다고 말했다. 왕자가 천리안의 동행을 받아들이자 천리안은 잠시 어딘가를 응시하더니 높은 탑 안에 쇠창살로 둘러싸인 감옥이 있는데, 바로 그 감옥 안에 왕자가 찾는 여인이 있으며, 사악한 마법사가 그녀를 감시하고 있다고 말했다.

왕자는 그 말을 듣더니 세 사람에게 자신을 도와 그녀를 마법사에게서 풀어주자고 부탁했다. 그들 모두 왕자를 도와주겠다고 약속했다. 네 사람은 회색의 바위산을 뚫고 앞으로 나아갔다. 천리안이 바위를 응시하자 바위는 산산 조각났고 그들은 철의 성으로 향해갔다.

네 사람이 가는 길에 장애물이 생기면, 키다리와 넓찍이 그리고 천리안의 도움을 받아 여행을 계속했다. 해가 질 무렵 이제 산들이 평평해졌고 숲은 조금씩 사라졌으며, 바위는 깨어졌다. 마침내 네 사람의 시야에 철로 만든 성이 들어왔다. 네 사람이 철로 만든 다리를 통해 성으로 들어가자 갑자기 성문이 닫혔다.

성 안에 들어온 네 사람은 주변을 둘러보았다. 성 안에는 멋지게 차려있고는 있지만 의식이 없는 사람들로 가득했다. 그 사람들은 마치 동상처럼 움직이지 않았다. 그들은 모두 돌로 변해버린 것이었다. 말과 동물들 그리고 물고기조차 움직이지 않는 돌로 변해 있었다.

왕자 일행은 성안에 있는 방을 둘러보다가 가장 좋은 방에 이르렀다. 이 방은 밝았고 중앙에 있는 탁자 위에는 온갖 진귀한 음식과 향긋한 술이 놓여 있었다. 그리고 마치 네 사람이 이곳에 오는 것을 기다리기라도 한 것처럼 네 사람의 자리가 마련되어 있었다. 네 사람은 누군가가 올 것이라고 생각하고 기다렸지만 시간이 지나도록 아무도 나타나지 않았다. 그들은 여행에 지쳤고 배가 몹시 고팠기 때문에 식탁에 앉아 차려져 있는 맛난 음식을 먹고 술을 마셨다.

음식을 모두 먹어치우자 갑자기 문이 열리더니 마법사가 들어왔다. 마법사는 길고 검은색의 옷을 입고 있었고 머리는 대머리에다 무릎까지 자란 수염을 하고 있었으며, 허리띠 대신에 세 개의 금속 테를 허리에 두르고 있었다. 마법사는 아주 아름다운 여인을 데리고 있었는데, 그 여인은 왕자가 그림에서 보았던 바로 그 여인이었다. 그녀는 너무나도 아름다웠지만 창백하고 슬픈 얼굴을 하고 있었다.

왕자는 곧 그녀를 알아챘고 그녀에게 다가섰다. 왕자가 그녀에게 무슨 말을 하려는 것을 마법사가 가로막으면서 왕자에게 말했다.

"나는 당신이 왜 이곳에 왔는지 알고 있어. 바로 이 여인을 데려가려고 왔겠지? 크크! 네가 삼일동안 새벽 동이 트기 전까지 이 여인을 지킬 수만 있다면 여인을 너에게 주지. 그러나 새벽 동이 트기 전에 여인이 사라진다면, 너와 세 명의 신하를 모두 돌로 만들어 버릴거야. 이미 이곳에 왔던 모든 사람들처럼 말이야."

이렇게 말을 하고 나서 마법사는 여인을 의자에 앉히고는 사라졌다.

왕자는 너무나 아름다운 여인에게서 눈을 뗄 수 없었다. 왕자는 여인에게 말을 걸었지만, 그녀는 한마디도 하지 않았고 마치 대리석처럼 움직이지도 않았다. 왕자는 그녀의 옆에 앉아 밤새 잠들지 않고 그녀를 지키겠다고 결심했다. 그러나 밀려오는 졸음을 참을 수 없던 왕자와 세 명의 신하는 곧 잠이 들었다.

첫째 날 새벽에 왕자가 눈을 떠보니 이미 여인은 사라지고 난 뒤였다. 왕자는 천리안을 깨워 여인이 사라진 곳이 어딘지를 물었다. 천리안은 정신을 차리고 멀리 떨어진 숲속 떡갈나무 위에 도토리가 있는데 바로 그 도토리가 여인이라고 말했다. 왕자는 키다리의 몸을 늘리게 한 뒤 키다리의 어깨에 타고 바로 그 숲속으로 갔다. 숲속에 도착한 일행은 나무 위에 있는 도토리를 땅에 떨어뜨리자 다시 여인으로 변했다. 그러자 마법사의 허리에 두른 금속 테 하나가 깨어졌다. 일행은 다시 성으로 돌아왔다.

둘째 날 새벽에도 왕자가 눈을 떠보니 여인이 사라진 뒤였다. 왕자는 서둘러 천리안을 깨워 여인이 어디에 있는지를 물었다. 천리안은 멀리 떨어진 바위산에 보석이 있는데 바로 그 보석이 여인이라고 말했다. 왕자는 키다리에게 몸을 늘려 자신을 그곳으로 데려가 달라고 부탁했다. 키다리가 왕자를 어깨에 태우고 몸을 길게 늘려 걷기 시작했다. 천리안이 그들 앞에 막아선 산과 바위를 응시해 키다리가 갈수 있는 길을 만들어 주었다. 바위산에 도착해 보석을 땅에 떨어뜨리자 보석은 다시 여인으로 변했다. 그 순간 마법사의 허리에 둘려있는 두 번째 금속 테가 깨어졌다.

셋째 날 새벽에도 왕자가 제일 먼저 눈을 떴다. 그러나 이번에도 역시 여인은 사라진 다음이었다. 왕자는 천리안을 깨워 여인이 어디에 있는지를 물었다. 천리안은 이곳저곳을 응시하고 나서 왕자에게 아주 먼 흑해의 밑바닥에 있는 조개 속에 금반지가 있는데 바로 그 금반지가 여인이라고 말했다.

일행은 다시 흑해로 떠날 준비를 했다. 이번에는 넓찍이가 동행하기로 했다. 키다리가 천리안을 한쪽 어깨에 그리고 넓찍이를 다른 쪽 어깨에 둘러메고 흑해로 향했다. 일행이 흑해에 도착했을 때 천리안이 공주가 어디에 있는지를 키다리에게 말했고 키다리는 최대한 몸을 늘려 바다 속으로 들어갔으나 밑바닥까지는 이르지 못했다.

그때 넓찍이가 몸을 부풀리더니 바닷물을 마시기 시작했다. 이렇게 하자 물이 줄어 키다리가 흑해 바닥에 다을 수 있었고 바다 속에 있는 조개를 깨내 왔다. 일행은 조개 안에서 반지를 찾아 다시 성으로 서둘러 돌아왔다. 그런데 돌아올 때는 넓찍이가 바닷물을 너무 많이 마셔버려 무거워졌기 때문에 키다리가 넓찍이를 어깨에 둘러맬 수 없었다. 그래서 키다리는 도중에 넓은 계곡에 넓찍이를 내려주었다. 넓찍이는 키다리 어깨에서 내리자마자 계곡에 물을 쏟아냈다. 물은 계곡을 가득 채워 넓은 호수가 되었다.

그동안 왕자는 성에게 안절부절 못하고 있었다. 새벽 동이 트고 있었지만, 키다리 일행은 돌아오지 않았다. 햇살이 더 밝게 비칠수록 왕자는 더욱 걱정이 되었다. 마침내 해가 떠올랐을 때 문이 열리더니 마법사가 음흉한 얼굴을 하고 들어왔다. 마법사가 왕자를 돌로 만들려는 바로 그 순간 키다리는 성 밖에 도착해 창문으로 금반지를 던졌다. 금반지가 방바닥에 떨어지자 다시 여인으로 변했다. 마법사는 화가 머리끝까지 나서 소리를 질러댔다. 마법사의 허리춤에 있던 마지막 세 번째 금속 테가 떨어졌고 마법사는 까마귀로 변해 멀리 날아갔다.

그때 그동안 말을 하지 못했던 아름다운 여인이 말을 하고 왕자에게 고맙다는 인사를 하면서 얼굴을 붉혔다. 성 안과 성 주변에 돌로 변해있던 모든 것들이 마법이 풀리면서 다시 생명을 찾았다. 마법이 풀린 사람들은 모두 왕자에게 고맙다는 인사를 했다. 그러나 왕자는 자신에게 고마워 할 필요가 없고, 키다리와 넓적이 그리고 천리안에게 고마워해야 한다고 했다. 이제 왕자는 아름다운 여인과 함께 집으로 돌아갔다. 왕은 왕자가 무사히 돌아와 너무 기뻐하며 아름다운 공주를 데려온 것도 크게 칭찬했다.

왕자와 공주의 성대한 결혼식이 삼주 동안이나 계속되었고, 왕자가 구해준 모든 사람들이 둘의 결혼을 축하해주었다. 결혼식이 끝난 다음 키다리와 넓적이 그리고 천리안은 다시 모험을 떠나기 위해 왕자와 이별을 고했다. 왕자는 이들과의 이별을 슬퍼했지만 키다리와 넓적이, 천리안은 지루한 삶을 거부하고 다시 세상을 향해 나갔다.

이 이야기는 다만 옛이야기만은 아니다. 여기에 등장하는 키다리와 넓적이 그리고 천리안은 각각 자연을 상징하고 있는데, 키다리는 무지개를 넓적이는 구름을 그리고 천리안은 번개를 의미한다. 왕자는 자신의 힘만으로는 공주를 구할 수 없고 이 세 명의 초자연적인 능력자들의 힘을 빌려야 했는데, 왕자 자신은 바로 인간이며, 인간이 마법에 빠진 공주, 즉 말라버려 생명을 잃은 땅을 경작하기 위해서는 초자연적인 존재, 즉 무지개와 구름과 번개, 즉 '비'가 있어야 한다는 것을 의미한다. 이 이야기는 그동안 목축 사회였던 보헤미아가 농경 사회로 변화되는 것을 의미하는 이야기이기도 하다.

8

로틀레프(Rotlev)와 카롤리눔

현재 체코 카렐대학교 건물의 일부인 카롤리눔(Karolinum)은 원래 카렐대학교 건물이 아니라 로틀레프라고 하는 부유한 상인의 대저택이었다. 이 건물이 지어지고 카렐대학교로 편입된 데에는 다음과 같은 흥미로운 이야기가 전해온다.

이주 오래전 프라하에는 로틀레프라는 부유한 상인이 살고 있었다. 그는 프라하에 집을 여러 채 가지고 있을 정도로 재산이 많았지만 그 정도의 재산에 만족하지 않고 더 많은 재산을 모으려 했다. 그래서 그는 채굴권을 얻어 일로프(Jílov) 부근에서 금을 채굴하기 시작했다. 일로프의 금광에서는 금이 많이 나오기로 유명했는데, 이상하게도 로틀레프가 채굴하는 금광에서는 금이 나오지 않았다. 그러면 그럴수록 로틀레프는 더 많은 사람들을 고용해 금을 찾았지만 허사였다. 결국 그 많던 로틀레프의 재산은 어느새 조금씩 줄어들기 시작했다.

로틀레프는 그래도 금을 찾겠다는 일념으로 집을 한 채씩 팔기 시작했고 결국에 가서는 그 많던 집과 정원 그리고 포도원까지 모조리 팔아치웠다. 로틀레프의 부인은 금광 채굴을 그만두라고 남편을 설득했지만 로틀레프는 막무가내였다. 로틀레프는 금광에서 금이 발견되기만 하면 그까짓 몇 채의 집과 포도원은 아무것도 아니라고 생각했다.

그러나 몇 년에 걸쳐 땅을 팠지만 금은 나오지 않고 결국 사람들에게 임금도 주지 못하는 지경에 이르렀다. 로틀레프는 노동자들에게 금이 발견되기만 하면 더 많은 임금을 주겠다고 그들을 설득했지만 몇 달씩 임금을 받지 못한 노동자들은 더 이상 로틀레프를 위해 일하지 않았다.

그러던 어느 날 로틀레프의 늙은 하인이 그에게 와서 꿈에 요정이 나타나 금이 묻힌 장소를 알려주었다고 말했다. 그 말을 들은 로틀레프의 귀가 번쩍했다. 금이 있다는 것을 확신한 로틀레프는 사람을 사서 그곳을 파면 이제 부자가 되는 것은 시간문제라고 생각했다. 그러나 로틀레프에게는 노동자들을 고용할 돈이 없었다.

로틀레프는 여기저기 돈을 꾸러 다녔지만 누구도 로틀레프에게 돈을 빌려주지 않았다. 결국 그는 아내가 결혼식 때 입었던 면사포를 팔기로 했다. 면사포는 금실로 짠 것으로 거기에 값비싼 진주가 장식되어 있어 값이 상당히 나갔다. 돈을 구해온 로틀레프는 다시 노동자들을 고용해 하인이 꿈속에서 보았다는 그 장소를 파게할 작정이었다.

그러나 아침까지 기다릴 수 없었던 로틀레프는 혼자 금광으로 들어가 하인이 알려준 그 장소를 파기 시작했다. 그러나 아무리 파도 금은 나오지 않았다. 땅을 파다 지친 로틀레프는 절망에 빠져 이제 자포자기 상태에 이르렀다. 그때 저쪽 구석에서 쥐 한 마리가 양초를 갉고 있는 것을 보았다. 화가 머리 끝까지 난 로틀레프는 곡괭이를 들어 쥐에게 집어 던졌다. 놀란 쥐가 도망쳤고 곡괭이는 딱딱한 바위틈에 끼어버렸다. 순간 로틀레프는 곡괭이가 낀 바위 틈을 바라보고 소스라치게 놀랐다. 바로 그 사이로 번쩍번쩍 빛나는 금맥이 보였던 것이다.

엄청난 금맥을 발견한 로틀레프는 다시 부자가 되었다. 전보다 더 많은 돈을 번 로틀레프는 팔았던 부인의 면사포를 다시 사주었고, 자신의 금광에 '면사포'라는 이름을 붙여 자신의 어려웠던 금맥 찾기를 기념했다.

다시 부자가 된 로틀레프는 프라하 신시가에 화려하고 웅장한 집을 지어 자신의 부를 프라하의 모든 사람들에게 과시했고 사람들은 로틀레프의 새 저택이 프라하에서 가장 아름답다고 침이 마르도록 얘기했다.

로틀레프가 죽은 후 이 집은 다른 부유한 상인들과 귀족들의 저택이 되었다가 바츨라프 4세가 체코를 통치하던 시기 카렐대학의 일부로 편입되었다. 이때부터 지금까지 이곳은 카렐대학의 일부로 남아 있다.

프라하의 부유한 상인 로틀레프가 지었다고 알려진 카롤리눔은 현재 카렐대학의 본관으로 사용되고 있으며 처음 지어졌을 때의 그 모습이 일부 남아있다. 카렐대학은 1348년 카렐4세 통치시기에 세워진 중부유럽 최고(最古) 대학이며 현재에도 최고(最高) 명문대학으로 남아있다.

9

동 유 럽 의 신 · 영 웅 · 신 비 한 존 재 들

비셰흐라트 성당과 악마의 기둥

옛날 옛적 어느 추운 겨울날 한 가난한 나무꾼이 땔감을 구하러 숲에 갔다. 땔감을 구해야만 아내와 아이가 따뜻하게 지낼 수 있기 때문에 춥지만 서둘러서 숲으로 향했다. 하지만 그 사람은 너무나 가난해 다음날 아침 끼니를 어떻게 해결해야 할지도 걱정스러웠다. 게다가 아내는 둘째 아이를 임신하고 있었다.

깊은 숲을 이리저리 헤매며 나무를 구하고 있는데 누군가 뒤에서 자기를 부르는 소리를 들었다. 뒤를 돌아보니 한 사냥꾼이 서 있었다.

나무꾼은 사냥꾼에게 자신의 신세를 한탄하며 어떻게 살아가야 할지 모르겠다고 푸념을 늘어놓기 시작했다. 그 말을 들은 사냥꾼은 자기가 나무꾼을 도와주겠다고 했다.

"당신은 곧 부자가 될거고, 하는 일마다 다 잘될 겁니다. 내말이 믿기지 않나요? 이제 곧 알게 될 거에요. 내가 모든 것을 해줄테니 한가지만 나에게 주세요. 당신이 집에 돌아갔을 때 당신의 아내가 손에 들고 있는 것을 나에게 주기만 하면 됩니다."

이렇게 말하더니 사냥꾼은 품속에서 계약서를 꺼냈다. 가난한 나무꾼은 주저하지 않고 그 계약서에 자신의 피를 묻혀 서명을 했다.

나무꾼은 모은 나뭇가지를 들고 서둘러서 집으로 돌아왔다. 나무꾼은 그때까지만 해도 사냥꾼이 악마라는 사실을 전혀 알지 못했고 다만 착한 마법사겠거니 라고 생각했다.

나무꾼이 집에 돌아와 문을 여는 순간 그는 눈이 휘둥글해지고 온몸이 굳어버렸다. 그의 아내가 나무꾼을 맞이하며 문가로 나올 때 양팔에 안고 있던 것은 새로 태어난 아이였기 때문이었다.

그 날부터 나무꾼에게는 점점 더 많은 재물이 쌓였고 하는 일 마다 모두 다 성공을 거두어 큰 부자가 되었다. 그러나 그는 마음속 한구석에 있는 불안감을 떨칠 수가 없었다. 그제서야 나무꾼은 숲에서 만난 사냥꾼이 악마라는 사실을 알았기 때문이다.

나무꾼은 이웃사람에게 그 이야기를 해주었고 그의 이웃은 아이의 이름을 베드로라고 지으라고 말해주었다. 그렇게 하면 진짜 성 베드로가 아이를 지켜줄 것이라고 말했다. 부자가 되었지만 항상 커다란 근심거리를 달고 다녔던 나무꾼은 그의 말대로 아이의 이름을 베드로라고 지었고 성 베드로가 아이를 악마에게서 지켜줄 것이라고 기대했다. 어느 날 꿈에 성 베드로가 나타나 나무꾼의 아들인 베드로를 지켜주겠다고 약속한 다음부터 나무꾼은 어느 정도 안심을 할 수 있었다. 그러나 나무꾼은 여전히 불안한 마음에서 아들을 교회의 사제가 되도록 했다. 아무리 악마라 해도 사제를 어찌할 수는 없을 것이라는 생각 때문이었다.

세월이 지나 나무꾼의 아들이 장성해 드디어 비셰흐라트 교회의 사제가 되는 날이었다. 사제가 되는 미사가 시작되면 악마도 어쩔 수 없는 상황이었다. 그러나 미사가 시작되기 전에 악마가 나무꾼의 아들의 영혼을 빼앗기 위해 나무꾼의 집으로 왔다. 그러나 성 베드로가 나타나 악마에게 나무꾼의 아들인 베드로의 영혼을 가져가려면 한 가지 임무를 수행해야 한다고 말했다. 그 조건은 악마가 로마로 날아가 성 베드로 대성당에 있는 기둥 한 개를 뽑아 나무꾼의 아들 베드로가 사제가 되는 의식이 끝나기 전에 비셰흐라트 성당으로 가져와야 한다는 것이었다.

그 말을 들은 악마는 서둘러 로마로 날아갔다. 그러나 그는 성 베드로 대성당의 기둥을 뽑는 대신 가까이에 있는 성모 마리아 대성당의 기둥을 뽑아 어깨에 둘러메고는 비셰흐라트로 날아가려고 했다. 그 순간 성 베드로가 나타나 악마를 잡아 베니스의 개펄에 던져버리고 악마가 둘러메고 있던 기둥을 물속 깊이 박아놓았다. 악마가 그 기둥을 뽑아 프라하에 있는 비셰흐라트 성당까지 날아가려면 시간이 많이 걸려 결국 미사가 끝난 뒤 일것이라는 생각 때문이었다.

악마는 성 베드로에게 저주를 퍼부우며 바닷물 속 깊이 박혀 있던 돌기둥을 뽑아 날아가기 시작했다. 그러나 이번에도 성 베드로는 다시 한번 악마를 잡아채서는 돌기둥을 빼앗아 다시 베니스의 바닷물 속으로 던져버렸다. 그러나 악마는 다시 온힘을 다해 돌기둥을 빼내 비셰흐라트로 날아갔다.

그러나 이미 비셰흐라트에서는 나무꾼의 아들인 베드로의 사제 서품 의식이 끝난 뒤였다. 악마는 성 베드로에게 저주를 퍼부우며 화를 이기지 못해 돌기둥을 비셰흐라트 성당으로 던져버렸다. 돌기둥은 성당의 지붕을 뚫고 재단 앞에 떨어지면서 세 개로 쪼개졌다.

사람들은 이 쪼개진 돌기둥 세 개를 성당 밖으로 옮겨 정원에 가져다 두었다. 후세 사람들은 이 세 개의 돌기둥을 보면서 성 베드로를 기억하고 악마에게 영혼을 파는 것이 얼마나 위험한 행동인지 경고의 의미로 삼았다.

체코의 전설이나 이야기에는 인간이 악마와 계약을 맺는 이야기가

악마의 기둥

많이 등장한다. 20세기 초반까지 종교적 열정이 남달랐던 체코인들에게 신보다도 악마가 더 많이 회자된 것은 신에 대한 불경이 아니라 악마가 아무리 인간을 유혹해도 결국 신이나 신의 사도를 통해 이를 극복할 수 있는 의미일 것이다.

비셰흐라트 성곽은 프라하의 옛 도읍지로 앞서 언급한 리부셰의 전설이 시작된 곳이기도 하다. 이 성곽의 내부에는 옛 성터와 비셰흐라트 성당(뻬뜨르와 파벨 성당; Chrám Petra a Pavla) 그리고 국립묘지(Slavin) 등으로 구성되어 있는데, 정원의 한 귀퉁이에 세 개의 돌기둥이 서로 의지하며 세워져 있다. 이 세 개의 돌기둥은 악마의 기둥(Čertův sloup)이라는 이름으로 불리며, 악마와 인간의 위험한 거래 그리고 신의 위대함을 보여주는 상징물이기도 하다.

10

동 유 럽 의 신 · 영 웅 · 신 비 한 존 재 들

하누쉬(Hanuš)와 천문시계

프라하 구시청에 달려있는 오를로이(Orloj) 천문시계에 관한 여러 가지 전설 중에서 시계 장인인 하누쉬의 이야기가 가장 유명하다.

세상에서 가장 아름다운 천문시계를 갖게 된 프라하 시 위원들은 시계를 만든 하누쉬가 다른 도시에도 아름다운 시계를 만들 것이라는 불안감에 빠졌다. 그들은 세상에서 가장 아름다운 시계는 바로 프라하에 있는 이 천문시계여야만 한다고 생각하고 있었다. 만약 하누쉬가 다른 도시에 또 다른 아름다운 시계를 만든다면 프라하의 명성이 사라질 것이라고 걱정했다.

그래서 그들은 하누쉬가 더 이상 시계를 만들지 못하도록 그의 눈을 멀게 했다. 하누쉬는 왜 그들이 자신의 눈을 멀게 했는지 그 이유를 알았지만, 그들에게 복수할 생각은 하지 않았다.

어느 날 하누쉬는 자신이 만든 세상에서 가장 아름다운 시계를 한 번 만져보게 해달라고 요청했고, 시 위원들은 그 요청을 들어주었다.

부축을 받으며 시계 탑으로 올라간 하누쉬는 시계가 움직이는 소리를 듣고 자신의 최고 작품을 눈이 아닌 소리로 느꼈다. 하누쉬는 시계의 태엽 소리를 들으면서 시계에 손을 갖다 댔다. 그리고 시계 부품을 하나 잡고 그것을 집어 들었다. 옆에 있던 하누쉬의 조수가 하누쉬를 부축했지만, 하누쉬가 시계를 망가뜨리는 바로 그 순간 하누쉬의 숨소리를 듣지 못했다. 하누쉬가 시계 부품을 하나 들어내는 그 순간 자신의 심장도 멎어버린 것이었다. 바로 그 순간 해골이 벨을 울렸다. 그리고 갑자기 모든 시계 장치는 정지되었고 더 이상 움직이지 않았다.

하누쉬가 죽은 뒤 멈춘 시계를 다시 움직이게 하기 위해 수많은 방도를 찾았지만 어느 누구도 시계를 고치지 못했다. 아주 오랜 시간이 지난 뒤에야 시계는 다시 움직였다.

천문시계에 얽힌 또 다른 이야기 중에는 다음과 같은 것도 있다.

구시청사가 감옥으로 사용되던 아주 오래전에 구시청사 감옥에 수감된 죄수가 한명 있었다. 그는 오랫동안 감옥에 갇혀 있어 이미 희망을 잃어버린 상태였다. 어느 날 그는 감옥 창문으로 밖을 내다보고 있는데, 참새 한 마리가 천문시계의 해골 입 속으로 들어가는 것을 보았다. 그러자 해골은 곧 입을 다물었고 참새는 해골의 입속에 갇혀버렸다.

죄수는 이 모습을 나쁜 징조라고 생각했고, 자신은 영원히 감옥에 갇혀 있거나 아니면 교수형에 처해질 것이라고 생각했다. 천문시계에 장식된 해골이 자신을 데려갈 것이며 자신은 해골의 입에 갇힌 참새 신세라고 여겼다.

그러나 다시 한 시간이 지나 해골이 입을 벌리자 참새는 날아갔다. 죄수는 그 모습이 좋은 징조라고 생각했다. 그는 자신도 참새처럼 곧 감옥에서 풀려나 자유롭게 날아갈 수 있을 것이라는 희망을 갖게 되었다.

구시청사 외벽에 걸려있는 오를로이 천문시계는 15세기 초에 제작되었다. 15세기 말에 하단의 달력부분이 추가되었고 현재 외관의 모습을 갖추게 되었다. 이후 천문시계는 수차례 작동이 멈춰졌는데, 그때마다 사람들은 하누쉬라는 시계 장인의 이야기를 꺼내며 하누쉬의 저주라고 말하곤 했다. 17세기 이후에는 창을 통해 움직이는 예수와 12명의 사도가 추가되어 현재 매 시간마다 움직이는 모습을 갖추게 되었다.

오를로이 천문시계

천문시계는 낮과 밤을 보여주는 부분이 구분되어 있으며, 각각은 태양과 달의 시간을 나타낸다. 또한 이 시계는 하루의 시간과 매 개월을 보여주고 있으며, 태양과 달의 뜨고 짐을 그리고 달이 차고 기우는 것을, 태양과 달을 향한 지구의 위치를 보여주는 기묘하고도 과학적인 시계이다. 또한 천계의 움직임과 12궁도를 보여주는 부분도 있다. 하단에는 달력의 역할을 하는 부분이 있어 농경 생활을 위한 매 달마다의 일상 모습을 보여주고 있다.

시계의 윗부분에는 두 개의 창이 나 있는데, 매 시간 창이 열리면서 예수를 포함한 12사도가 열린 창을 통해 순서대로 지나가면서 천문시계 주변으로 모여 있는 사람들을 내려다 본다. 예수와 12사도가 천천히 창문으로 지나가면 창 아래 매달려 있는 죽은 자의 해골이 입을 벌리고 고개를 끄덕이며 벨을 울린다. 그러면 그 옆의 터번을 두른 터키인이 아직 세상을 떠나고 싶지 않다는 의미로 해골을 향해 고개를 흔든다. 아래에 있는 구두쇠는 돈 주머니를 흔들며 그 많은 재산이 덧없음을 말하고 방탕한 자는 거울을 드려다 본다.

오늘날 세계 각지에서 온 많은 사람들이 프라하를 찾는데, 천문시계는 사람들에게 가장 많은 호기심을 자아내는 것 중 하나이다. 그 이상한 모습뿐만 아니라 하늘의 시간을 알려주고 농경을 알려주며 사도와 유대인 그리고 죽은 자의 모습을 보여주는 이 시계야 말로 프라하의 최고 명물 중 하나이기 때문이다.

11

동유럽의 신·영웅·신비한 존재들

카렐다리를 보수하기 위해 악마와 거래한 사나이

바츨라프 4세가 네포묵 성인을 카렐다리에서 집어 던진 그날 밤 카렐다리의 아치가 무너져 블타바 강으로 떨어졌다. 그날 이후 여러 번 다리를 수리하려고 했지만 그때마다 아치는 다시 무너져 내려 블타바 강으로 떨어졌다. 아치를 다시 세우려고 수많은 건축가들이 여기에 매달렸지만 모두 실패했고 이제 더 이상 카렐다리의 아름다운 모습을 볼 수 없게 되었다.

바츨라프 4세는 급기야 외국 기술자를 초빙해 다리를 보수하려고 했다. 이때 한 사나이가 자신이 다리를 수리할 수 있다고 자원했고, 무너져 내린 카렐다리의 아치를 보수하고 다리 끝에 있는 탑에 올라가 아치가 왜 무너져 내리는지를 살려보았다.

늦은 밤이었다. 사나이가 탑 꼭대기에서 밤을 새워가며 아치를 살펴보고 있었데, 우르릉 거리는 소리가 들리더니 갑자기 아치가 무너져 내렸다. 자신의 실력과 경험을 자신하던 사나이는 그 이유를 알지 못한 채 절망에 빠져 어둠 속을 응시할 뿐이었다. 그때 누군가가 사나이 앞에 나타나 나지막한 소리로 속삭였다.

"나 만이 당신을 도울 수 있어."

사나이는 그 남자가 악마인 것을 눈치 채고 두려움에 떨며 다음과 같이 말했다.

"내 영혼을 원하나요?"

사나이는 악마가 인간의 영혼을 빼앗아가는 조건으로 소원을 들어준다는 말을 들은 적이 있었다.

"전혀 아니야. 나는 그저 당신이 카렐다리를 수리할 수 있도록 도와주려는 것뿐이야. 그런데 한 가지 조건은 있어. 당신이 다리를 수리하고 나서 다리를 지나는 첫 번째 사람의 영혼을 내게 주면 돼. 그뿐이야."

악마는 사나이를 안심시키며 음산한 목소리로 그렇게 말했다.

사나이는 악마의 말을 듣고 무엇인가를 생각하더니 미소를 짓고 그렇게 하겠다고 말했다. 사나이는 속으로 다리를 보수하자마자 닭을 한 마리 준비해 닭이 다리를 건너게 할 작정이었다. 그렇게 하면 아무도 다치지 않고 어느 누구의 영혼도 악마에게 팔지 않는 것이기 때문

카렐다리

이었다.

다음날 사나이는 다시 한번 카렐다리를 원상태로 복구하기 시작했다. 사나이는 자신이 다리를 보수하는 동안 누구도 다리를 건너게 해서는 안된다고 신신당부하고 다리의 양쪽 끝에 경비원을 두어 아무도 지나가지 못하도록 했다.

그러나 악마는 이미 사나이의 생각을 간파하고 있었다. 악마는 사나이와 계약을 채결한 후 곧바로 사나이의 부인에게로 달려갔다. 부인을 보자마자 악마는 헐떡거리면서 자신은 사나이를 도와 다리를 보수하는 사람인데, 사고로 부인의 남편이 많이 다쳤다고 말했다.

깜짝 놀란 부인은 카렐다리로 뛰어가 서둘러서 남편을 찾았다. 그러나 다리 양쪽 편에서 경계를 서는 사람들이 부인을 막아섰고 그럴수록 부인은 남편의 안위가 걱정돼서 견딜 수가 없었다. 부인은 경계를 서는 사람들에게 사정을 말하고 자신은 그의 부인이며 지금 꼭 그를 봐야겠다고 간청했다. 이 말을 들은 사람들은 어쩔 수 없이 부인을 통과시켰고 부인은 서둘러서 다리를 건너기 시작했다.

다리 중간에 멀쩡히 서 있는 남편을 발견한 부인은 너무나 기뻐 어쩔 줄 몰라 했다. 그러나 바로 그 순간 사나이는 놀라서 온몸이 얼음처럼 굳어버렸다.

부인을 집으로 돌려보낸 사나이는 다리 개통식의 즐거운 순간에도 굳은 표정으로 아무 말도 할 수 없었다.

집으로 돌아온 사나이는 갓 태어난 아이를 보았다. 카렐다리를 다시 개통하는 그 순간 사나이의 부인은 아이를 낳았고 곧 죽어버렸다. 사나이는 아이를 품에 안고 하염없이 울었다. 그때 사나이는 자신의 머리위로 악마가 날개 짓하며 멀리 날아가는 소리를 들었다.

카렐다리에 얽힌 전설은 악마에 영혼을 팔아 다리를 보수한 이야기나 다리 난간에서 네포묵 성인을 블타바 강에 빠뜨려 죽인 이야기 등이 전해온다. 그 중에서 네포묵 성인의 이야기가 가장 극적인데, 왕비

네포묵성인상

의 고해성사 비밀을 지키다가 강에 수장된 네포묵 성인은 이후 성인으로 시성되었고 체코인들의 존경을 받고 있다. 네포묵 성인이 빠져 죽은 바로 그 장소에는 현재 네포묵 성인의 동상이 세워져 있고 동상을 받침대에는 네포묵 성인이 강에 빠져 죽는 장면을 조각해 놓았다. 이 부분에 손을 대고 소원을 빌면 모든 소원이 이루어진다는 이야기도 전해오는데, 카렐다리를 지나가는 사람들이 이 부분에 손을 대고 소원을 비는 것이 하나의 전통이 되었다.

참고문헌

- 김신규 (2005). "체코의 음악과 민족정체성 형성간의 상관성 연구 - 19세기말 민족부흥운동기 스메타나의 '나의 조국'을 중심으로-." 『동유럽발칸학』 제7권.
- Fillmore, Parker (1998). Czech Moravian and Slovak Fairy Tales. New York: Hippocrene, Inc.
- Jirásek, Alois (2001). Staré pověsti české. Ostrava: Knizni expres.
- Petiska, E. and Dolan, J. M. (1995). Beautiful Stories of Golden Prague. Praha: Martin.

동유럽의 신, 영웅, 신비한 존재들

독수리 둥지에 폴란드를 건설하다. / 세 형제가 샘터에서 만나다.
은빛 뱀의 왕국에서 카르파티 산맥이 솟아오르다. / 바벨 성의 용을 물리치고 크라쿠프를 세우다.
크라쿠프의 반다 여왕 / 인어의 도시 바르샤바 1 / 인어의 도시 바르샤바 2
하늘에 매달린 트바르도프스키 / 타트리 산맥의 잠자는 기사 / 스맹텍 노인과 떡갈나무 이야기
생명의 물 / 은빛 뿔 사슴 / 독수리의 반지 / 물고기의 왕 / 까마귀의 왕 / 니에지차 성(城)의 전설
마리아 대성당에 우뚝 솟은 두 개의 종탑 / 라이코닉 / 튜튼 기사단과 두 개의 검
소녀의 저주로 너도밤나무가 된 스웨덴 군인들

IV

폴란드

폴란드는 966년 로마 가톨릭을 국교로 수용하면서 국가를 수립했고, 중세 시대에 이르러 기록문학이 정착되었기에 국가가 탄생하기 이전 민간에서 널리 성행하던 원시적인 신화나 민담을 찾아내는 것은 쉽지 않다. 현재까지 남아있는 상당수의 작품들이 로마 가톨릭의 영향으로 기독교적인 요소가 가미되면서 원형으로부터 각색되고, 재해석되어 변형되는 과정을 거쳤다. 또한 서유럽을 지배하던 라틴 문화권에 편입되면서 범유럽적인 신화나 민담에서 발견되는 보편적인 요소들이 폴란드의 민속 문학에도 다분히 반영되었음을 발견하게 된다. 하지만 좀 더 자세히 살펴보면, 기독교 유입 이전, 고대 슬라브인들의 고유한 특성과 토속적인 정서를 보여주는 독창적인 요소들, 귀족 계층이 아닌 하층 민중의 삶을 대변하는 내용들도 발견할 수 있다.

폴란드 민속 문학 연구의 토대가 되고 있는 것은 19세기에 채록된 작품들이 대부분이다. 폴란드에서 민속 문학 연구의 효시는 이성과 학문의 시대로 불리던 계몽주의 시대로 거슬러 올라간다. 18세기에 코웡타이(H. Kołątaj), 렐레벨(J. Lelewel)과 같은 계몽주의 학자들은 민속 문화와 관련된 다양한 자료들을 수집하는 일이야말로 민족사를 재정비하는 기본적인 토대라는 사명감을 가지고 있었다. 그러나 이 시기의 민속 문학 연구는 이론적인 측면에서의 학문적인 분석이나 연구 방법의 전문성이 뒷받침되지 못한 채 자료 수집 단계, 혹은 단순한 채집의 수준에 머무르고 있었다.

폴란드 민속 문학이 새로운 국면을 맞이하게 된 것은 19세기 낭만주의 시대로 접어들면서부터이다. 지금까지 세속적인 하층민의 전유물로 인식되어 왔던 민속 문화적 요소들, 예를 들면 신화나 구비 문학

등이 지닌 예술적 가치와 민족 문화 유산으로서의 의미에 학자들이 새롭게 눈을 뜨게 되었기 때문이다. 이것은 낭만주의 사조 자체가 기독교 중심의 획일적인 사관에서 벗어나 민족 문화의 상대성과 독자성을 인정하고 존중하는 다원주의적인 방향으로 발전했기 때문이기도 했지만, 러시아, 프로이센, 오스트리아 3국에 의해 분할 점령을 당하고 있던 19세기 말 폴란드 역사의 특수성과도 밀접한 관계를 맺고 있다. 당시 학자들은 "민중과 민족은 하나이다"라는 구호 아래 기독교 도입 이전의 슬라브적이고 폴란드적인 요소가 남아있는 민속 문학의 채집과 출판활동을 통해 민족의 주체성을 발견하고, 독립 의지를 일깨우려 했다.

19세기 중반, 폴란드 민속학의 아버지라고 불리는 콜베르그(O. Kolberg)는 각 지방의 고유한 민담과 세시 풍속에 대해 연구한 여러 편의 논문을 발표했고, 민속 문화를 체계적으로 고찰하여 폴란드 민속학 연구의 바이블로 일컬어지는 저서 『폴란드 농민(Lud Polski)』을 출판했다. 부이치츠키(Kazimierz Władysław Wójcicki)의 『폴란드와 동 슬라브의 전통 민담(Klechdy ludu polskiego i na Rusi)』(1837)이 편찬된 것도 이 무렵이다. 또한 이 시기에 폴란드에서 가장 오래된 야기엘론스키 대학교(Uniwersytet Jagielloński)에 최초로 민속학 강좌가 개설되기도 했다.

이후 실증주의 사조가 널리 유행하면서 민속 문학 연구에 있어서도 보다 사실적이고 전문적인 고증과 이론적 체계화가 뒷받침되기 시작한다. 바르샤바에서 발간된 <비스와(Wisła)>나 르부프에서 간행된 <민중(Lud)> 등의 정기 간행물은 민속 문학을 소개하고 분석하는 창구 역할을 담당했다. 코페르니츠키(Izdor Kopernicki), 우지엘라(Serweryn Udziela), 카르워비츠(Jan Karłowicz)와 같은 학자들은 다양한 민속 문학 자료들을 문헌화하고 체계화하는데 주력했다.

이 책에는 폴란드의 민속 문학(Literatura Folklorystyczna), 좀 더 세부적으로 분류하자면 건국신화, 영웅신화, 구비설화, 전설과 민담 등에서 선별한 총 스무 편의 이야기가 수록되어 있다. 폴란드의 민속 문학에는 폴란드 민족의 독창적 개성과 민중문화로서의 비판적 창조력, 자연친화적 문화로서의 공생적인 요소들, 그리고 슬라브 문화와 기독교 문화를 아우르는 다양성과 보편성이 나타나 있다. 따라서 폴란드 민속 문학을 살펴보면, 폴란드 문화 전반에 걸친 포괄적인 이해를 돕는 중요한 실마리를 발견하게 된다.

독수리 둥지에 폴란드를 세우고 세 형제가 길을 떠나 각각 폴란드와 러시아, 체코를 세우는 내용의 건국신화는 주변 슬라브 국가들에서도 비슷한 유형으로 발견된다. 특히 낭만주의 시대를 거치면서 역사적인 사실에 신비주의적인 요소들을 결합시켜, 실제 사건들을 상징적으로 묘사한 신화들이 많이 발굴되었다. 카르파티 산맥과 크라쿠프, 바르샤바의 유래와 관련된 도시건설 신화에는 특정한 역사적 사건과 인물들이 등장하고, 지명의 유래가 담겨있기에 어원학적, 혹은 지형학적 연구에도 많은 도움을 주고 있다.

1

독수리 둥지에 폴란드를 건설하다.

옛날, 아주 오랜 옛날, 사람들이 뚫고 지나갈 수 없을 정도로 나무들이 빽빽하게 들어선 원시림이 평야와 산들을 뒤덮고 있을 때, 슬라브 부족들은 자신들이 살 땅을 찾기 위해 머나먼 길을 떠났다. 짐승 가죽으로 만든 옷을 입고, 활과 창으로 무장한 군인들과 장정들이 앞장을 서고, 아낙네들과 노인, 아이들, 그리고 가축들이 그 뒤를 따랐다.

그들은 몇 주일 동안 황량한 볼모지와 꽃이 활짝 핀 들판, 위험한 늪지대, 험준한 덤불숲을 가로질러 끊임없이 걸었다. 골짜기의 시원한 그늘도, 숲의 요정들의 꼬임도 그들의 발걸음을 멈추게 하지는 못했다.

부족의 지배자는 레흐(Lech), 체흐(Czech), 그리고 루스(Rus) 라는 이름의 세 형제였다. 건장하고 늠름한 세 젊은이가 행렬의 맨 앞에서 전초병들을 진두지휘했다. 맏형인 레흐는 정직하고 온순한 성격을 가지고 있었고, 둘째인 체흐는 예민하면서도 농담을 즐겼으며, 막내인 루스는 과묵하고 내성적이었다.

밤낮없이 행군을 계속하던 부족들은 해가 뉘엿뉘엿 질 무렵, 마침내 강물이 굽이쳐 흐르는 비옥한 계곡의 입구에 다다르게 되었다. 세 형제는 말을 멈추고, 눈앞에 펼쳐진 아름다운 광경을 넋을 잃고 바라보았다. 그리 높지 않은 낮은 둔덕 사이로 작은 호수가 보이고, 그 주변에는 푸른 초원이 드넓게 펼쳐져 있었다.

그 때 갑자기 푸드덕 커다란 날갯짓 소리가 들려왔다. 가까운 언덕 위로 우뚝 솟은 떡갈나무에서 은빛 독수리 한 마리가 석양을 배경으로 커다란 원을 그리며 날아오르는 것이었다. 루스가 활을 들어 그 멋진 새를 쏘려고 하자, 레흐가 손을 들어 제지하였다.

"거대한 독수리가 이곳에다 둥지를 틀고 보금자리를 마련했다는 것은, 이곳이 바로 명당자리라는 표시이다. 나는 이 계곡에 정착하여 언덕 위에 성을 쌓겠다. 나를 따라는 사람들은 이곳에서 번영과 휴식을 얻으리라." 형제들도 레흐의 말에 동의했다.

"정말 아름다운 곳이다. 여기에 머무르기로 한 것은 정말 잘 한 일이다. 그러나 이곳에 우리 부족 모두가 정착하여 살기에는 비좁으니 나머지 일행들은 계속해서 길을 가겠다. 신께서 우리들도 하루빨리 보금자리를 찾을 수 있게 도와주실 것이다."

그리하여 체흐와 루스는 또 다시 길을 떠났다. 얼마 후 체흐는 카르파티(Karpaty)[19] 산맥을 넘어 남쪽에 도읍을 건설하였고, 루스는 동쪽에 정착하였다.

레흐와 그 일행이 자리를 잡은 푸른 계곡에서는 날마다 나무를 베는 우렁찬 도끼 소리가 울려 퍼졌다. 사람들은 땀을 뻘뻘 흘리며 통나무를 나르고, 열심히 자신들이 살 집을 지었다.

독수리 둥지에서 정면으로 내려다보이는 바로 그 자리에 많은 사람

19) 체코, 슬로바키아와 국경을 접하고 있는 폴란드 남부에 위치한 산맥.

들이 정착해 살면서 마을이 탄생했다. 처음에는 '둥지(Gniazdo)'의 어원을 따서 '그니에즈도(Gniezdo)'라고 불리다가 다시 그 이름이 '그니에즈노(Gniezno)'로 바뀌게 되었다. 마을의 규모가 점차 커지면서 그니에즈노는 폴란드의 첫 번째 수도가 되었다. 도시가 탄생한 이후에도 한 쌍의 은빛 독수리는 언덕 위 떡갈나무 둥지에 보금자리를 만들고, 새끼를 낳아 키웠다. 사람들은 떡갈나무 주변에 흙으로 된 방벽을 쌓아주었다. 그때부터 흰 독수리는 폴란드를 상징하는 국가 문양이 되었다.

폴란드 국가 앰블럼

폴란드는 966년 미에슈코 1세(Mieszko I, 960?-992)가 가톨릭교를 국교로 수용하면서 흩어져 있던 부족을 통일하여 국가의 모습을 갖추게 되었다. 초대 피아스트 왕조는 그니에즈노에 수도를 정하고, 왕관을 쓴 흰 독수리를 폴란드의 공식적인 앰블럼으로 지정하였다.

2

세 형제가 샘터에서 만나다.

옛날, 아주 오랜 옛날, 폴란드 남서쪽 체코와의 국경 근처, 지금의 치에신(Cieszyn)이 있는 자리는 거대한 원시림이었다. 어느 날 그 빽빽하게 우거진 숲에 레흐, 체흐, 루스 삼형제가 찾아왔다.

"우리보다 먼저 여기에 온 사람은 아무도 없는 것 같아." 레흐의 말에 신이 난 루스가 제안을 했다. "그렇다면 이곳에 첫 발을 디딘 기념으로 함께 사냥을 하는 게 어떨까?"

레흐도, 체흐도 평소에 모두들 사냥을 좋아했기에 흔쾌히 찬성했다. 세 젊은이는 말을 몰아 숲으로 달려갔다. 레흐는 멋진 수사슴을 발견했고, 체흐는 커다란 멧돼지, 루스는 거대한 갈색 곰을 발견하고, 열심히 좇아갔다. 각자 목표물을 추격하다 보니 레흐는 북쪽으로, 체흐는 남쪽으로, 루스는 동쪽으로 가게 되었다.

사냥에 나선 레흐와 체흐

동물들을 쫓아가는 것은 매우 힘들었다. 수사슴이 늪지대로 뛰어들어 가는 바람에 레흐는 허리까지 오는 진흙탕에 빠져 곤경을 겪었다. 깊은 계곡으로 도망가는 멧돼지를 쫓아가던 체흐는 벼랑 끝에서 가까스로 말머리를 돌려 위기를 모면했다. 루스는 산딸기 가시덩굴 속으로 몸을 숨긴 갈색 곰을 따라갔다가 말이 가시에 찔리는 바람에 큰 고생을 했다.

온갖 장애에도 굴하지 않고, 사냥감을 잡기 위해 열심히 말을 몰던 세 형제는 저녁이 되자, 비로소 다른 형제들을 떠올리게 되었다. 세 형제는 서로를 찾기 위해 '어이! 어이!' 소리를 지르며, 사냥용 뿔 나팔을 불었다. 하지만 숲에서는 밤새도록 온갖 야수들의 울음소리가 요란하게 울려 퍼졌기 때문에 서로의 나팔 소리를 들을 수가 없었다. 숲이 가장 조용한 무렵인 새벽녘이 되어서야 비로소 다른 형제의 뿔 나팔 소리를 듣게 되었고, 삼형제는 마침내 숲 속의 맑은 샘터에서 만나게 되었다.

헤어졌던 삼형제가 한 자리에 모이게 되어 너무 기쁜 나머지 레흐 일행은 그 샘터에 부락을 만들고, 지명을 '기쁘다(치에시치: Cieszyć)'라는 의미로 '치에신(Cieszyn)'이라 지었다.

세 형제가 최초로 부락을 선설했다는 전설로 유명한 치에신(Cieszyn)은 폴란드 남부 실롱스크(Śląsk) 지방의 도시이다. 세 형제와 샘물에 관한 최초의 기록은 1115년에 씌어진 것으로 추정되는 연대기에서 발견되었다.

은빛 뱀의 왕국에서
카르파티 산맥이 솟아오르다.

옛날 옛적에 크라쿠프(Kraków)에서 아주 가까운 땅에 일흔 일곱 명의 거인들이 지배하는 아주 부유하고 풍요로운 왕국이 있었다. 거인들 중에서도 덩치가 가장 큰 거인이 왕위를 차지하였다. 일흔 일곱 명의 거인들에게는 특별한 능력이 있었는데, 누구든지 "예"라고 말하면 땅에서 커다란 산봉우리가 솟아올랐고, "아니오"라고 하면 그 즉시 깊은 골짜기가 생겨났다. 어느 날 일흔 일곱 명의 거인들이 모여 회의를 하던 중, 한 거인이 크라쿠프를 손에 넣어 영토를 확장시키자는 제안을 하게 되었다. 왕은 다른 거인들에게 그 의견에 동의하는지 물었다. 그러자 모든 거인들이 일제히 한 목소리로 대답했다. "예!"

거인들이 말을 마치기가 무섭게 일흔 일곱 개의 산봉우리가 큰 굉음을 울리며 땅에서 솟아났다. 그 봉우리들은 어찌나 높은지 꼭대기가 구름 속으로 사라져 보이지 않을 정도였다. 그 순간, 남의 땅을 손에 넣으려는 탐욕을 부린 일흔 일곱의 거인들은 마법의 힘을 잃어버리게 되었다.

왕궁은 순식간에 사라졌고, 거인들의 몸은 눈 깜짝할 사이에 조그맣게 줄어들었다. 얼마 지나지 않아 일흔 일곱 명의 거인들은 뱀으로 변했다. 그들 중 왕이었던 뱀만이 유일하게 은빛 비늘과 다이아몬드처럼 빛나는 광채를 가진 머리를 갖게 되었다.

지도자를 잃어버린 왕국은 점차 그 규모가 줄어들었다. 일흔 일곱 마리 뱀이 우글거리는 비탈진 바위언덕에는 전나무가 빽빽하게 자라서 아무도 뚫고 지나갈 수 없는 거대한 숲이 형성되었다. 그 곳 사람들은 거인들의 마법에 의해 생겨난 산봉우리들을 '카르파티(karpaty)'라고 부르게 되었다.

폴란드는 '폴레(Pole: '평야'라는 뜻)'라는 어원에서 알 수 있듯이 국토의 90%가 평지로 이루어져 있다. 유일한 산림지대는 남쪽에 위치한 슬로바키아 및 체코와의 국경에 자리한 카르파티(Karpaty) 산맥과 수데티(Sudety) 산맥뿐이다. 길이 1,500km, 최대 너비 200km, 평균 해발고도 1,000m에 이르는 카르파티 산맥은 '폴란드의 기둥'이라고도 불린다. 그 어원은 옛 슬라브어(語)의 하르파트('산맥'이라는 뜻)에서 유래하고 있다. 폴란드인들은 초인적인 능력을 지닌 일흔 일곱 마리 거인들이 등장하는 영웅적인 신화에서 자신들이 사랑하는 카르파티 산맥의 기원을 찾고 있다.

4

바벨 성의 용을 물리치고 크라쿠프를 세우다.

폴란드의 옛 수도였던 크라쿠프에는 '바벨(Wawel)' 언덕이 있다. 이 언덕의 지하 동굴에는 용이 한 마리 살았는데, 그 용은 송아지 세 마리를 한 입에 삼켜버리는 무시무시한 식욕을 가지고 있었다. 마을 사람들은 용에게 잡아먹히지 않도록 매일 세 마리의 송아지와 세 마리의 양을 희생물로 바쳤다. 어느 날 마을을 다스리던 지도자인 크라크 스쿠바(Krak Skuba)의 꿈속에 다음과 같은 계시가 들려왔다.

"양과 수송아지를 죽여 그 내장을 전부 강물에다 버린 뒤, 뜨거운 송진과 불타는 유황을 있는 대로 모아서 짐승의 뱃속에 채워 넣어라! 그리고는 용이 배가 고파서 고함칠 때 용의 동굴에다 고깃덩이를 던져 넣어라. 용이 그 불씨를 집어삼키는 순간 내장이 불에 타서 그 무서운 야수는 터져버리고 말 것이다."

크라크는 그 길로 달려가서 양과 수송아지를 죽인 뒤, 유황과 송진을 그 안에 잔뜩 집어넣고는 용이 서식하는 동굴까지 낑낑거리며 끌고 갔다. 용이 배고픔으로 화가 나서 울부짖으며 배고픈 입을 벌리는 순간, 크라크는 옳다구나 하고 먹잇감을 던져주었다. 배가 고픈 용은 짐승을 꿀떡 삼켰다. 잠시 후 용은 산 전체가 진동하고, 마을이 뿌리 채 흔들릴 정도로 거대한 괴성을 질렀다. 뱃속에 불이 붙어 내장이 모두 타 버린 용은 동굴 밖으로 머리를 내밀고, 비스와 강으로 달려가 단숨에 강물을 들이마시기 시작했다. 어찌나 물을 많이 마셨던지 몸이 풍선처럼 부풀어 오르더니 결국에는 무시무시한 고함을 지르며 터져 버렸다.

그 순간 크라크는 검을 들고 성에서 나와 그 끔찍한 괴물의 머리를 단숨에 베어 횃대 위에 높이 걸었다.

"보아라, 친애하는 동포들이여! 드디어 우리의 고난도 끝이 났다. 새들은 즐거이 지저귀고, 들판의 산들바람은 노랫소리를 싣고 나부낀다. 농부들이여! 어서 들판으로 나오게나. 목동들이여! 가축을 몰고 언덕을 오르라. 아이들이여! 숲으로 가라. 이미 이 땅에서 용은 사라졌도다."

용의 동굴 위로 우뚝 솟은 산중턱에는 돌로 만든 성이 세워지고, 크라크는 왕이 되어 사람들을 평화롭게 다스렸다. '크라쿠프'라는 지명은 바로 이 '크라크'의 이름에서 유래한 것이다.

폴란드 남부에 위치한 천년고도(千年古都)인 크라쿠프(Kraków)는 중세 폴란드 야기엘론스키 왕조(1386-1572)의 수도였던 곳이다. 오랜 외세 점령과 수많은 전쟁을 겪었음에도 불구하고, 중세 시대 모습을 그대로 간직하고 있어 도시 전체가 유네스코가 지정한 세계문화유산에 등재되기도 했다. '폴란드의 젖줄'이라고 일컬어지는 비스와(Wisła) 강변에 위치한 바벨 성은 500여 년 동안 야기엘론스키 왕조의 왕들이 살던 왕궁으로 오늘날에도 관광객들의 발길이 끊이지 않는 명소이다. 일찍이 동양문화권에서는 '용'을 신비한 능력을 가진 영험한 동물로 여기고, 길조의 상징으로 여겨왔지만, 폴란드를 비롯한 유럽의 신화나 전설에서는 '용'이 악의 상징, 또는 나쁜 괴물로 등장하며, 부정적인 이미지로 묘사되고 있는 점도 흥미롭다.

5

크라쿠프의 반다 여왕

크라크 왕은 슬하에 두 왕자, 레흐(Lech)와 크라크(Krak), 그리고 아리따운 막내 반다(Wanda) 공주를 두었다. 어느덧 세월이 흘러 왕의 은빛 턱수염이 가슴을 덮어 무릎까지 이르고, 백발이 땅에 닿을 만큼 무성하게 자라게 되었다. 크라크 왕은 자신에게 죽음의 시간이 찾아왔음을 깨달았다.

"자, 이제 내가 떠날 시간이 됐구나. 왕자들이여, 왕국을 둘로 나누어 통치하거라. 누이동생인 반다 공주에게는 지참금을 하사하노라. 명하노니 백성들을 사랑하는 자비로움 마음을 잃지 말고 화목하게 살아가거라."

왕을 잃은 백성들은 슬픔의 눈물을 흘렸고, 시신은 라소타(Lassota) 산으로 옮겨졌다. 장작더미 위에 왕의 시신을 올려놓고, 화장으로 장례식을 치렀다. 백성들은 크라크 왕의 재를 한 움큼 씩 손에 쥐고 땅에

뿌렸다. 흙더미는 금세 무덤이 되어 높이 쌓였다.

왕국은 레흐와 크라크, 두 형제가 공평하게 절반으로 나누어 통치했다. 하지만 욕심 많은 레흐는 늘 경계의 눈으로 동생을 바라보았다.

'크라크는 틀림없이 내 목덜미를 발로 차서 부러뜨리려고 할 게야. 그러니 내가 먼저 동생을 치자!'

어느 날 레흐는 동생 크라크에게 제안을 했다.

"아우야, 우리 물고기와 야수를 사냥하러 숲으로 가자. 어두운 밀림에서 사슴도 잡고, 곰 사냥도 하자꾸나!"

형제가 말에 올라 막 숲으로 향하려는 순간, 반다 공주가 탑 꼭대기에서 간곡하게 만류하였다.

"제발 사냥하러 가지 마세요. 오늘 아침에 까마귀 떼가 울었고, 어젯밤에는 온몸이 피로 뒤범벅이 되는 꿈을 꾸었답니다. 시종을 데려가시고, 서로 꼭 붙어있으세요. 짐승들은 거친 야수인데다가 숲은 어둡답니다."

크라크는 웃으면서 말했다. "우리는 아무 것도 겁내지 않아. 걱정 말거라."

형제는 캄캄한 밀림 속으로 들어갔다. 아무도 없는 외딴 숲에서 형은 동생에게 말하였다.

"여기서 너는 죽게 될 것이다. 그리고 내가 왕국 전체를 지배하리라!"

말을 마치기가 무섭게 형은 동생의 관자놀이를 망치로 세게 내리쳤다. 늑대들이 땅을 파헤치면 사람들이 시신을 발견하게 될 염려가 있었기에, 레흐는 크라크의 시신을 네 등분한 뒤, 다시 토막을 내어 갈림길 근처에 매장하였다. 그리고는 흰 모래를 그 위에 뿌리고는 발로 땅을 평평하게 다져서 흔적을 없앴다. 달과 별과 숲이 이 광경을 보았지만, 달과 별은 아무 말도 할 수가 없었고, 숲의 소리에 귀 기울이는 사람은 아무도 없었다.

레흐는 팔이 부러지고 옷이 찢겨진 채로 마을로 돌아와 울음을 터뜨렸다.

"어두운 숲 속에서 난폭한 짐승이 내 형제를 물어 죽였다오. 얼마나 끔찍한 일인지..."

레흐는 자신의 겉옷에 묻은 피를 가리키며, 자기가 동생을 구하기 위해 얼마나 애썼는지를 새삼 강조했다.

레흐는 이제 왕국 전체를 혼자서 통치하게 되었다.

봄이 되자 흰 모래를 뿌려 놓았던 갈림길에서 새하얀 백합이 자라나 활짝 꽃을 피우게 되었다. 그런데 이 백합꽃들이 바람에게 비밀을 털어놓았다.

"여기는 크라크의 무덤이라네. 형제의 손이 그를 죽였다네."

으슥한 밤, 이곳을 지나는 사람들은 바람결에 실려오는 괴이하고 무시무시한 목소리를 듣게 되었다. 뭔가 석연치 않다고 판단한 사람들은 결국 땅을 파헤치게 되었고, 거기에서 크라크의 시신을 발견했다. 크라쿠프의 시신은 결국 바벨성으로 돌아오게 되었다. 사람들은 동생을 죽인 레흐의 눈알을 뽑아버렸다.

이제 크라쿠프에 남겨진 유일한 왕의 혈육은 반다 공주뿐이었다. 공주는 이미 신들에게 서약을 하고 성직자가 되었지만, 크라쿠프의 여왕 자리에 오를 수밖에 없는 상황이었다.

"내가 그대들의 여왕이 되어야 마땅하지만, 나는 신들께 혼인 서약을 한 몸이기에 남편을 맞이할 수가 없다."

"바다와 땅과 하늘의 여왕이신 반다 공주여! 크라쿠프의 따님이시여! 우리를 통치해 주소서." 백성들이 간곡하게 외쳤다.

크라쿠프의 아리따운 공주가 여왕이 되어 왕국을 다스리게 되었다는 소식은 순식간에 사방에 퍼졌고, 국경 근처에 살고 있는 여우처럼 교활한 독일인 리트가르(Rytgar)에게도 전해졌다. 물론 여왕에게는 남편이 없으며, 여왕 또한 남편을 원치 않는다는 이야기도 전달되었다. 리트가르는 무장한 독일병사들을 불러 모은 뒤, 무방비 상태의 왕국을 공격하고 전쟁을 일으킬 음모를 꾸몄다. 리트가르의 군대는 국경 근처에서 발걸음을 멈추고 반다여왕에게 사신을 보냈다.

"반다, 내가 그대의 남편이 되고 싶소. 만일 당신이 거절한다면 불과 칼을 동원하고, 침략과 살인과 방화를 저질러 당신의 영토를 강제로 빼앗을 것이오."

리트가르의 도전에 반다는 대답했다.

"나는 이미 신앙을 걸고 신들께 혼인 서약을 한 몸, 절대로 남편을 가질 수 없다! 전쟁을 원하는가? 오너라. 얼마든지 상대해주마! 피의 전투를 벌이리라."

크라쿠프 근교의 벌판에는 온통 군인들로 가득 찼다. 반다는 성스럽고 순결한 처녀의 몸으로 몸소 칼을 들고 폴란드 군대를 지휘하였다. 폴란드 군대의 용맹스런 공격에 독일인들은 기력이 떨어졌다. 리트가르가 사방을 둘러보았을 때는 독일 병사들은 이미 허겁지겁 달아난 뒤였다. 홀로 남겨진 리트가르는 운명이 다했음을 깨닫고, 칼로 자신의 심장을 찔렀다. 반다는 승전보를 안고, 자신을 애타게 기다리는 왕국으로 돌아갔다.

새하얀 드레스를 입고, 화관을 머리에 얹은 반다가 백성들 앞에 나타났다.

"여러분들과 조상님들께 마지막으로 인사를 하겠습니다. 나는 신들께 혼인 서약을 했기에 여왕의 자리에 오를 수도 없고, 대를 이을 자손을 낳을 수도 없습니다. 이제 신들께 내 모든 것을 바쳐야만 할 때가 된 것 같습니다. 동포들이여, 나를 소용돌이가 치는 비스와 강의 강둑으로 데려가 주십시오."

강둑 위에 올라선 반다는 작별인사를 남기고, 비스와 강으로 훌쩍 뛰어들었다. 백성들은 아름다운 여왕을 기리며 눈물을 흘렸다. 반다 여왕의 무덤가에는 언제나 사람들이 끊이지 않고 있으며, 그녀에 관한 노래는 폴란드에서 대대손손 영원토록 전해지고 있다.

이 이야기는 폴란드의 전통적인 민담에 기독교적 요소가 가미된 전형적인 도시건설 신화라고 할 수 있다. 형제간에 나타나는 갈등이나 적대감, 경쟁심을 소재로 한 이야기는 다른 슬라브 민담에서도 자주 나타나는 소재이지만, 그러한 콤플렉스를 극복하지 못하고 살인으로 이어지는 후반부는 구약성서에 나오는 '카인과 아벨'의 이야기가 접목된 것으로 보여진다. 여기에다 신에게 혼인서약을 한 신앙심 깊은 반다 여왕까지 등장하는 것으로 미루어 당시 기독교 문화가 하층 계급에까지 깊이 파고들어갔음을 알 수 있다.

6

인어의 도시 바르샤바 1

크라쿠프의 대화재로 인해 바르샤바는 1596년부터 폴란드의 수도가 되어 현재에 이르고 있다. 스웨덴 출신의 지그문트 3세(Zygmunt III) 왕은 수도를 바르샤바로 옮긴 뒤, 구시가지 광장에 수도 천도를 기념하는 기둥을 세웠다.

바르샤바의 기원과 관련한 신화에 빠짐없이 등장하는 것이 바로 인어이다. 아래에 소개하는 첫 번째 신화는 인어와 어부의 이름에서 유래한 도시명의 어원을 밝히고 있다.

아주 오랜 옛날, 아직 기독교가 전파되지 않은 토착 슬라브 시대에 마조브쉐(Mazowsze)[20] 숲을 다스리는 책임자는 태양의 신 시비아토

---

20) 바르샤바를 중심으로 하는 폴란드 중부지역

비드(Światowid)였다. 숲에는 많은 야생동물들이 살고 있었고, 물이 맑기로 소문난 비스와 강에는 형형색색의 수많은 물고기 떼가 서로 어울려 헤엄쳐 다녔다. 어부인 바르스(Warsz)는 아내 바르샤(Warsza)와 쌍둥이 형제인 두 아들과 함께 비스와 강변에 갈대를 엮어 지붕을 얹은 오두막을 짓고, 오순도순 살았다. 이들 가족들은 태양의 신이 명하는 대로 일주일에 엿새는 열심히 일을 하고, 안식일에는 휴식을 취했다. 남편이 물고기를 잡아오면, 아내는 아궁이에 불을 피우고, 가족이 먹기 전에 먼저 태양의 신에게 바쳤다.

그러던 어느 날, 바르스가 고기를 잡으러 배를 타고 강 하류로 내려

지에모비트 왕과 비스와 강의 인어

간 사이, 아내 바르샤는 쌍둥이 두 아들과 함께 남편이 잡아온 물고기의 배를 갈라 훈제 요리를 만들었다. 그 때 아주 특별한 손님이 어부의 오두막을 찾아왔다. 그는 바로 마조브쉐 왕국의 왕인 지에모비트(Ziemowit)였는데, 숲에서 들소 사냥을 하던 중 그만 길을 잃고 헤매다가 이 근처까지 오게 된 것이었다. 그 때 비스와 강에서 갈라져 나온 시냇물에서 반은 물고기이고, 반은 인간의 모습을 한 물의 요정이 나타났다. 그녀는 지치고 굶주리고 목마른 왕에게 어부의 오두막으로 가는 샛길을 가르쳐 주었다.

"이 길로 가세요. 거기에서 당신과 당신의 나라를 변화시킬 새로운 운명을 만나게 될 것입니다."

왕은 비스와 강의 요정이 가르쳐준 길을 따라 어부의 집에 다다르게 되었고, 그곳에서 소박한 사람들과 그들의 근면한 삶을 목격하게 되었다. 바르스와 그의 가족들은 따뜻한 정성으로 극진하게 손님을 대접했다. 그것은 권력자에 대한 형식적인 예우가 아니라 도움이 필요한 형제를 향한 진심어린 호의였다.

바르스의 정성어린 대접에 큰 감동을 받은 지에모비트 왕은 마조브쉐 숲을 바르스에게 하사했다.

"이미 당신들이 부지런한 손으로 이 척박한 땅을 살기 좋게 일구어 놓았으니, 이 땅을 당신과 당신 자손들에게 영원토록 주겠소이다. 이곳은 이제부터 당신들의 땅입니다."

이렇게 해서 어부 바르스와 그의 아내 바르샤의 이름을 따서 '바르쇼바(Warszowa)'라는 마을이 생겨나게 되었고, 이것이 훗날 폴란드의 수도인 '바르샤바(Warszawa)'가 되었다.

인어의 도시 바르샤바 2

두 번째 신화 역시 인어가 주인공이지만, 도시의 명칭에 대한 설명에 주력했던 첫 번째 신화에 비해 풍성한 이야깃거리가 더해져 좀 더 구체적으로 발전했고, 여기에 인어가 노래하는 발라드까지 결합되면서 사람들의 입에서 입으로 전해 내려오게 되었다.

옛날 옛적, 지금의 바르샤바가 있던 자리, 포비실레(Powiśle) 지방이 위치하는 비스와 강 유역에는 그리 크지 않은 어촌 마을이 있었다. 그 마을은 순록과 야생 들소, 늑대와 곰 등 거대한 동물들로 득실거리는 빽빽한 숲으로 사방이 둘러싸여 있었다.

비스와 강에는 물고기뿐만 아니라 머리는 사람이고, 몸은 물고기인 인어들이 살고 있었는데, 태양이 떠올라 비스와 강을 온통 붉은빛과 황금빛으로 수놓기 시작하면 하루 종일 아름다운 목소리로 노래를 부르곤 했다. 그 멜로디는 바람을 타고, 비스와 강을 지나 멀리 부그 강 너머까지 울려 퍼지곤 했다.

인어들은 보통 해가 지고 나면 노래를 멈추지만, 가장 아름다운 인어는 보름달이 뜨는 밤에도 노래를 부르곤 했다. 그 청아한 음성은 종달새 지저귀는 소리 같기도 하고, 종소리 같기도 하고, 보리수로 만든 바이올린 소리 같기도 했다.

마을의 원로인 바르나바 사제는 인어를 잡아서 왕자에게 선물로 바치려는 계획을 세우고, 시몬과 마테우쉬, 두 어부를 불렀다. 바르나바 사제와 어부들은 보름달이 뜨는 밤 은밀히 강가로 향했다. 그들은 온몸에 나뭇가지를 꽂아 변장을 하고, 덤불 속에 납작 엎드려서 인어가 나타나기만을 기다렸다. 얼마나 기다렸을까. 갑자기 물속에서 무언가가 불쑥 솟아올랐다. 그것은 바로 속세의 미를 초월하여 천상의 아름다움을 지닌 한 소녀의 형상이었다. 꿈결 같은 그녀의 자태는 달빛 속에서 더욱 눈부시게 빛났다. 검게 윤이 나는 긴 머리카락은 적당히 아름답게 웨이브를 이루고 있었고, 이마는 깎아놓은 대리석처럼 반듯했다. 사파이어처럼 청록색으로 빛나는 그녀의 두 눈은 슬픈 듯, 근심스러운 듯 주위를 이리저리 둘러보고 있었으며, 연분홍빛 홍조를 살짝 띤 그녀의 얼굴은 신비스런 매력을 가득 풍기고 있어 바라보는 어부들의 마음을 절로 두근거리게 만들었다.

잠시 침묵을 지키던 인어는 하늘과 별을 바라보더니 드디어 수정처럼 맑고, 고운 소리로 고요한 밤의 적막을 깨트리며 노래를 부르기 시작했다. 땅과 하늘과 보름달과 수백만 개의 별들이 넋을 잃고 그 소리에 귀 기울이고 있었다.

바로 그 때 덤불 속에서 세 명의 사내가 벌떡 일어났다. 그들은 인어를 향해 교회에서 가져 온 성수를 뿌리면서 가느다란 실버들가지를 꼬아 만든 줄을 던져, 재빨리 그녀를 묶고는 물속에서 잔디 위로 끌어내었다. 허리 위쪽으로는 황홀하리만치 아름다운 처녀의 모습이었고, 허리 아래쪽으로는 반짝이는 은빛 비늘로 덮힌 그 인어는 자신의 불행

비스와 강의 인어와 어부들

에 맞서 격렬하게 저항했으나 아무 소용없었다. 인어는 아름다운 인간의 목소리로 제발 자신을 놓아달라고 간절하게 애원했으나 헛된 일이었다. 바르나바 사제의 충고에 따라 어부들은 미리 밀랍으로 단단하게 귀를 틀어막고 있었기 때문에 아무 것도 들리지 않았던 것이다.

시몬과 마테우쉬는 인어를 짊어지고는 목동인 스타쉑의 헛간으로 그녀를 옮겨다 놓았다. 스타쉑은 어부들의 요청에 따라 아침까지 인어를 감시하게 되었다. 달빛이 창문으로 스며들어와 인어의 고운 얼굴을 신비하게 물들였다. 슬픔으로 가득 찬 두 눈에서는 끊임없이 눈물이 흘러내려 두 뺨을 적시고, 푸르른 별처럼 그녀의 얼굴에서 빛났다.

스타쉑은 한시도 그녀에게서 눈을 뗄 수가 없었다. 평생 동안 이토록 아름다운 얼굴과, 깊고 심오한 눈동자와, 세속을 초월한 신비스런 매력을 가진 생물체는 본 적이 없었기 때문이었다. 인어는 아름다운 두 눈으로 스타쉑을 물끄러미 바라보더니. 물결치듯 구불거리는 검은 빛의 머리카락으로 둘러싸인 아름다운 얼굴을 들고는 산호 같은 입술을 벌려 노래를 부르기 시작했다.

가사도 없는 그 노래는 너무나 황홀해서, 헛간 뒤에 있는 나무들은 부스럭거림을 멈추었고, 소떼들은 모이를 먹다 말고 여물통에서 그 무거운 머리를 번쩍 들어 올려 인어가 있는 쪽을 넋을 잃고 바라보았다. 인어의 노래는 스타쉑의 심금을 울렸는데, 그건 마치 새봄의 청량한 기운이 사람들의 마음을 들뜨게 만드는 듯했다. 그 순간 스타쉑의 눈앞에는 지금까지 생각조차 하지 못했던, 천상의 기적으로 가득 찬 아름다운 세상이 펼쳐지고 있었다.

인어는 스타쉑의 눈을 똑바로 쳐다보며 말했습니다. "나를 풀어주세요!"

그러자 스타쉑은 단 일 초도 주저하지 않고, 인어가 있는 쪽으로 뚜벅뚜벅 걸어가서 주머니 칼로 그녀를 묶고 있는 줄을 단숨에 잘랐다.

깜짝 놀란 인어는 어여쁜 손으로 그의 목을 꼬옥 끌어안고는 속삭였습니다.

"문을 여세요, 그리고 저와 함께 가요!"

인어는 누워있던 짚더미에서 벌떡 일어나 자신의 꼬리로 콩콩 뛰어서 비스와 강 쪽으로 향했다. 마법에 빠진 듯 넋이 나간 스타쉑은 아무 생각도 없이, 목적도 없이 그녀의 뒤를 따라 걷고 또 걸었다.

어느새 밤새도록 내리던 비가 멈추고 먼동이 터오기 시작했다. 잠에서 깨어난 사람들이 하나 둘씩 집밖으로 나와 놀라움을 감추기 못하고 이 기막힌 광경을 바라보았다. 인어는 걸어가면서 계속 노래를 불렀다.

마침내, 인어는 비스와 강변에 도착했다. 그제서야 마을을 향해 뒤를 돌아다본 인어는 커다란 음성으로 말했습니다.

"너를 사랑했다네, 비스와 강변이여! 당신들을 사랑했다네, 순박하고 맘씨 고운 마을 사람들이여! 나는 당신들을 위해 노래를 불렀고, 당신들의 인생에 신비로운 활기를 가져다주었다네. 그런데 당신들은 왜 나를 가두었는가? 왜 내가 감옥에 갇혀 족쇄를 차고, 왕자의 노예가 되어 궁궐에 들어가 노래를 부르기를 원하였는가? 이제 나는 비스와 강의 파도 속으로 영원히 자취를 감추려네. 당신들의 눈앞에서 영원히 사라지기를 원하네. 앞으로는 강에서 철썩거리는 파도소리만이 당신들에게 말을 걸리라. 먼 훗날, 힘들고 어려운 때가 찾아오리라. 그 때는 당신들도 당신들의 아이들도, 그 아이들의 손자들도 더 이상 아무런 꿈도 꾸지 않게 되리니, 그 때, 그 고난과 역경의 시대에 비스와강의 파도가 당신들의 후손에게 희망을 일깨우고 승리를 북돋워주는 노래를 불러 주게 되리라."

뒤늦게 인어의 탈출 소식을 들은 두 명의 어부와 늙은 사제가 강변을 향해 서둘러 뛰어오면서 큰 소리로 외쳤습니다.

"잡아라, 어서 붙잡아! 그녀를 놓치면 안 돼!"

그러나 인어는 이미 물로 풍덩 뛰어들어 버렸다. 그녀의 뒤를 따라 스타쉑도 곧바로 강물로 뛰어들었다. 스타쉑은 강기슭에 남아있는 마을 사람들을 향해 외쳤다.

"신의 가호가 당신들과 함께 하기를!"

그리고는 그도 사라졌다.

세월이 흘러 수백 년이 지났다. 마을이 있던 자리에는 도시가 생기고, 사람들이 모여들어 번성하고 발전하였다. 이 도시는 훗날 폴란드의 수도인 바르샤바가 되었다.

인어에 얽힌 이 신비한 이야기를 오래오래 기억하려는 사람들의 바람으로 인어는 도시의 상징물이 되었고, 오늘날까지도 바르샤바의 시청에는 이 인어의 조각상이 높이 매달려 있다.

바르샤바를 둘러싸고, 민중들 사이에서 인어를 소재로 한 신화가 끊임없이 구전되어 오면서 인어는 바르샤바의 상징물이 되었고, 오늘날 도시의 앰블럼에도 칼과 방패를 든 인어 그림이 들어가게 되었다.

8

동 유 럽 의 신 · 영 웅 · 신 비 한 존 재 들

하늘에 매달린 트바르도프스키

8장부터 10장까지 소개하는 내용은 폴란드 마법민담(Bajka magiczna)을 대표하는 이야기들이다. 지극히 평범한 주인공이 초인간적인 힘의 도움으로 예상치 않게 어려움을 극복하는 플롯, 즉 환상적, 기적적, 혹은 마법적인 요소들이 등장하여 신비로운 사건을 전개하는 것이 마법민담의 특징이다. 또한 이 민담들에는 인간계와 중간계, 그리고 천상계에서 살고 있는 초자연적인 존재들, 즉 영혼, 유령, 수호신, 요정 등의 신적 존재들과 다양한 유형의 악마들이 등장하는데 이들은 서로 갈등과 대립관계에 서기도 하고, 또 위기에 처한 인간을 극적으로 구제하기도 한다.

마법민담에서 가장 눈에 띄는 것은 일상생활에 적용되는 상식이나 고정관념을 뒤엎는 반논리성(antylogiczność)이다. 논리적으로는 설명할 수 없는 가상의 존재들이 등장하여 불가사의한 힘으로 문제를 해결한다든지, 주인공이 절대절명의 위기에 처한 극적인 순간에 신비한 마술적 힘이 어김없이 나타나 구제하는 것이 마법민담의 전형적인 줄거리이다.

명망 있는 귀족 가문의 후예인 트바르도프스키(Twardowski)는 유명한 마법사였다. 그는 죽음에 굴복당하고 싶지 않았기에, 자신의 의지로 고통 없이 죽음에 이르는 특효약을 찾기를 원하였다. 어느 날, 케케묵은 옛날 책에서 악마를 불러내는 비법을 읽게 된 트바르도프스키는 으슥한 밤 자정을 기하여 몰래 크라쿠프를 떠났다. 도시 근교에 있는 포드구르(Podgór)에 도착한 그는 책에 나와 있는 대로 주문을 외우며 큰 소리로 사탄을 불렀다. 그러자 순식간에 악마가 나타나서 트바르도프스키와 계약을 맺었다.

악마는 트바르도프스키더러 손가락을 베어 흘러나온 피로 길고 긴 계약서를 쓰게 하고는 서명을 요구했다. 계약서의 여러 조항 가운데 가장 중요한 내용은 바로 이것이었다: "트바르도프스키를 로마에서 붙잡기 전까지 사탄은 트바르도프스키의 영혼과 육체에 대하여 아무런 권리도 가지지 않는다."

악마와 계약을 맺은 덕분에 트바르도프스키는 자신의 심복이 된 악마에게 폴란드 전역에서 은을 가져와 한 곳에 모아놓고, 모래로 덮으라고 명령하였다. 그리고는 올쿠쉬(Olkusz) 지방을 손가락으로 가리켰다. 충성스런 심복은 명령을 이행하였고, 여기에서 오늘날 올쿠쉬 지방의 유명한 은광산이 탄생하게 되었다.

두 번째로 트바르도프스키가 악마에게 명령한 것은 아주 길고 높은 바윗덩이를 피에스코바 스카와(Pieskowa Skała)로 가져와서 뾰족하고 가느다란 쪽이 아래로 가도록 바위를 거꾸로 세워서 이 상태로 영원토록 보존되도록 하라는 것이었다. 충직한 부하가 된 악마가 바윗덩이를 거꾸로 세운 것이 오늘날에 이르러 스카와 소콜라(Skała Sokola)라고 불리는 유명한 명소가 되었다.

트바르도프스키가 요구하는 것들은 무엇이든 곧장 이루어졌다. 트바르도프스키는 알록달록 색칠을 한 말을 타고 날개도 없이 날아다녔고, 먼 길을 갈 때에는 수탉을 타고 말보다 더 빨리 달렸다. 자신의 연인과 돛도 없고, 노도 없는 배를 저어 비스와 강을 건너 다녔으며, 손에 등잔을 들면 몇 십 리 밖의 마을까지도 훤히 밝힐 수 있었다. 트바르도프스키의 주위에는 금이 모래처럼 널려 있었다. 왜냐하면 그가 원하기만 하면 언제든 악마가 가져다주었기 때문이었다.

그러던 어느 날 트바르도프스키는 한 처녀에게 푹 빠져 그녀와 결혼하고 싶어졌다. 그 처녀는 항아리에 벌레 한 마리를 숨겨 놓고는 그 벌레가 무엇인지를 알이맞히는 사람과 결혼을 하겠다고 선언하였다. 트바르도프스키는 일부러 허름하고 초췌한 거지로 변장하고, 처녀를 찾아갔다. 그러자 그녀는 멀리서 항아리를 보여주며 물었다.

"과연 이 짐승은 무엇일까요? 벌레일까요? 뱀일까요? 이것을 맞추는 사람이 바로 내 남편이 될 거랍니다."

악마로부터 미리 답을 들은 트바르도프스키가 대답했다. "친애하는 숙녀여! 그것은 벌이오."

정답을 맞힌 트바르도프스키는 당장 그녀와 결혼했다.

하루는 오랫동안 유람을 하던 트바르도프스키가 어두운 숲 속에서 길을 잃고 말았다. 그 순간 악마가 갑자기 나타나서 지금 즉시 로마로 가자며 트바르도프스키를 유혹했다. 하지만 트바르도프스키는 악마의 꼬임에 넘어가지 않고, 주문을 외워 악마를 도망치게 했다. 거짓말에 화가 난 악마는 소나무를 뿌리 채 뽑아 트바르도프스키의 두 다리를 후려쳐서 다리 한 쪽을 박살내 버렸다. 그날 이후부터 트바르도프스키는 절름발이가 되었다.

트바르도프스키로부터 영혼을 빼앗을 날만을 오랫동안 기다리다 지친 악마는 마침내 계략을 꾸미게 되었다. 악마는 저택의 하인으로 변장을 한 뒤 마치 급한 용무가 있는 것처럼 가장하여 트바르도프스키를 불러냈다. 트바르도프스키는 마을에 있는 한 음식점의 이름이

"로마"라는 사실은 까맣게 모르고, 사신의 안내를 받아 한걸음에 음식점으로 달려왔다.

음식점에 도착해서 보니 수많은 까마귀와 부엉이, 올빼미가 지붕을 온통 뒤덮고 있었으며, 음산한 소리가 대기를 뒤흔들고 있었다. 당장에 무언가 좋지 않은 일이 자신을 덮치리라는 사실을 예감한 트바르도프스키는 사람으로 변장한 악마가 음식점의 문지방을 들어서는 순간, 기지를 발휘하여 이제 막 세례를 받은 갓난아기를 재빨리 요람에서 번쩍 들어 올려 어르기 시작했다.

삼각형의 뾰족한 묘자와 기다란 조끼가 달린 남색 드레스 코트, 꽉 조이는 짧은 바지, 버클과 리본이 달린 구두로 아름답게 차려입기는 하였지만, 당장에 그가 악마라는 것을 알아차릴 수 있었다. 모자 위로 뿔이 솟아 있었고, 구두 밖으로 발톱이 삐죽 솟아나와 있었으며, 등 뒤로 꼬리가 살짝 보였기 때문이었다.

악마는 당장이라도 트바르도프스키를 데려가고 싶었지만, 트바르도프스키의 팔에 안겨있는 아기를 보는 순간 자신이 곤경에 빠졌음을 깨달았다. 트바르도프스키의 영혼은 마음대로 할 수 있지만 아기의 영혼까지 데려갈 권리는 자신에게 없었기 때문이었다. 그렇지만 영리한 사탄은 곧 묘안을 떠올리고는 마법사에게 다가가 속삭였다.

"너는 훌륭한 귀족이다. 그러므로 베르붐 노빌레 데베트 에세 스타빌레(귀족 서약에 따르면 귀족은 손에 뭔가를 들어서는 안 된다)."

귀족서약을 깨트려서는 안 된다는 걸 누구보다 잘 알고 있는 트바르도프스키는 아기를 요람에다 내려놓고는 굴뚝으로 서둘러 빠져나갔다. 그러자 부엉이와 까마귀, 올빼미 떼들이 트바르도프스키를 둘러싸고 함께 날아오르기 시작했다. 모두 높이, 더 높이 날아올랐다. 그렇게 해서 트바르도프스키는 영혼을 지킬 수 있었다. 하늘 위에서 아래를 내려다보았더니 어찌나 높이 날았는지 시골마을은 모기처럼 조그맣게 보였고, 큰 도시들은 파리보다도 작게 보였다. 거대한 도시 크라쿠프는 마치 거미 두 마리가 엉켜있는 것 같았다.

악마와 맞서는 트바르도프스키

트바르도프스키는 회한의 감정을 느꼈다. 저 땅 위에 자신이 아끼고, 좋아하고, 사랑하는 모든 것들을 두고 오지 않았던가. 카르파티의 건장한 독수리들조차도 쫓아오기 힘들어 숨을 헐떡일 만큼 까마득히 먼 곳을 향해 높이 날아오르던 트바르도프스키는 가쁜 숨을 고르면서 마지막 힘을 다해 성스러운 신의 노래를 흥얼거리기 시작했다.

이것은 그가 그 악마의 마법이나 주술에 물들지 않고, 순수함을 간직했던 아주 오래 전, 젊은 시절에 성모 마리아를 경배하며 매일같이 부르던 성가 중의 하나였다.

온 힘을 다하여 정성스럽게 노래를 불렀지만 그의 목소리는 공중으로 산산이 흩어졌다. 그 순간 산 위에서 양을 지키고 있던 목동들은 구름 저편에서 울려 퍼지는 성가를 들으며, 고개를 갸우뚱 거렸다. 그의 목소리는 하늘 위로 솟아오르진 못했지만, 대신 사람들의 지상으로 멀리 내려가 사람들의 영혼을 일깨웠던 것이다.

노래를 끝마친 트바르도프스키는 깜짝 놀랐다. 왜냐하면 자신의 몸이 더 이상 위로 날아가지 않고, 공중에 매달려 있었던 것이다. 주위를 둘러보니 함께 비행하던 다른 동물들은 더 이상 보이지 않았고, 자신만 홀로 허공에 떠있었다. 그때 하늘 저편의 푸른 보랏빛 구름 사이에서 천상의 목소리가 들려왔다.

수탉을 타고 하늘을 나는 마법사 트바르도프스키

"심판의 날까지 지금처럼 하늘에 매달려 있으리라!"

이렇게 해서 하늘에 매달려 있게 된 트바르도프스키는 지금까지 허공 위를 떠다니고 있다.

비록 트바르도프스키의 목소리는 더 이상 아무에게도 들리지 않게 되었지만, 그때 그 시절을 기억하는 나이 많은 노인들은 몇 년 전 하늘에서 반짝였던 검은 얼룩을 회상하면서 그것이 바로 심판의 날까지 하늘에 매달리게 된 트바르도프스키라고 증언하고 있다.

트바르도프스키 이야기는 폴란드 각 지방에서 고루 발견되는 지방색을 초월한 보편적인 민담으로 오랫동안 폴란드 민중들로부터 많은 사랑을 받아온 대표적인 마법 민담이다. 하늘에 매달린 트바르도프스키의 이야기는 영화, 연극으로도 제작되었고, 음악이나 미술의 소재로도 활용되어 폴란드 문화의 일부로 자리 잡게 되었다.

타트리 산맥의 잠자는 기사

깊은 산 속에 잠들어 있는 폴란드 기사들이 언젠가 잠에서 깨어나 위기에 처한 민족을 구원한다는 내용을 담고 있는 '타트리 산맥의 잠자는 기사들'은 낭만주의 시대에 본격적으로 소개된 민담이다. 민족이 위기에 처했을 때 잠자는 기사들이 깨어나 민족을 구원해 준다는 이 이야기는 삼국 분할로 인해 나라 잃고 방황하는 폴란드 민족에게 희망을 안겨다주고, 부활과 구원에 대한 강한 신념을 일깨우는 계기를 마련해주었다.

폴란드 남쪽 웅장한 타트리 산맥에는 경치가 수려한 코시첼리스카(Kościeliska) 계곡이 있는데, 여기에는 잿빛 바위에 새겨진 유명한 기사의 형상이 있다. 머리에는 투구를 쓰고, 팔에는 날개를 달았으며, 손에는 검을 든 채 몸을 숙이고 있는 돌로 만든 그 영웅은 두 눈을 감은 채 깊이 잠들어 있는 모습을 하고 있다. 아주 오래 전부터 마을에는 자손 대대로 전설이 전해져 내려왔다. 산꼭대기 위에 아주 커다란 동굴이 있는데, 거기에 군대가 잠들어 있다는 내용이었다.

어느 날 한 양치기 소년이 약초를 캐러 산에 올라갔다가 어두운 계곡에서 그만 길을 잃고 헤매게 되었다. 소년은 사방을 둘러보았지만 주위는 황폐하기만 했다.

두려움을 떨쳐버리고, 용기를 얻기 위해 소년은 숲을 향해 크게 고함을 질렀다. 한 번, 두 번... 그러나 되돌아오는 것은 메아리뿐이었다. 세 번째로 소리쳤을 때 소년은 그만 소스라치게 놀라 몸이 굳어버렸다. 산꼭대기 어디선가 힘찬 음악 소리가 들려왔기 때문이었다. 그 소리는 열 명, 아니 백 명이 동시에 오르간을 연주하는 것처럼 웅장했다.

바로 그 순간 무시무시한 천둥과 번개 속에 거대한 암벽이 열리면서 양치기 소년의 눈앞에는 믿지 못할 광경이 펼쳐졌다. 어깨에 화려한 날개가 달린 무쇠갑옷을 걸치고, 멋진 투구를 쓴 채, 손에는 길고 장대한 검을 움켜 쥔 기사가 나타난 것이다. 황금빛 태양 아래 광채를 뿜으며 우뚝 선 기사는 소리를 질렀다.

"우리를 감히 영원의 잠에서 깨운 자가 누구인가? 이미 때가 왔는가?"

겁에 잔뜩 질린 소년은 아무런 대답도 하지 못했다. 소년의 공포심을 꿰뚫어본 기사는 다시 말했다.

"두려워 마라. 너를 해치진 않을 것이니라. 나는 약탈자가 아니라 조국을 위해 피를 흘렸던 용사이기 때문이다. 나는 동료들과 함께 이 바위로 와서 영원한 잠 속으로 빠져들었다. 너처럼 착한 사람들만 사는 먼 훗날에 다시 깨어날 것을 기약하면서. 보아하니 너는 착한 아이임에 틀림없구나. 착한 사람들이 반드시 구원받게 된다는 믿음을 가지고, 지혜를 깨닫게 될 때, 그리고 그 사람들이 정말 절실하게 도움을 필요로 할 때, 바로 그 순간 내가 깨어나기로 약속되어 있었다. 때가 무르익으면 수천, 수만 명의 사람들 가운데 선택된 단 한 명, 바로 네 또래의 한 소년이 나타나 황금빛 문을 두드리며 큰 소리로 나를 부르기로 했었다. <영원의 잠에서 깨어나시오, 기사들이여! 일어나서

타트리 산맥의 기사와 소년

착해지고 현명해진 사람들에게로 나아가시오. 더 이상 악의 지배 하에서는 살고 싶지 않다는 믿음을 얻게 된 사람들에게로 나아가시오. 하늘의 천사처럼 날개를 가진 기사들이여! 드디어 때가 왔소! 어서 깨어나시오!>라고."

기사의 이야기에 열심히 귀 기울이던 양치기 소년은 무릎을 꿇고 대답했다.

"사람들에게로 가겠습니다. 세상 끝까지라도 가서 제가 들은 바를 널리 전하겠습니다. 저 또한 그런 믿음과 지혜를 가지고 싶습니다. 저 뿐만 아니라 모든 사람들이 자신을 해방시켜 줄 위대한 믿음과 지혜를 깨닫게 되기를 간절히 원합니다."

기사는 소년을 번쩍 들어 올리고는 말했다.

"네게 은총을 베푸노니, 지금부터 내 형제들을 모두 불러 모아 네가 우리들을 두 눈으로 볼 수 있는 영광을 주겠노라. 네가 두 눈으로 본 것을 사람들에게 증거할 수 있도록!"

이 말과 함께 기사는 소년을 불빛이 찬란한 동굴로 데려갔다. 동굴은 그 안을 다 돌아보려면 몇 시간이 걸려도 부족할 만큼 넓었다. 동굴의 천장에는 타트리 산맥에서 널리 번식하는 터어키산 백합이 돌처럼 매달려 있고, 여러 종류의 고사리와 형형색색의 약초들이 뒤덮여 있었다. 동굴 바닥에는 투명한 황금빛 석순이 울퉁불퉁 솟아나 있었다. 기사가 양치기를 데리고 동굴을 거닐다가 실수로 그 석순을 건드리자 동굴 전체에 웅장한 오르간 소리가 울려 퍼졌다.

몇 개의 회랑을 지나면서 그들은 금빛 돌로 만든 제단과 거대한 예배당과 화석으로 만들어진 아름다운 분수를 보았다. 마침내 그들은 눈으로는 가늠할 수 없을 정도로 커다란 방에 도착했다. 기사는 잠들어 있는 다른 기사들을 향해 큰 소리로 말했다.

"자, 형제들이여, 나를 믿고 내 말을 따르시오. 이 소년이 자신의 눈으로 무장한 군인들을 볼 수 있게 해주시오."

그 순간 양치기 소년은 그 이전에도 보지 못했고, 앞으로도 보지 못할 놀라운 장관을 목격하게 되었다. 화려한 투구를 쓰고, 금빛 갑옷을 차려입고, 팔에는 날개를 달고, 손에는 거대한 검을 든 채, 값비싼 융단과 호랑이와 사자 가죽으로 장식된 아름다운 말에 올라 탄 기사들의 끝도 없는 행렬이 거기에 있었던 것이다. 기사들이 탄 말의 머리는 하얀 깃털로 장식되어 있었고, 편자는 황금으로 만들어져 있었다.

기사와 양치기가 뚫어져라 자신들을 바라보자 기사들의 술렁거림은 일순간에 멈추었고, 무장한 경기병은 터키석이 박힌 말안장을 재빨리 고쳐 앉았다. 모두들 숨소리조차 내지 않고, 가지런히 줄을 서서 말고삐를 손에 쥔 채 정면을 향해 돌진할 태세를 갖추고 있었다. 하지만 표정에는 궁금해서 못 견디겠다는 기색이 역력했다.

기사가 "아직 때가 아니다!"라고 짧게 말하자마자 화석으로 만들어진 병사들은 말의 목을 끌어안고 오랫동안 그래왔던 것처럼 영원의 잠 속으로 다시금 빠져들었다.

기사는 잠들기 전에 소년에게 왔던 길 그대로 걸어 가서 세상으로 돌아갈 것을 명령했다. 그리고 다음과 같은 당부를 했다.

"이 곳에 다시는 오지 마라. 또 이곳을 찾지도 말아라. 다시 온다 해도 우리를 절대 발견하지 못할 것이다."

양치기의 뒤에서 폭발하는 듯한 거대한 굉음이 울려 퍼지더니 땅에서 황금의 문이 솟아났다. 바로 그 순간 동굴을 이루고 있던 바위와 돌

잠에서 깨어난 타트리 산맥의 기사들

덩어리가 서로 결합되어 야생 소나무와 가문비나무에 휘감기더니, 그 위에 순식간에 에델바이스와 은방울꽃이 뒤덮였다.

양치기 소년은 순백의 사냥개가 충실하게 지키고 있던 양떼 곁으로 돌아가면서 조금 전에 자신이 보고 들었던 일들에 대하여 열심히 생각했다. 소년은 제일 먼저 이 모든 소식을 아버지에게 전하였다. 기사의 예언이 이루어지기 위해서는 자신이 사람들에게로 가서 위대한 믿음과 지혜를 전파해야만 한다는 것도 설명하였다. 소년의 아버지는 선한 사람이었기에 아들에게 이렇게 말했다.

"아들아, 너는 분명 신의 은총을 받았구나. 우리들이 옛날이야기로만 알고 있던 전설을 직접 네 눈으로 보고, 네 귀로 들었으니 말이다. 그렇지만 너 스스로도 무슨 일이 일어났는지 분명하게 실감하지 못하면서 어떻게 사람들에게 위대한 믿음과 지혜를 가르칠 수 있겠니? 먼저 학교에 가서 열심히 공부한 뒤, 나중에 어른이 되면 놀라운 진리를 온 세상에 널리 전파하도록 해라."

양치기 소년은 아버지의 당부대로 열심히 공부하여 현자가 되었다. 그는 도시와 시골과 전 세계 구석구석을 돌아다니면서 사람들을 계몽

하면서, 자신을 위해서는 아무 것도 바라지 않고, 오로지 타인만을 생각하면서 평생을 바쳤다. 그렇지만 모든 것을 이룩하기에는 인생은 너무나 짧았고, 그의 힘은 미약했다. 그의 뒤를 천 명의 제자가 따랐고, 또 천 명이 그 뒤를 이었지만 아직까지 아무도 잠자는 기사에 대한 예언을 실현한 사람은 없었다.

언젠가 세상의 구원에 대한 위대한 믿음과 지혜가 온 세상에 널리 퍼지게 되면, 그 때 신께서 그 양치기 소년에게 하셨던 것처럼 또 다른 어린 소년에게 영감을 불어넣으시어 동굴을 발견하게 하실 것이다. 그러면 소년은 황금빛 문을 두드리고는 잠들어 있는 기사들에게 이렇게 말하리라. "일어나세요. 드디어 때가 왔습니다."

해발 1,894m를 자랑하는 타트리 산맥의 최정상 기에본트(Giewont) 봉우리에는 잠자는 기사들의 전설을 기리기 위해 세운 거대한 십자가와 함께 기사의 얼굴을 연상시키는 바위조각을 볼 수 있다. 초자연적인 사건을 소재로 한 전형적인 '마법민담'이지만, 현실 속의 특정 장소나 역사적 사건 등과 결합되면서 사실적인 요소가 가미되어 이야기의 개연성이 보다 효과적으로 부각되고 있다.

스맹텍 노인과 떡갈나무 이야기

'스맹텍 노인과 떡갈나무 이야기'는 호수 밀집 지역인 마주리 지방의 대표적인 마법민담이다. 주인공인 스맹텍 노인은 신비로운 힘과 마술적 능력을 가진 요정으로 때로는 짓궂은 장난도 서슴지 않지만, 대체로 인간에게는 우호적인 존재이다.

대부분의 마법민담은 철저한 신분제 사회에서 약자로서 설움을 겪던 하층민들 사이에서 탄생하여 전승되어져 온 것이다. 그렇기 때문에 초자연적이고, 기적적인 힘이 나타나 제한적인 상황 속에서나마 자신들의 소망이 이루어지기를 바라는 하층계급의 열망이 고스란히 투영되어 있다.

옛날, 아주 먼 옛날에 마주리 지방의 숲속에 큰 떡갈나무가 자라고 있었다. 떡갈나무 줄기에는 널찍한 구멍이 뚫려 있었는데, 이 구멍 속에는 스맹텍(Smętek)이라는 노인이 살고 있었다. 그는 숲의 은둔자이면서, 늑대와 꽃봉오리와 물의 요정들과 그 밖에 숲속의 모든 정령들의 지배자였다.

스맹텍은 인간들을 좋아했기에 그들에게 해를 끼치지 않으려고 노력했고, 사람들이 다니는 길은 방해가 되지 않도록 될 수 있으면 피해 다녔다. 반면에 초대받지 않은 손님들이 자신의 삶에 간섭하거나 끼어드는 것도 원치 않았다. 스맹텍이 가장 사랑하는 건, 바로 아이들이었다. 그는 숲속의 공터에다 블루베리 열매를 알알이 엮어 만든 목걸이나 진기한 모양의 버섯들을 몰래 놓아두곤 했다. 때로는 잎사귀를 엮어 만든 작은 바구니에 산딸기를 가득 채워둔 적도 있었다. 숲의 정령들은 모두 그를 극진히 섬겼고, 늙은 늑대는 그를 태우고, 숲의 이곳 저곳을 누비며 스맹텍의 분부를 성실하게 수행했다.

어느 날 스맹텍은 늑대에게 자신을 강가로 데려다 달라고 명령했다. 늑대는 길을 가로질러 가려는 욕심에 늪을 통과해서 가기로 했다.

"대체 지금 어디로 가는 거야!" 화가 난 스맹텍이 소리를 질렀지만, 이미 그들은 늪지대 한가운데서 길을 잃고 옴짝달싹 못하게 되었다. 그때 스맹텍의 귀에 어디선가 흐느껴 우는 듯한 가냘픈 소리가 들려왔다. 이리저리 둘러봤지만, 아무것도 보이지 않았다. 엄마를 부르는 작은 새인지, 아니면 둥지에서 떨어진 새끼 새인지 알 수가 없었다.

"이 늙은 나이에 늪지대에서 허우적거리고 있다니..." 스맹텍은 투덜거렸다. 그리고는 늑대에게 울음소리를 따라가 보라고 명령했다. 잠시 후 그들은 썩은 소나무 그루터기에서 커다란 바구니를 발견했다.

바구니 안에는 호화로운 옷을 입은 갓난아이가 서럽게 울어대고 있었다. 밝은 금발 머리에 뺨에는 작은 점이 있는 귀여운 아이였다.

"인간의 아이잖아! 대체 누가 여기다 버린 거지?"

스맹텍은 늪 주변을 둘러보았다. 하지만 어디에도 사람의 흔적은 없었고, 누구의 아이인지도 알 수가 없었다. 스맹텍은 아이를 번쩍 들어 올려 가슴에 꼭 안았다.

“만약 이 아이에게 부모가 없다면, 내가 부모가 되어주어야겠군.” 스맹텍은 아이를 자신이 살고 있는 나무구멍으로 데려 갔다. 하지만 갓난 아이는 좀처럼 울음을 멈추지 않았다. 늙은 스맹텍이 아무리 부둥켜안고, 어르고, 쓰다듬어주어도, 아이는 계속해서 울기만 했다. 결국 스맹텍은 숲에서 가장 영리하기로 소문난 꽃봉오리 요정에게 부탁을 했다.

“제발 이 귀여운 아이가 울음을 그치도록 좀 도와줘.”

“아이가 우는 것은 배가 고파서 그런 거예요.” 꽃봉오리 요정은 지혜로운 표정으로 단정 짓더니 풀숲으로 가서 새의 알과 땅콩을 가지고 왔다. 스맹텍은 갓난아이에게 음식을 먹이려고 했지만 아이는 입에 대려 하지도 않고, 숨이 막힐 정도로 울어댈 뿐이었다.

“이런 미련한 녀석.” 스맹텍이 말했다. “얼른 마을로 내려가서 우유를 가져와라! 단, 도둑질은 하면 안 돼! 대가로 뭐든지 지불해야 한다. 내 아이는 도둑질한 것은 먹지 않을 거야.” 꽃봉오리 요정은 여주인이 젖소의 젖을 짜고 있는 가장 가까운 농장으로 서둘러 달려갔다. 여주인은 우유가 든 단지를 벤치 위에 놓아둔 채 다른 단지를 가지러 잠시 자리를 비웠다. 그 사이 꽃봉오리 요정은 잽싸게 단지를 낚아채고는, 그 자리에 작은 돌을 놓아두고 사라졌다. 여주인이 돌아왔을 때는 이미 우유가 담긴 단지는 사라지고 난 뒤였다. 대신 그 자리에는 커다란 금화 한 냥이 놓여 있었다.

그날부터 꽃봉오리 요정에게는 갓 짜낸 따뜻하고 신선한 우유를 스맹텍의 떡갈나무 구멍으로 배달하는 중요한 임무가 맡겨졌다. 아이는 우유를 입에 대는 순간 울음을 뚝 그쳤고, 배불리 먹은 다음에는 곤히 잠들곤 했다. 여주인은 우유단지를 벤치 위에 놓아두고 사라졌다가, 잠시 후에 돌아와 금화를 챙기는 일에 익숙해졌다. 반년 후, 여주인은 열 마리의 젖소를 갖게 되었다. 젖 짜는 일에 싫증을 느낀 그녀는 일하는 사람을 고용했다.

스맹텍은 어린 아기에게 크루시나라는 이름을 지어 주었다. 어느 아이들처럼 아기에게도 이름이 필요했기 때문이었다. 스멩텍은 아기를 위해 노래를 가르쳐 주고, 함께 놀아 주었다. 어느덧 아이가 소녀로 자랐을 때, 스멩텍은 아이를 숲으로 데려가 숲에 있는 비밀들을 보여 주었다. 예전에는 그 누구도 사랑하지 않았고, 남에게 뭔가를 베풀어 본 적이 없어 사랑이 무슨 뜻인지도 몰랐지만, 이제 스멩텍은 소녀를 진심으로 사랑하고 있었다. 그녀가 인간의 아이라는 것, 그리고 언젠가는 자신이 살던 곳으로 돌아가야 한다는 것은 전혀 생각지 않았다.

시간이 흘러 크루시나는 다섯 살이 되었다. 숲에서 자란 소녀는 늙은 늑대를 두려워하지 않게 되었고, 나무 사이를 다람쥐같이 익숙하게 헤집고 다녔으며, 족제비처럼 날랜 몸짓으로 물고기를 사냥했다. 꽃봉오리 요정은 여전히 마을로 심부름을 다녔다. 그는 크루시나에게 새로운 리본과 풀밭에서 주운 예쁜 인형을 가져다주었다. 꽃봉오리 요정은 크루시나의 요구라면 무엇이든 기꺼이 들어주었다.

어느 날 꽃봉오리 요정은 근심에 싸인 표정으로 마을로 돌아왔다. 저녁이 되어 크루시나가 깊이 잠든 것을 확인하고 난 뒤, 요정은 나무 그루터기에 앉아 서럽게 울었다.

"크루시나의 엄마가 누구인지 알았어요. 엄마는 좋은 집에 살고 있고, 크루시나를 꼭 빼닮은 데다가 뺨에 난 작은 점까지 똑같은 남동생과 함께 살고 있어요. 우린 이제 어떻게 하죠?"

"대체 무슨 말을 하는 거야?" 스멩텍은 버럭 화를 냈다.

"영주의 부인이 크루시나의 엄마에요." 요정은 와락 울음을 터뜨렸다.

스멩텍은 영주가 자신의 친딸을 늪에 버렸다는 사실을 믿고 싶지 않았다. 아이를 버리는 것은 나쁜 사람들이나 하는 짓인데, 그런 사람들에게 크루시나를 돌려보내고 싶지는 않았다. 하지만 양심의 가책이 그를 괴롭혔다. 결국 스멩텍은 영주의 저택으로 가서 영주와 그의 가족들을 살펴보고, 신하와 하인들이 하는 이야기를 들어보기로 결심했다.

다음 날 저녁 늙은 늑대는 스멩텍을 태우고, 영주의 저택으로 갔다. 스멩텍은 저택으로 몰래 들어가서 귀를 쫑긋 세웠다. 정원에서는 하녀들이 이런 저런 이야기를 나누고 있었다. 먼저 오늘 저녁 식사에 뭘 먹을지에 대한 이야기가 오고가더니, 그 다음에는 마을 변두리에 살고 있다는 한 불쌍한 소녀에 관한 소문이 화제에 올랐다. 무엇보다 놀라운 것은 영주의 쌍둥이 남매들에 관한 이야기였다. 두 아이 가운데 한 아이만 살아있고, 다른 아이는 생사도 모른다는 것이었다. 하녀들의 얘기를 종합해 본 결과 다음과 같은 사실을 알게 되었다. 영주의 옆집에는 욕심 많은 이웃이 살고 있다. 하루는 영주가 재판에서 그 이웃에게 불리한 판결을 내렸는데, 그 일로 이웃은 영주에게 앙심을 품게 되었다. 이웃은 복수를 하기 위해 영주의 상속자인 사내아이를 유괴하려 했다. 몰래 영주의 집에 침입한 이웃은 요람 안에 있는 두 아이에게 다가갔다. 그런데 너무 서두르는 바람에 두 아이 중 아무나 데리고 서둘러 도망 나왔다. 하지만 알고 보니 남자아이가 아니고 여자아이였다. 화가 난 이웃은 여자아이를 숲에 있는 늪지대에 내다버렸던 것이다.

스맹텍은 복수심에 불탄 이웃이 숲에 버린 여자아이가 크루시나라는 것을 확신했다. 밤이 되자 스맹텍은 궁전의 주방에 몰래 숨었다가 이튿날 새벽, 굴뚝으로 빠져나왔다. 살금살금 정원을 가로질러 가던 중 스맹텍은 크루시나와 너무도 닮은 다섯 살짜리 소년을 발견했다. 소년은 엄마와 노느라 누군가가 자신을 감시하고 있다는 사실도 모르고 있었다. 금발의 머리가 얼굴위로 흩날리고 있었고, 머리카락 사이로 뺨에 크루시나와 똑같은 점이 있는 게 보였다. 스맹텍은 자신이 애지중지하는 크루시나가 영주의 딸이라는 사실을 확신했다.

떡갈나무 구멍으로 돌아오는 동안 스맹텍은 크루시나를 엄마에게 돌려보낼지 여부를 심각하게 고민했다. "그들이 크루시나가 돌아오는 것을 받아들일까, 그들이 아이를 알아볼까?" 그는 스스로에게 물어보았다. 결론은 분명했다. 크루시나에게 사랑스런 가족과 남동생이 있다는 사실을 알게 된 이상 그는 소녀를 가족의 품으로 돌려보내야만 했다. 거기가 아이의 본래 자리이고, 무엇보다 스맹텍은 크루시나가 행복하길 바랐던 것이다. 다음 날 새벽 스맹텍은 아무에게도 이야기하지 않고, 크루시나를 늑대의 등에 태우고, 영주의 성으로 데려 갔다.

그들은 정오가 가까울 무렵 성에 도착했다. 영주의 부인은 어제처럼 아들과 함께 정원에서 놀고 있었다. 스맹텍은 크루시나를 안아서 늑대의 등에서 내려놓은 뒤, 살며시 정원으로 통하는 문을 열었다. 그리고는 엄마가 있는 쪽으로 소녀의 등을 가만히 밀었다. 스맹텍은 두 모녀가 상봉하는 광경을 몰래 숨어서 지켜보았다. 예상치 못한 아이의 출현으로 엄마는 잠시 동안 가쁜 숨을 몰아쉬며 얼어붙은 듯 그 자리에 서 있었다. 그러더니 눈물을 흘리며 딸아이를 와락 끌어안았다. 안심이 된 늙은 스맹텍은 휘파람으로 신호를 보내어 늑대를 불러 서둘러 집으로 돌아갔다.

영주의 저택은 기쁨으로 가득했다. 돌아온 딸은 보그나라는 본래의 이름을 갖게 되었다. 영주부부는 잃어버린 시간을 보상이라도 하듯 자신들의 딸을 소중히 여겼고, 진심으로 사랑했다. 영주와 그의 부인은 기적적으로 딸을 돌려보내준 은인의 정체를 알아낼 수 없었기 때문에 온 세상 모든 것에 감사해 하며 겸손한 마음을 가졌다. 보그나는 남동생과 더불어 훌륭한 교육을 받았고, 저택에 초대된 여러 손님들과 친분을 나누었다. 그녀는 예쁘고 친절하며 지혜로운 아가씨로 성장했다. 하지만 그녀는 저택에서 시간을 보내기보다는 혼자서 강가를 산책하거나 숲속을 거닐기를 즐겼다. 보그나는 숲속을 거닐다가 떡갈나무 구멍을 지나칠 때마다 항상 그 구멍을 열심히 들여다보곤 했다. 그럴 때면 그녀는 마치 누군가를 애타게 찾는 듯했고, 누군가를 간절히 그리워하는 듯했다.

11

생명의 물

'생명의 물'은 만물에 영혼이 깃들어 있다는 '만물 영혼설(pananimizm)'과 밀접한 연관을 맺고 있는 마법민담이다. 산, 나무, 강, 동물, 바위가 인간과 대등한 입장에서 대화를 나누기도 하고, 필요한 순간에는 인간보다 우월한 능력을 발휘하면서 인간에게 귀중한 조언을 하거나 직접적인 도움을 준다. 이들의 지시와 조언 덕택에 인간은 마력을 가진 칼이나 바이올린, 지팡이, 거울 등 신비한 물건들을 얻게 되고, 이 마술적인 물건들의 덕택으로 무서운 적을 물리치거나, 혹은 위험으로부터 벗어날 수 있게 된다.

마법민담의 세계에서는 생활에 적용되는 시간과 공간의 제약도 없고, 늙거나 죽는 일도 없다. 또한 마력의 익명성(anonimowość siły magicznej)이 나타나는 것이 특징이다. 마법민담에 등장하는 주인공은 라이벌 관계에 있는 적이나 주변 인물들에 비해 현명하고, 강하다. 그런데 그 힘과 지혜의 원천이 대체로 잘 알지 못하는 사람의 가르침에 따른 결과이다. 이 익명의 '은인'은 악의 힘을 능가하는 힘이나 지혜를 소유하고 있다. '생명의 물'에서도 숲속의 은신처에서 데려 온 주술사가 주인공에게 고난 극복의 실마리를 제공한다. 이처럼 마법민담에서는 모든 사건들이 구체적 설명 없이 익명의 상태에서 벌어지는 것이 특징이다.

옛날 옛날에 막내아들과 함께 가난하지만 오순도순 행복하게 살던 한 과부에게 커다란 재앙이 밀어닥쳤다. 갑자기 원인모를 병이 들어 쓰러지고 만 것이다. 어떤 치료도, 어떤 약도 소용이 없었다. 어머니의 병상을 지키던 아들의 근심은 커져만 갔다.

"생명의 물이 있어야만 어머니의 병을 고칠 수가 있네."

숲속의 은신처에서 특별히 모셔 온 용하다는 주술사가 말했다.

"그 물이 있으면 병을 낫게 할 뿐 아니라 죽은 사람도 살릴 수 있다네."

"어디에 가면 그 물을 구할 수가 있나요?" 아들이 절망스런 목소리로 외쳤다.

"아주 먼 곳에 있지. 세 개의 숲을 지나 세 개의 강을 건너 소보트니아(Sobotnia) 산 꼭대기에 있는 '말하는 나무' 밑에 있단다." 주술사가 말했다.

"세 개가 아니라 일곱 개의 강을 건너는 한이 있어도 반드시 생명의 물을 구해오겠어요!"

"많은 사람들이 물을 가지러 갔지만, 그 누구도 돌아오지 못했어. 백 가지 공포가 그 물을 가져가는 것을 막고 있고, 백 개의 유혹이 길을 가로막고 있거든. 두려움에 굴복하거나 유혹에 넘어가면 끝장이야! 악마의 저주가 그 자를 곧바로 돌로 만들어버리거든."

하지만 어머니에 대한 효심이 지극한 아들은 그 어떤 고난도 두려워하지 않았다.

"애야, 나는 이미 생명이 다했지만, 너는 앞길이 창창하지 않니? 나는 죽어도 여한이 없으니 절대로 가면 안 된다."

병든 어머니가 간곡하게 만류하는 바람에 아들은 차마 떠날 수가 없었다. 하지만 얼마 지나지 않아 어머니는 결국 세상을 떠나고 말았다. 아들은 죽은 어머니를 살리겠다는 일념으로 먼 길을 떠났다.

'어서 빨리 생명의 물을 가져와서 어머니를 살려야 한다! 시간이 없다!'

아들의 머릿속에는 오로지 이 한 가지 생각뿐이었다.

두 주먹을 불끈 쥐고 세 개의 숲을 지나 세 개의 강을 건너 마침내 소보트니아 산에 다다랐다. 경사가 가파른 험준한 절벽도, 독사가 우글거리는 밀림도 아들의 용기를 꺾지는 못했다. 산꼭대기를 향해 열심히 오르고 있는 아들의 귀에 신비로운 듯하면서도 감미로운 목소리가 들려왔다.

"왜 하필이면 이런 밀림으로 가는 거지? 옆으로 가면 더 편하고, 더 가까운 길이 있는데..."

또 다른 목소리가 그의 뒤에서 들려왔다.

"기다리세요! 저랑 함께 가요! 당신에게 안전한 길을 보여줄께요!"

아름다운 목소리였지만, 소년은 유혹에 넘어가는 순간 돌이 될 거라는 주술사의 말을 상기하면서 꿋꿋하게 뒤를 돌아보지 않았다.

얼마쯤 시간이 지나자 공포가 밀려왔다. 굶주린 늑대의 울음소리와 악마의 웃음소리가 귓가에 울려 퍼졌다. 불타는 벽이 갑자기 길을 가로막기도 하고, 머리가 여럿 달린 용이 느닷없이 나타나 겁을 주기도 했다.

"두려워하면 안 돼! 어머니를 살리려면 내가 먼저 살아남아야 한다구!"

소년은 마음을 다잡고 스스로를 채찍질했다.

이번에는 또 다른 유혹이 그를 괴롭혔다. 휘황찬란한 금은보화가 눈앞에 펼쳐지는가 하면, 아름다운 소녀가 나타나 어디론가 그를 데려가려고 했다. 하지만 소년은 그 모든 유혹을 용감하게 물리쳤다.

'돈이나 여자는 얼마든지 구할 수 있지만, 어머니는 한 분 밖에 안 계시잖아!'

정상이 가까워오면서 소년의 눈에 수많은 바위가 보였다. 모두가 공포와 유혹에 굴복하여 돌로 변한 사람들이었다.

그리하여 소년은 마침내 소보트니아 산의 정상에 도달했다. 그곳에는 주술사가 말한 모든 것이 있었다. 생명의 물이 솟아나는 샘, 말하는 나무, 그리고 그 나무 위에는 마법의 독수리가 앉아있었다.

소년이 정상에 도착하는 순간 갑자기 독수리가 어디론가 날아가더니 부리에 황금 항아리를 물고 돌아왔다. 그 순간 말하는 나무가 입을 열었다.

"이 항아리에 생명의 물을 가득 담으세요. 그리고 나서 내 가지 중에 하나를 꺾어 생명의 물에 적시세요. 그러면 당신은 집으로 돌아가게 될 것입니다. 가는 길에 바위를 보거든 이 물을 뿌려주세요. 그들은 오랫동안 당신이 와주기를 기다려왔답니다."

소년은 말하는 나무의 지시를 그대로 따랐다. 황금 항아리에 생명의 물을 길어 담고, 가지를 물에 적신 뒤, 말하는 나무와 독수리, 생명의 물에게 감사의 인사를 전하고는 왔던 길을 되돌아갔다. 가는 길목에서 바위와 마주칠 때마다 소년은 생명의 물을 그 바위에 조금씩 뿌려주었다. 그 순간 바위는 인간의 형상으로 변했다. 마의 저주에서 풀린 사람들은 저마다 소년에게 감사의 인사를 전했다.

이렇게 해서 소년은 죽은 어머니가 누워있는 자신의 오두막으로 되돌아왔다. 어머니의 몸에 생명의 물을 뿌리자마자 어머니는 건강한 몸으로 자리에서 일어났다. 그리고 가난한 과부의 집에는 다시 행복이 찾아왔다.

오늘날에 그 과부의 오두막은 자취를 감췄지만, 소보트니아 산은 '소부트카(Sobótka)'[21]라는 이름으로 여전히 우뚝 솟은 채, 마을을 내려다보고 있다.

21) 폴란드와 체코의 국경 근처, 산악지대에 위치한 도시 이름. 현재는 체코 영토에 속해 있음.

12

은빛 뿔 사슴

산업도시로 유명한 폴란드 서부의 브로츠와프(Wrocław) 지역에서 전해 내려오는 동물신화이다. 욕심 많은 형과 착한 동생이 한 여자를 사이에 두고 갈등을 벌인다는 다소 전형적인 구도의 이 이야기에서 갈등을 해소하고 화해로 이끄는 주인공은 은빛 뿔 사슴이다. 영험한 사슴의 도움으로 성실하고 부지런한 동생 삼보르는 대장간을 세우고, 마을을 일으켜 도시로 발전시키는 주역이 된다. 착한 사람은 복을 받고, 나쁜 사람은 벌을 받는다는 권선징악의 교훈을 뚜렷하게 부각시키는 가운데 포상자, 혹은 심판자의 역할을 동물이 담당하는 것이 동물신화의 대표적인 특징이라고 할 수 있다.

옛날 옛적, 지금의 브로츠와프 근처에는 울창한 숲이 있었는데, 그 숲의 끝자락에 가난하고 조그만 마을이 하나 있었다. 그 마을에는 삼보르와 보얀이라는 두 형제가 살았다. 삼보르는 겸손하고 부지런했지만, 보얀은 거만한데다가 게을렀다. 두 형제는 모두 나무꾼의 딸이자 마을 최고의 미인인 보그나를 사랑했다. 형제는 보그나에게 가서 자신들이 생각하는 최고의 삶을 살게 해주겠다고 약속했다.

삼보르가 말했다. "보그나, 당신이 내게 온다면, 당신과 함께 부지런하고, 평화로운 삶을 살겠어요."

보얀이 말했다. "보그나, 당신이 내게 온다면, 당신은 귀부인이 되어 평생 호화스런 삶을 살게 될 거예요. 물론 어떻게 돈을 모으게 될지는 아직 잘 모르겠지만, 분명 어디선가 막대한 재산이 굴러들어올 테니까요."

보그나는 정직하고 성실한 삼보르가 마음에 들었지만, 아버지는 보얀을 선택했다. 자기는 비록 가난한 나무꾼일지라도 어여쁜 외동딸만큼은 부유한 사람을 만나 그와 함께 모든 걱정근심으로부터 자유로운 넉넉한 삶을 살아가길 원했기 때문이었다.

"보얀을 따라 가렴, 그는 앞으로 틀림없이 부자가 될 것이다." 나무꾼은 딸에게 명령했다. 사실 보그나는 삼보르의 파트너가 되어 마을 잔치에 참석하고 싶었지만, 아버지를 실망시키고 싶지 않았기 때문에 두 형제를 곰곰이 비교해보았다. 하지만 아무리 생각해 보아도 삼보르가 더 마음에 드는 건 어쩔 수 없었다. 항상 명랑하고 친절한 삼보르는 늘 얼굴을 찡그리고 다니며 게으르기만 한 보얀과는 대조적이었다.

어느 날 두 형제는 땔감으로 쓸 나무를 구하러 숲으로 갔다. 삼보르는 늙고 병든 나무들을 골라 열심히 베어서 장작더미를 쌓아올렸다. 하지만 보얀은 여느 때와 다름없이 소나무 아래 벌렁 드러누워 팔짱을 낀 채, 언젠간 자기가 차지하게 될 일확천금을 꿈꾸며 이런저런 공상에 빠져 있었다. 그 때 갑자기 멀리서 개 짖는 소리가 들려오더니 뭔가를 맹렬히 추격하는 발자국 소리가 들려오기 시작했다. 잠시 후 들판 저 너머에서 사슴이 숨을 헐떡이며 모습을 드러냈다. 사슴은 마지막 힘을 다해 삼보르가 있는 곳까지 달려오더니 놀랍게도 인간의 목소리로 말을 걸었다.

"젊은이, 사냥꾼을 피해 숨을만한 곳이 있으면 좀 알려주게!"

삼보르는 사슴에게 개천을 가리키며 말했다.

"개천을 따라 쭉 달려가다가 방향을 바꿔 덤불 쪽으로 가세요. 그럼 뒤쫓던 개는 흔적을 놓치게 될 거예요. 정글 안에서는 누구도 당신을 찾지 못할 겁니다!"

사슴은 온 힘을 다해 뛰어갔고, 잠시 후 시야에서 사라졌다.

"이봐, 삼보르! 저 사슴의 머리에 뭐가 있는지 봤어? 은색 뿔이야! 게다가 인간의 말을 하다니! 만약 내가 저 사슴을 잡는다면, 당장 부자가 될 수 있을 텐데!"

보얀이 흥분해서 소리를 질렀지만, 삼보르는 아무런 대꾸도 하지 않고 묵묵히 하던 일을 계속했다. 아까와 마찬가지로 나무를 자르고, 장작더미를 차곡차곡 쌓아올렸다. 보얀도 사슴의 은색 뿔을 보고 신기하다고 생각했지만, 보얀과는 달리 마음속으로는 그 예쁜 사슴을 진심으로 걱정하고 있었다.

그 때 갑자기 벌판에서 희뿌연 먼지를 흩날리며 말을 탄 왕자와 사냥꾼들, 그리고 사냥개의 무리들이 나타났다. 왕자는 손짓으로 두 형제를 자신이 있는 곳으로 오게 한 뒤, 무서운 목소리로 말했다.

"거기 나무꾼! 이리로 달려온 은빛 뿔 사슴을 봤나?"

"네, 열심히 달려가더군요." 삼보르는 무심한 어조로 말했다.

"빨리 말해라, 어디로 갔지?" 인내심을 잃은 왕자가 재촉했다.

"그러니까 저쪽으로... 달려갔습니다." 삼보르는 늪지대를 가리켰다.

왕자는 삼보르의 말만 믿고 말머리를 돌려 반대방향으로 향했다. 나머지 사냥꾼들과 사냥개들도 왕자의 뒤를 따라갔다. 보얀은 왕자에게 사슴이 도망간 방향을 가르쳐주고, 큰 상을 받아볼까 잠시 망설였지만, 마음속으로 또 다른 계산을 했다. 나중에 직접 그 사슴을 잡아서 값비싼 뿔을 손에 넣으면, 더 큰 돈을 만지게 되리라... 이런 저런 생각을 하면서 소나무 밑에 누워있는데, 숲 저편에서 도망갔던 사슴이 다시 나타났다.

사슴은 삼보르 쪽으로 다가와 말을 건넸다.

"구해줘서 고맙네, 젊은이. 내가 소원을 들어줄 테니 뭐든지 말해 주게."

삼보르는 공손히 절을 하고 나서 대답했다.

"상이나 보답은 필요치 않습니다. 행복이란 자기 자신의 노력으로 얻을 때 그 가치가 빛나는 것이니까요. 하지만 만약 내게 대장간이 있다면, 가난한 사람들의 도끼나 낫을 만들어 줄 수 있으니 정말 기쁠 것 같습니다. 나무나 돌로 만든 연장은 쉽게 망가지거든요."

"난 큰 부자가 되기를 원합니다!" 소나무 밑에서 사슴과 삼보르의 대화를 듣고 있던 보얀이 불쑥 끼어들었다. 사슴은 깜짝 놀라 보얀을 쳐다보았다. 하지만 거절하지 않고 이렇게 말했다.

"너희 둘 다 소망하는 것을 얻을 것이다. 보얀은 큰 재물을 얻게 되겠지만, 그것을 다른 사람들과 나눌 수는 없다. 명심해라. 만약 누군가에게 일원이라도 준다면 금과 보석은 톱밥으로 바뀔 것이다. 삼보르는 소원대로 대장간을 갖게 될 것이다."

사슴이 발굽으로 돌을 두드리자 불꽃이 피어오르더니 돌 밑에서 두 개의 반지가 나타났다. 하나는 금반지였고, 또 하나는 쇠반지였다. 보얀은 재빨리 금반지를 집었고, 삼보르는 천천히 쇠반지를 집어 들고 흥미로운 표정으로 이리저리 살펴보았다.

"이제 나는 거물이 됐다! 흥, 이젠 아무도 필요 없다구. 보그나 조차도!"

보얀은 환호성을 지르며 금반지를 움켜쥐었다.

사슴이 멀리서 말했다.

"반지를 수풀에 떨어뜨려라. 반지가 구르는 방향으로 뒤따라가다 어딘가에서 멈추면 그곳이 너의 목적지가 될 것이다."

보얀은 즉시 반지를 던지고 따라갔다. 하루 종일 쉬지 않고 걸었지만 반지는 도무지 멈출 기미를 보이지 않았다. 마침내 밤이 되어 드넓은 목초지에 우뚝 선 하얀 석회암 근처에 이르렀을 때, 반지는 마치 보얀에게 휴식을 주려는 듯 멈췄다. 바로 그 순간 석회암이 반으로 갈라지더니 그곳에서 흰 수염을 기른 신령이 나타났다.

"무엇을 원하는가?" 신령이 물었다.

"금은보화를 가지러 왔습니다." 보얀이 대답했다.

"너는 사슴의 반지를 가지고 있으므로 네가 들어 올릴 수 있을 만큼의 금을 가져갈 수 있다." 신령은 이렇게 말하며 보얀을 지하 동굴로 들여보냈다.

휘황찬란한 보물들을 보자 보얀은 꿈인지 생신지 구분할 수 없었다. 금, 보석, 산호목걸이, 비단과 벨벳... 어떤 것을 먼저 가져가야 할지 알 수가 없었다. 보얀은 마침내 마음을 정하고, 자루 가득 금으로 채웠다. 보얀이 동굴에서 나오자마자 유일한 출입문인 바위틈이 거짓말처럼 닫히더니 하얀 석회암은 마치 공중으로 사라진 듯 자취를 감췄다.

보얀은 언제라도 동굴로 돌아가 금은보화를 다시 가져올 수 있다고 생각했지만, 반지를 깜빡 잊고 지하동굴 속에 빠트리고 왔기 때문에 다시는 그곳으로 되돌아갈 수 없었다. 보얀은 브로츠와프로 가서 자신에게 주어진 이 기막힌 행운을 마음껏 즐기기로 결심했다.

그 동안 삼보르는 쇠반지가 굴러가는 방향을 따라서 작은 마을로 갔다. 얼마를 걸었을까, 언덕 위의 작은 오두막 앞에서 반지는 마침내 구르기를 멈췄다. 삼보르는 오두막 주위를 파기 시작했고, 땅 속에서 철광석을 발견했다. 잔디 아래 쪽으로 붉고 단단한 흙이 보였다. 삼보르는 마을사람들을 불러 모아 공표했다.

"여러분의 도움으로 여기에 대장간을 짓고 싶습니다. 내가 철을 용해하는 법을 익히게 되면, 앞으로 여러분은 제대로 만든 강철연장을 갖게 될 겁니다."

농부들은 기꺼이 새벽부터 일을 해서 삼보르를 도왔다. 반년 후에 대장간이 마련되었고, 다음 해 봄이 되자 마을사람들은 삼보르가 장담한 대로 새로운 연장을 가질 수 있었다. 나무꾼인 보그나의 아버지

은빛 뿔 사슴과 두 형제

는 삼보르가 자신의 딸을 위한 최고의 신랑감이라는 사실을 깨닫고, 약혼을 허락했다.

이따금 대장간으로 은빛 뿔 사슴이 찾아왔다. 사슴은 항상 멀찌감치 떨어져서 삼보르가 일하는 모습을 지켜보곤 했다. 그때마다 젊은이는 사슴에게 공손히 인사하는 것을 잊지 않았다. 마을에서는 그 누구도 사슴을 사냥하는 걸 허락하지 않았고, 왕자와 사냥꾼이 숲에 쳐들어올 때면, 삼보르가 항상 미리 귀뜸을 해주어 사슴을 보호했다.

어느 날 맨발에 누더기를 걸친 한 사내가 대장간을 찾아왔다. 삼보르는 그를 보는 순간 단번에 자신의 동생임을 알아보았다. 삼보르는 보얀을 집으로 데려와 옷을 입히고, 따뜻한 음식과 물을 먹였다.

"대체 무슨 일이야, 보얀? 너의 보물은 다 어디에 있어?"

"있었지... 하지만 전부 다 탕진해버렸어." 보얀이 풀죽은 목소리로 대답했다.

"그렇다면, 내 대장간에서 일하는 게 어떻겠니?" 삼보르가 조심스럽게 제안했다.

다음날부터 보얀은 다른 사람들처럼 열심히 일을 하기 시작했다. 예전에는 지루하고 따분하다며 업신여기던 일이었지만, 이제는 최선을 다했다. 부끄러운 나머지 그동안 어디에 있었는지 아무에게도 털어놓지 않았고, 지난 몇 년 간 자신이 겪은 경험에 대해서도 입을 열지 않았다. 재산을 탕진한 것보다 더 후회스러운 것은 보그나를 놓친 일이었다. 보얀은 일을 마치고, 저녁이 되면 남몰래 돌을 깎아 은빛 뿔 사슴을 조각했다.

몇 년 후 브로츠와프에는 시청 건물이 들어서게 되었다. 보얀은 자신이 공들여 만든 은빛 뿔 사슴 조각을 브로츠와프 시에 기증했다. 그 아름답고 정교한 조각은 건물 외벽에 새겨져 오늘날까지도 많은 이들의 감탄을 자아내고 있다.

13

독수리의 반지

옛날 옛적에 마주리(Mazury) 숲 끝자락에 아주 작은 마을이 있었다. 그 마을에는 마음씨 좋은 사람들이 옹기종기 모여 살고 있었다. 그들은 마주리 호수에서 물고기를 잡고, 벌꿀을 따고, 부지런히 땅을 일궜다. 미코와이는 모퉁이의 오두막집에서 나이든 어머니와 함께 살았다. 부자는 아니었지만, 모자는 평화롭게 잘 살고 있었다. 젊은 미코와이는 동물을 쳐다보며 숲을 산책하길 즐겼다. 때로는 숲 속에서 신비스런 동물을 만나는 상상을 하며 즐거운 시간을 보내기도 했다.

"우리 마을에서 가장 오래 사신 할머니, 할아버지들로부터 곰과 들소, 독수리에 관한 이야기를 수없이 들었는데, 왜 만날 수 없는 걸까? 하다못해 사슴이나 살쾡이라도 가까이에서 볼 수 있다면..."

어느 날, 어머니 미코와이더러 물고기를 훈제 저장해야 하니 호수에 가서 잡아오라고 명령했다. 미코와이는 어망을 손에 쥔 채, 호수 근처 숲속을 열심히 돌아 다녔다. 그때 미코와이는 가까운 수풀 속에서 뭔가가 애처롭게 신음하고 있는 것을 보게 되었다.

수풀을 헤치고 들어가 보니 거기에는 독수리 한 마리가 쓰러져 있었다. 그 아름다운 새는 상처 입은 날개를 움직여 보려고 헛되이 시도하면서, 아파서 신음하고 있었다. 부상당한 독수리 위로 암컷 독수리 한 마리가 걱정스러운 듯 빙글빙글 돌고 있었다. 그 암컷 독수리는 미코와이를 보고는 놀란 소년의 머리 위로 푸드덕 날아와 간곡한 부탁을 했다.

"친절한 소년이여, 제발 내 남편의 상처를 싸매서 여기 소나무 둥지 꼭대기로 좀 데려다 주세요."

깜짝 놀란 미코와이는 순간 도망치고 싶었지만, 새들의 슬픔이 고스란히 느껴져서 발이 떨어지질 않았다. 항상 독수리와 만나기를 꿈꿔왔던 미코와이였지만, 이런 식으로 만나게 될 줄은 정말 상상도 못했기에 당황스러웠다. 하지만 미코와이는 흥분을 가라앉히고, 자신의 줄무늬 셔츠를 찢어 상처 입은 독수리의 날갯죽지를 정성스레 동여매 주었다. 그리고는 독수리를 자신의 등에 묶은 뒤, 소나무 꼭대기를 향해 기어오르기 시작했다. 독수리는 매우 무거웠고, 소나무는 높았다. 정상에 가까스로 다다르자 간신히 독수리 둥지가 보였다. 미코와이는 독수리를 큰 가지 위에 조심스럽게 내려놓고는 새 가지들을 집어서 둥지에 놓아 준 뒤, 천천히 나무 아래로 내려갔다. 이제 독수리도 도와줬으니 이제 그만 물고기를 잡으러 가야겠다고 결심하는 순간, 갑자기 발 밑에 푸른 반지가 툭 떨어졌다.

미코와이의 머리 위에서 빙글빙글 돌고 있던 암컷 독수리가 말했다.

"소년이여, 도움을 주셔서 정말 고맙습니다. 당신의 착한 마음씨와 용기에 대한 보답으로 세 가지 소원을 들어주는 반지를 드리겠습니다. 이 반지는 금도 아니고 쇠붙이에 불과하지만, 금보다 더 단단하답니다."

미코와이는 반지를 집어들었다. 그는 이 모든 일을 어머니께 이야기하기 위해 한 걸음에 집으로 달려갔다. 그런데 어쩐지 마을로 가는 길이 심상치 않았다. 정체 모를 불안감이 미코와이를 휩싸고 지나갔다. 마을에 거의 다다랐을 때, 미코와이는 자욱하게 솟은 연기와 하늘로 치솟는 불길을 보았다. 마을 전체가 화염에 휩싸여 있었던 것이다. 사람들은 이리저리 절규하며 뛰어 다녔고, 어떻게든 가축과 재산을 구하려고 안간힘을 쓰고 있었다. 미코와이는 사람들을 돕기 위해 불길 속으로 뛰어 들었다. 양동이에 물을 길어 쉴새 없이 나르고, 불길에 휩싸인 외양간에서 가축들을 몰아냈다. 또한 아이들을 안전한 곳으로 대피시켰다. 불은 순식간에 시골의 오두막들을 폐허로 만들었다. 사방에는 울며 탄식하는 사람들의 한숨소리 뿐이었다. 미코와이는 아픈 마음으로 그들의 고통을 지켜보고 있었다. 그런데 바로 그때, 독수리가 준 반지가 생각났다. 미코와이는 호주머니에서 반지를 꺼내 소원을 말하기 시작했다.

"독수리야, 제발 지금 이 화재가 일어나지 않은 것으로 해다오. 마치 나쁜 꿈을 꾼 것처럼 아무 일도 없던 것으로 해다오."

그러자 한순간에 불길이 사라졌고, 바람은 숲 너머로 연기를 높이 높이 날려 보냈다. 마을은 마치 아무 일도 없었던 듯 평화롭게 탈바꿈했고, 집 앞에는 어머니가 미소를 머금은 채 미코와이를 기다리고 있었다.

"아들아, 대체 이게 무슨 일이란 말이냐? 꿈이냐? 마법이냐?"

"집으로 들어가요, 어머니! 모든 것을 말씀드릴께요."

소년은 어머니에게 독수리에 얽힌 자신의 놀라운 경험을 이야기했다.

"마을 사람들이 반지의 효험에 대해 모르는 것이 더 나을 듯 싶네요. 이것은 우리만의 비밀로 해둡시다." 미코와이가 제안했다. 어머니는 이웃에게도 말하지 않을 것을 약속했다.

마을 사람들은 자신들에게 찾아온 이 기적적인 사건에 놀라움을 금치 못했다. 미코와이는 비밀을 간직한 채 웃고 있었고, 아무 것도 모르는 척하면서 마을 사람들과 함께 기뻐했다.

그렇게 행복하고 평화롭게 한 해가 지나갔다. 사람들은 여느 때처럼 열심히 일을 했다. 그러던 어느 날, 이웃 마을에 적군이 쳐들어 왔다. 그들은 사람들을 함부로 공격하고, 여자들과 아이들을 노예로 잡아 갔다. 피난민의 행렬이 미코와이의 마을을 가로질러 지나갔다. 여자들은 배고픈 자식들을 위해 빵과 물을 달라고 눈물로 간청했다. 폴란드 군대는 적군의 침입을 막아낼 힘이 없는 걸까? 미코와이는 직접 전쟁터에 나가 보기로 결심했다.

반나절동안 쉼 없이 걸어 언덕에 다다르자 멀리 적군이 보였다. 최신 무기로 단단히 무장한 적군이 폴란드의 군인들을 짐승처럼 줄로 묶어 끌고 가는 광경을 목격했다. 그 뒤로 미처 도망치지 못한 민간인들이 포로가 되어 끌려가는 게 보였다. 미코와이는 더 이상 두고 볼 수가 없었다. 그는 독수리의 반지에 손을 갖다 대고, 간절히 기도를 했다.

"독수리야, 제발 폴란드 경기병들이 나타나서 적군을 쳐부수고 역경으로부터 저 가엾은 사람들을 구할 수 있게 해주렴."

그러자 반지는 다시 한 번 소원을 이루어주었다. 저 멀리 언덕 위로 수많은 기병들이 나타나서 적군이 미처 눈치를 채기도 전에 신속한 공격을 감행했던 것이다. 전투는 금방 끝났다. 해방된 포로들은 가족의 품으로 돌아 갈 수 있었고, 적군은 백기를 들고 자비를 달라며 애원했다. 그들의 머리 위로 암컷 독수리가 우렁찬 함성을 내면서 빙글빙글 돌았다.

미코와이는 하늘을 쳐다보며 독수리에게 인사를 건넸다. 그리고는 어머니와 이웃들을 안심시키기 위해 집으로 돌아 왔다. 모두들 역경이 지나갔다고 기뻐했지만, 누구의 도움으로 그런 행운이 일어났는지 아는 사람은 오직 미코와이의 늙은 어머니뿐이었다.

또다시 시간이 흘렀다. 미코와이는 마을의 유명한 훈제업자가 되어 성주의 저택으로 들어가는 물고기를 훈제하는 일을 맡게 되었다. 어느 날 물고기를 배달하러 가던 중에 우물 옆에서 하얀 수건으로 얼굴을 가리고 있는 한 소녀를 만났다. 소녀는 물이 담긴 무거운 양동이를 든 채 눈물을 흘리고 있었다.

"무슨 일이예요? 왜 울고 있죠?" 미코와이가 물었다.

독수리를 도와준 미코와이

"내가 너무 못생겨서 울고 있답니다. 내가 너무 추해서, 사람들은 다들 나를 비웃는답니다. 심지어 성주인 내 아버지는 나를 쳐다보지도 않아요. 내가 보기 싫으니까 내게 힘든 일을 시키는 거예요. 아버지는 나를 부끄러워하시거든요!

소녀를 바라보는 미코와이의 마음은 너무나 아팠다. 그녀는 정말 못생겼지만, 두 눈에는 맑고 깨끗한 광채가 빛나고 있었다. 그는 소녀를 대신하여 양동이를 성주의 저택까지 운반해 주었다.

"당신의 이름이 무엇인지 말씀해 주시겠어요?"

"지에반나예요."

"어서 가세요, 지에반나! 이젠 더 이상 울지 말아요."

미코와이는 저택에 물고기를 배달하고 난 뒤, 돌아오는 길에 독수리의 반지에 손을 얹었다.

"독수리야, 부탁한다. 마지막 소원을 빌께. 지에반나가 예쁜 아가씨가 되게 해주렴. 이제 어느 누구도 그녀를 비웃을 수 없게 해다오."

순간 독수리의 반지가 금빛으로 빛나더니 잠시 후 빛이 꺼졌다. 미코와이는 그렇게 마지막 세 번째 소원을 남김없이 써버렸다. 소년은 품안 깊숙이 반지를 숨겼고, 행복하게 미소를 지으며 집으로 돌아왔다.

며칠 후 미코와이는 성주의 저택으로 물고기를 배달하러 갔다. 그때 눈부시게 예쁜 소녀가 자신을 향해 달려 왔다. 그 소녀는 정말 숨이 막힐 만큼 아름다웠다. 미코와이는 그녀가 지에반나라는 것을 알아보지 못했다. 그러나 그녀는 미코와이를 단번에 알아보았고, 반가움에 그의 목을 꼭 끌어안았다.

"누가 내게 아름다움을 주었는데, 그게 누군지 모르겠어요." 지에반나가 말했다. "하지만 나는 분명히 알아요, 누가 내게 행복을 주었는지요. 그건 바로 당신이에요, 미코와이! 다른 사람들이 나를 싫어할 때, 당신은 날 비웃지 않고, 진심으로 날 도와 줬어요. 내가 당신을 사랑하듯 당신도 나를 사랑해 줄 순 없나요?"

미코와이는 반짝이는 소녀의 눈동자를 바라보았다. 그는 그 맑고 깨끗한 광채 속에서 소녀의 착한 심성을 읽을 수 있었다. 그 순간 자신이 항상 꿈꿔온 배우자가 바로 이 소녀라는 걸 미코와이는 깨달았다.

며칠 후 그들은 결혼식을 올렸다. 결혼식이 거행되는 동안 두 사람의 머리 위에는 두 마리의 독수리가 하늘 위를 내내 맴돌고 있었다. 하지만 이것이 어떤 의미를 가지고 있는지, 어째서 미코와이가 독수리를 향해 머리숙여 인사를 하는지 아무도 알지 못했다. 미코와이는 사람들의 질문에 아무런 대답도 하지 않았다. 단지 하늘을 바라보며 행복한 웃음을 지을 뿐이었다.

물고기의 왕

옛날 옛적에 시니아르드바(Śniardwa) 호수에는 콧수염이 난 거대한 물고기가 살았다. 그 물고기는 메기와 비슷했지만, 여느 메기들과는 다르게 머리에 왕관을 쓰고 있었다. 또한 물고기들 가운데 가장 나이가 많았고, 또 가장 현명했기에, 물고기들은 만장일치로 그 콧수염 물고기를 자신들의 왕으로 인정하였다. 물고기들은 왕의 명령에 복종하면서 왕을 위해 온갖 시중을 들고 선물을 바쳤다. 그 대신 물고기들의 왕은 알에서 갓 깨어난 어린 물고기와 가재, 조개, 달팽이 등 물에 사는 모든 생명체들을 보호하고, 열심히 돌보았다. 그 밖에 중요한 사안이 벌어질 때마다 언제나 현명한 판단을 내렸다.

이웃 마을에 사는 어부들이 촘촘한 그물을 던져 물고기들을 낚으려 할 때면, 물고기의 왕은 용맹스럽게 출동하여 가장 어린 새끼 물고기들을 구해내곤 했다. 어부들이 이만하면 충분히 낚시를 했다고 판단하는 순간, 물고기의 왕은 그물을 갈기갈기 찢었다. 그리고는 어부들이 허탕을 치고 화가 나서 날뛰는 모습을 흐뭇한 미소를 지으며 바라보곤 했다.

때로는 물고기의 왕 스스로가 뭔가에 아주 화가 나서 흥분하는 일도 발생했다. 물고기의 왕은 격분하면 물밑에서 커다란 소용돌이가 생길 때까지 자신의 큰 꼬리를 좌우로 흔드는 버릇이 있었다. 소용돌이 때문에 생겨난 거대한 파도는 어부들의 배들을 뒤집기가 일쑤였다.

어부들은 점점 분노를 금치 못했다. 그들 중 몇 명은 하마터면 익사할 뻔한 위기에 부딪힌 적이 있었기에 더욱 그러했다. 때로는 어부들 가운데 절반 정도는 물고기를 한 마리도 잡지 못했고, 그런 날이면 그들의 자식들은 굶주린 채 잠들어야만 했다. 마침내 어부들은 강가에서 회의를 소집하기에 이르렀다. 저녁 무렵 그들은 모닥불 주위에 앉아서 앞으로 어떻게 해야 할지 열심히 의논했다. 마침내 그들은 무례하고 버릇없는 물고기의 왕을 꼭 잡아야 한다는 결론을 내렸다.

"우리는 물고기의 왕을 꼭 잡아야만 해!" 첫 번째 어부가 말했다.

"물고기의 왕에게 따끔한 맛을 보여줘야 한다구!" 두 번째 어부가 맞장구를 쳤다.

"물고기의 왕이 앞으로는 절대로 우리가 낚시하는 걸 방해하지 못하도록 해야 해!"

세 번째 어부가 단호하게 결론을 내렸다.

"물고기의 왕이 자주 다니는 강바닥에다가 쇠로 만든 무거운 그물을 던져 놓자. 다른 물고기들이 잠들 때까지 기다렸다가 그물을 던지면 물고기들이 덫이 있다는 걸 눈치 채지 못할 거야."

작전은 대성공이었다. 물고기의 왕은 그물에 낚여 강둑으로 끄집어 올려졌다. 어부들은 물고기의 왕을 빙 둘러쌌다.

"물고기의 왕아. 우리는 네가 우리의 낚시를 방해한 죄를 묻겠다." 첫 번째 어부가 말했다.

“또한 너는 우리의 배를 뒤집었다.” 두 번째 어부가 말했다.

“너희가 감히 날 해치려는 거냐? 만일 나에게 무슨 일이 생긴다면 모든 물고기들이 가만있지 않을 것이다. 심지어 가장 작은 물고기들조차도 너희의 그물에 잡히지 않을 것이다. 그러면 시골에 있는 오두막까지 기근이 밀어닥칠 것이다. 너희는 어째서 내가 나의 백성들을 위해 그물을 찢은 것을 이해하지 못하느냐?”

“조용히 해, 이 나쁜 놈아! 우리를 속이려 들다니! 우리는 네가 무섭지 않아! 너희 물고기들은 멍청하니까 우리가 마음만 먹으면 얼마든지 낚을 수 있다구!”

화가 머리끝까지 난 어부들에게 물고기 왕의 설득은 아무런 소용이 없었다.

“너희들은 크게 착각하고 있는 거야. 지금까지 내 명령 없이는 그 어떤 물고기들도 당신들의 그물로 헤엄쳐 가는 일은 없었거든. 내가

어부들을 방해하는 물고기의 왕

죽게 되면 앞으로 영원히 그렇게 될 거야."

어부들은 깜짝 놀랐다. 만약 물고기의 왕이 한 말이 사실이라면?

"우리는 너를 죽이지 않겠다. 하지만 너는 네 죄에 합당한 벌 받아 죄값을 치러야 한다."

어부들은 물고기의 왕을 끌고 가서 길고 무거운 쇠사슬로 묶었다. 그리고는 두 개의 강둑을 연결하는 다리 밑에다 묶어 놓았다.

이렇게 물고기의 왕에 대한 이야기는 끝이 난다. 늙은 어부들에 따르면 물고기의 왕은 오늘날에도 단단한 쇠사슬을 몸에 감은 채 다리 밑에서 헤엄치고 있다고 한다. 비록 자유의 몸은 아니지만, 여전히 자신의 백성들을 보살피면서.

15

까마귀의 왕

앞에서 소개한 '은빛 뿔 사슴'이 브로츠와프 시청에 얽힌 이야기라면, '까마귀의 왕'은 포즈난의 시청 건물과 구체적으로 연관된 동물신화이다.

옛날 옛적 폴란드 남서부에 위치한 포즈난(Poznań)에 높은 망루가 딸린 거대한 시청이 세워졌다. 도시의 안전과 질서를 지키기 위해 밤낮으로 파수꾼들이 망루에 올라 열심히 망을 보았다. 혹시라도 낯선 군대가 침입해 오거나 화재의 위험이 닥치면, 파수꾼들은 즉시 나팔을 불어 시민들에게 도움을 청했다.

파수꾼들 중에는 맘씨 좋고 부지런한 나팔수가 한 명 있었는데, 그는 종종 자신의 아들인 볼코를 데리고 망루에 오르곤 했다. 어린 볼코는 열심히 일하는 아버지를 보면서 자기도 어른이 되면 시청의 나팔

까마귀를 도와주는 볼코

수가 되기로 결심했다. 나팔수가 아닌 다른 직업을 갖는다는 건 볼코에게는 상상조차 못할 일이었다.

그러던 어느 날이었다. 여느 때처럼 망루에 올라 도시를 내려다보던 볼코의 발치에 뭔가 검은 것이 툭 떨어졌다. 소년은 몸을 구부려 검은 실타래처럼 생긴 그것을 들어올렸다. 알고 보니 날개에 상처를 입은 까마귀였다.

동물을 사랑하는 착한 소년인 볼코는 까마귀를 곧장 집으로 데려가 상처를 소독하고, 다친 날개에 약을 바른 뒤 붕대를 감아주었다. 그리고 그날부터 열심히 까마귀를 돌보았다. 부지런히 파리를 잡아서 모이를 마련했고, 깨끗한 물을 마시게 했다. 새는 하루가 다르게 원기를 회복했고, 며칠이 지난 뒤에는 볼코의 어깨에 앉아 함께 마을을 산책할 수 있게 되었다.

까마귀와 깊이 정이 든 볼코는 언젠가 상처가 다 나으면 까마귀가 자기를 떠나리라는 생각에 슬퍼졌다.

"까마귀야, 가지 말고 나와 함께 있자." 까마귀의 깃털을 쓰다듬으며 볼코가 말했다.

볼코의 말에 까마귀는 맞장구라도 치듯이 팔짝팔짝 뛰면서 장난을 쳤다.

어느 날 잠에서 깨어난 볼코의 눈앞에 믿을 수 없는 광경이 펼쳐졌다. 까마귀가 부리로 자신의 손바닥을 툭툭 건드리는 통에 마지못해 눈을 떠보니 침대 위에는 까마귀 대신 왕관을 쓴 작은 요정이 자신을 쳐다보고 있었던 것이다.

"친구여, 두려워하지 말라. 나는 까마귀의 왕이다." 요정이 말했다.

이게 꿈인가 생시인가 싶어 어리둥절해하는 볼코에게 까마귀가 말했다.

"친구여, 이것은 꿈이 아니다. 나는 정말로 까마귀의 왕이다. 너는 내 생명의 은인이다. 내 목숨을 살려주고, 나를 돌봐주고, 내게 진정한 우정을 베풀어주었다."

우연히 나쁜 사람을 만났고, 그가 던진 돌에 맞아 날개에 상처를 입게 된 일, 그리고 도망가던 중에 운 좋게도 시청의 망루로 날아들게 된 일에 관해 까마귀는 차근차근 이야기를 들려주었다.

까마귀의 왕이 준 은빛 나팔

"이제 나는 건강을 되찾았으니 내 백성들이 있는 곳으로 돌아가야 한다. 하지만 친구여, 네가 베풀어준 호의는 결코 잊지 않을 것이다. 감사의 표시로 네게 뭔가를 주고 싶구나. 이것은 까마귀의 왕이 네게 주는 선물이다. 언젠가 꼭 필요한 날이 있을 것이다."

요정은 볼코에게 작은 은빛 나팔을 건네주었다. 잠시 후 다시 까마귀의 모습으로 변한 요정은 칠흙처럼 검은 두 날개를 활짝 펼치고는 창밖으로 멀리 멀리 날아갔다.

그때부터 볼코는 목에다 늘 은빛 나팔을 걸고 다녔다. 세월이 흘러 자신의 바람대로 망루의 나팔수가 된 뒤에도 그는 언제나 까마귀의 왕이 준 선물을 몸에 지니고 다녔다. 물론 그 작고 보잘 것 없는 나팔에서 흘러나오는 미약한 소리가 누군가에게 도움이 될 거라고는 생각지 않았지만, 그래도 친구가 준 선물이기에 소중하게 간직하고픈 마음이었다.

그러던 어느 날 포즈난에 크나 큰 역경이 닥쳤다. 적군이 쳐들어와 성곽 주변을 완전히 포위하고, 몇 주에 걸쳐 전투가 벌어지게 된 것이다. 포즈난 시민들은 합심하여 온 힘을 다해 적군의 공격을 막아냈다. 하지만 시간이 흐르면서 식량이 떨어졌고, 부상자에게 필요한 붕대와 약품이 부족하게 되었다. 아이들과 함께 교회로 피신한 여인들은 신에게 구원을 요청하는 기도를 바쳤다. 결국 적군 가운데 일부가 방어벽을 뚫고 성문 안쪽으로 진격해 들어오게 되었다. 파수꾼의 소임을 다하고자 망루에 서서 이 모든 광경을 지켜보던 볼코는 사랑하는 포즈난 시(市)를 위해 아무것도 할 수 없는 스스로가 원망스러웠다. 그 순간 오래 전 까마귀의 왕이 한 말이 생각났다. "이것은 까마귀의 왕이 네게 주는 선물이다. 언젠가 꼭 필요한 날이 있을 것이다."

"그래, 지금이 바로 그 필요한 순간이야. 도시와 사람들을 구해내자!"

볼코는 목에 걸고 있던 은빛 나팔을 불기 시작했다.

맑은 나팔 소리가 상공에 울려 퍼졌다. 그러자 잠시 후 망루 위로 반짝이는 날개를 가진 큰 까마귀 한 마리가 날아왔다. 까마귀는 그리운 친구의 근심스런 얼굴을 물끄러미 바라보더니 푸드덕 하늘 위로 날아올라 까악까악 큰 소리로 울기 시작했다. 그러자 멀리 산과 들, 숲 속에서 수많은 까마귀 떼들이 몰려들었다. 까마귀 떼들은 다 함께 까악까악 소리 높여 울면서 적군을 향해 돌진하여 부리로 적군을 쪼아 댔다. 당황한 적군들은 두려움에 떨며 도망가기 시작했다. 적군은 참호 속에 몸을 숨기기도 하고, 숲 속의 동굴이나 농가의 헛간으로 도망치기도 했지만, 어김없이 까마귀 떼에게 발각되어 공격을 당했다.

포즈난은 자유를 되찾았다. 사람들은 까마귀의 왕과 우정을 나눈 덕분에 도시를 구원한 볼코에게 감사의 인사를 전하기 위해 망루로 몰려왔다. 그리고는 볼코를 다 함께 번쩍 들어 올린 채 기쁨에 넘쳐 온 도시를 돌아다녔다. 폐허가 된 도시는 다시 재건되었고, 부상당한 사람들도 건강을 회복했다.

이 날의 승리를 기념하기 위해 도시의 원로들은 매일 정오가 되면 시청의 망루에서 나팔을 불도록 하라는 결정을 내렸다. 곡목은 볼코가 까마귀의 왕에게 도움을 청하기 위해 은빛 나팔로 불었던 바로 그 곡으로 했다. 또한 도시를 수호하는데 혁혁한 공을 세운 불코를 포즈난의 새로운 시장으로 추대했다. 볼코는 시청의 나팔수 자리를 용감하고 성실한 젊은이에게넘겨 주었다. 포즈난의 시장이 된 볼코는 도시의 발전과 시민들의 행복을 위해 많은 공을 세웠다.

여기에 소개된 '은빛 뿔 사슴', '독수리의 반지', '물고기의 왕', '까마귀의 왕'은 폴란드 동물신화의 전형이라고 할 수 있다. 영험한 동물이 나타나 인간에게 도움을 주고, 사건을 해결하는 실마리를 제공하는 이야기, 혹은 선한 일을 행한 인간에게 그에 대한 보상으로 새로운 지위를 부여해주거나 특정한 장소로 인도하여 그곳에 새로운 터전을 건설하도록 도움을 베푸는 이야기가 주류를 이룬다. '물고기의 왕'이나 '까마귀의 왕'에서 알 수 있듯이 동물들 가운데서도 힘과 권력을 지닌 우두머리가 주인공으로 등장하는 경우가 많다.

16

니에지차 성(城)의 전설

옛날, 아주 먼 옛날에, 젊은 왕자 보구스와프가 니에지차(Niedzica) 지방에 성(城)을 세우고, 그곳을 다스렸다. 그는 선하고 정의로운 통치자였다. 그래서 그곳 농부들은 보구스와프 왕자를 따르고 존경했다. 왕자는 백성들로부터 많은 사랑을 받았지만 이따금 외로움과 허전함을 느끼고, 결혼을 하기로 결심했다. 왕자는 신부감을 찾기 위해 이웃 나라로 여행을 떠났다.

몇 주 동안 독일 미시니아(Miśnia) 지방의 성에 머물던 왕자는 그곳에서 열린 무도회에서 젊고 예쁜 브룬힐다 공주를 만나 사랑에 빠졌다. 왕자는 밤새도록 공주와 춤을 췄고, 아침이 밝아올 때까지 공주 곁에서 한 발짝도 떠나지 않았다. 왕자는 왕에게 정중하게 청혼을 했고, 마침내 허락을 받아냈다. 브룬힐다 공주를 폴란드로 데려온 보구스와프 왕자는 성대한 결혼식을 올렸다.

젊은 신혼부부는 니에지차의 성에서 꿈같은 첫날밤을 보냈다. 아무것도 그들의 행복을 방해할 수는 없었다. 젊은 부부는 행복한 미소를 머금은 채 성안의 정원을 다정하게 산책했다. 함께 언덕에서 말을 타기도 했고, 매 사냥도 즐겼으며, 때로 자신들의 영지를 둘러보기도 했다. 백성들은 이구동성으로 이렇게 금술 좋은 한 쌍은 본적이 없다며 기뻐했다. 결혼을 하고 난 뒤에 왕자는 자신의 백성들을 보살피고, 나라의 질서를 지키는데 더욱더 힘을 기울였다. 농부들은 아내를 사랑하고, 백성들을 아끼는 왕자의 모습을 좋아했고, 왕자에게 고마움을 느끼며 더욱더 그를 존경했다.

니에지차 성은 날이 갈수록 점점 아름다운 모습으로 가꾸어져갔다. 언덕에는 싱싱한 과일들이 주렁주렁 열렸고, 비옥한 토지에서는 해마다 풍성한 곡물이 수확되었다. 살림은 나날이 번창하고, 사람들은 넉넉하고 풍요로운 삶을 즐겼다. 하지만 부룬힐다는 얼마 지나지 않아 변두리 지방의 왕비로 살아가는 일상에 싫증을 느꼈다. 그녀는 예전 독일에 살 때처럼 호화로운 성에서 매일같이 성대한 무도회가 열리는 화려한 삶을 원했다. 공주는 손님들을 초대하여 무도회를 열고, 마상시합을 개최하자며 보구스와프 왕자를 부추겼다.

"손님들을 초대해서 마상시합과 성대한 잔치를 열어주세요."

브룬힐다는 계속해서 졸라댔다.

"우리 성은 너무 작아서 그럴 만한 장소가 없다오."

"단 한 번이라도 좋으니 값비싼 드레스와 보석으로 치장하고, 손님들 앞에 나서고 싶어요." 브룬힐다는 고집을 부렸다.

"아니, 대체 누구를 위해 치장을 한다는 것이오? 하인들 보라고 하는 것이오? 그런 건 다 허영에 지나지 않소." 보구스와프는 버럭 화를 냈다.

그날 이후로 브룬힐다는 자주 불편한 심기를 드러냈다. 하인들에게 별 것도 아닌 일로 화를 냈고, 요리사의 솜씨가 좋지 못하다며 음식을 입에 대지 않았다. 또한 남편에게도 자주 잔소리를 늘어놓아 신경을 건드렸다. 브룬힐다로 인해 성에서는 매일같이 소동이 끊이질 않았다. 하인들은 그녀가 사사건건 짜증을 부리는 것을 더 이상 참을 수가 없었다.

어느 날 브룬힐다는 자신의 침실에서 생쥐를 발견했다. 깜짝 놀라 화장대 위로 뛰어올라간 브룬힐다는 비명을 지르기 시작했다 "꺄악! 쥐야 쥐! 이놈의 성 곳곳에 쥐가 있나봐!!!"

소리를 질러 하녀들을 불러 모은 브룬힐다는 값비싼 꽃병을 방바닥에 내던져버렸다. 그리고는 곧장 남편에게 달려가서 화를 내며 그를 주먹으로 때리기 시작했다. 보구스와프는 자기도 모르는 새에 아내를 밀쳤다. 그 순간 마르고 연약한 브룬힐다가 창턱에 부딪히더니 바깥으로 굴러 떨어지고 말았다. 보구스와프는 아내가 균형을 잡지 못하고 기우뚱거리다가 창밖으로 사라지는 것을 멍하니 바라보고만 있었다. 브룬힐다는 성 안뜰에 파놓은 크고 깊은 우물 속으로 떨어졌다. 너무나 순식간에 벌어진 일이었다. 보그스와프는 자신의 눈앞에서 벌어진 일을 믿을 수가 없었다. 그는 하인을 동원하여 브룬힐다를 구하려고 노력했으나 이미 때는 늦었다. 절망에 빠진 보구스와프는 우물에 몸을 숙인 채 아내의 이름을 열심히 불렀지만, 메아리만 돌아올 뿐이었다.

보구스와프는 너무나 큰 슬픔에 빠져 매일 밤 눈물로 지샜다. 그는 사랑하는 아내의 이름을 부르며 몽유병 환자처럼 성곽 주위를 배회했다. 그는 아내의 죽음을 모두 자신의 탓으로 돌리면서, 신에게 간절하게 용서를 빌었다.

어느 날 밤, 보구스와프는 안뜰로 가서 우물을 내려다보며 소리를 질렀다.

"날 용서해 주오, 브룬힐다!"

그때 깊은 우물 속에서 아내의 목소리가 들려왔다.

"날 용서해 주세요, 보구스와프!"

***

그렇게 몇 백 년의 세월이 흘렀지만, 사랑에 빠진 왕자의 영혼은 여전히 니에지차 성벽 주위 우물가를 하염없이 맴돌고 있다. 안개가 짙은 가을밤이면, 아내를 애타게 그리워하며 브룬힐다의 이름을 부르는 보구스와프의 슬픔 외침이 들려오곤 한다. 나이 지긋한 어르신들의 증언에 따르면, 달빛이 유난히 아름다운 밤, 서로 화해를 나눈 부부가 두 손을 꼭 맞잡고, 우물 근처를 다정하게 산책하는 모습을 본 사람들도 꽤 있다고 한다.

니에지차 성은 쵸르슈틴(Czorsztyn) 호숫가 근처에 위치하고 있어, 아름다운 전망을 자랑하는 명승지이다. 약 300m 높이의 언덕에 위치한 높이 566m 건물로 1320년에서 1326년 사이에 건립된 것으로 알려져 있다.

17

마리아 대성당에 우뚝 솟은 두 개의 종탑

옛날 옛날에 볼레스와프 크쥐보우스티(Bolesław Krzywousty)가 통치하던 시기에 크라쿠프는 아주 유명하고, 부유한 도시였다.

크라쿠프 시민들은 자신의 도시에 거룩한 성모 마리아의 이름으로 거대한 성당을 세우기로 결정했다. 그들은 자신들의 성당이 유럽의 여느 성당과 견주어 손색이 없길 바랐고, 특히 성당입구에 두 개의 뾰족한 종탑을 세우길 원했다.

크라쿠프의 주교인 이보 오드로봉쉬(Iwo Odrowąż)는 브로츠와프 출신의 유명한 건축가 두 사람에게 각각 두 종탑의 설계와 건축을 맡기기로 결정했다. 두 건축가는 형제지간으로 둘 다 이탈리아에서 유학을 했으며, 이미 유명한 건물들을 많이 세운 실력자들이었다.

예배당의 기초공사가 거의 끝날 무렵 형제들은 지정된 장소에 기초

리넥 광장에서 한창 공사중인 마리아츠키 대성당

토대를 세우기 시작했다.

남쪽 탑의 공사를 맡은 형은 튼튼한 지반 위에 탑을 세워야만 원하는 높이까지 견고하게 탑을 올릴 수 있다고 판단하고, 기초토대를 다지는데 필요한 구역을 넓게 책정했다. 하지만 동생은 기초공사에 그다지 큰 신경을 쓰지 않았으며, 대충 마무리한 뒤 성급하게 탑을 세우기 시작했다. 그는 일을 빨리 끝낼수록 더 큰 영예가 돌아올 것이라고 믿었던 것이다.

크라쿠프의 시민들은 매일같이 와서 진행상황을 지켜보았다. 그들은 거의 비슷한 속도로 하루가 다르게 높아져만 가는 두 탑을 보면서 감탄했다.

형은 언제나 미소 띤 얼굴로 공사를 감독했고, 노동자들의 등을 두드리며 격려를 아끼지 않았다. "기초지반을 넓게 잡은 것은 정말 잘한 일이야. 우리의 탑은 구름까지 도달할 것이고, 지붕은 그 어떤 정교한 장식도 다 지탱할 수 있을 거야."

"나도 그렇게 생각해." 동생이 풀죽은 목소리로 대답했다. 왜냐하면 자신의 탑은 결코 목표한 대로 지어질 수 없다는 것을 실감하고 있었던 것이다.

형은 틈나는 대로 공사가 한창 진행되고 있는 탑의 제일 꼭대기에 올라가 크라쿠프를 바라보곤 했다. 그는 이 도시와 드넓은 광장과 미소 짓는 천진한 소녀들이 마음에 들었다.

"일이 다 끝나면 평생 크라쿠프에서 살까?" 어느 날 형이 동생에게 말했다.

동생은 퉁명스러운 목소리로 대답했다.

"형이 여기 살게 될지 아닐지는 두고 보자고..."

그렇게 며칠간 바쁜 시간이 지나고, 탑은 또다시 몇 미터 가량 하늘을 향해 솟아올랐다. 하지만 동생은 이 시점에서 공사를 끝낼 수밖에 없었다. 그가 마련한 토대로는 더 이상의 높이와 무게를 지탱할 수 없었기 때문이다. 동생은 자신에게, 그리고 온 세상에게 화가 났다. 아울러 형에 대한 질투가 복받쳐 오르는 것을 어찌할 수가 없었다.

모두들 동생의 섬뜩하면서도 어두운 표정을 봤지만, 감히 그의 분노에 대한 이유를 묻거나 나서는 사람은 아무도 없었다.

그러던 어느 날, 형이 건설현장에 나타나지 않았다. 집에도, 성당에도 그 모습을 드러내지 않았고, 갑자기 자취를 감추어버린 것이다. 심지어 그가 가장 좋아하는 시장의 술집에도 발길을 끊었다. 이틀이 지났는데도 형이 나타나지 않자 모두들 걱정하기 시작했다. 수색작업이 시작되었으나 어디에서도 형의 모습은 발견되지 않았다. 더욱 더 이상한 일은 형이 그토록 심혈을 기울여 만든 남쪽 탑의 설계도 역시 함께 사라졌다는 것이다.

그 동안 동생은 계속해서 북쪽 탑을 지었다. 그는 형을 대신해서 남쪽 탑의 공사도 마무리했다. 애초의 설계와는 달리 남쪽 탑은 평범한 모양의 얇고 둥근 지붕으로 덮어버렸다.

북쪽 탑의 꼭대기는 가파른 수직 모양의 지붕을 덮고, 뾰족한 왕관모양의 장식으로 그 주위를 둘렀다. 이렇게 해서 두 탑이 모두 완공되었다.

크라쿠프 주교와 시의원들, 시민들은 아름다운 두 탑을 보며 감탄했다. 모두가 진심으로 기뻐했지만, 정작 탑을 세운 건축가만 우울해 보였다. 항상 고개를 푹 숙인채 슬픈 표정으로 걸어 다니는 그에게서 기쁨의 흔적을 찾아볼 수 없는 것은 너무도 당연했다.

"건축가께서 기분이 좋지 못한 건 당연합니다. 형을 여의었으니까요."

주교가 건축가를 대신해 변명했지만, 크라쿠프 시민들은 단지 슬픔 때문이 아니라 정체를 알 수 없는 몹쓸 병이 그를 괴롭히는 거라고 생각했다.

형이 사라진 그날부터 동생은 눈에 띄게 살이 빠지고, 낯빛이 검게 변했다. 사람들을 피해 다녔고, 누가 무슨 말을 하려고 하면 소스라치듯 놀라며 도망가곤 했다. 밤이면 자신의 방에 틀어박혀 알 수 없는 혼잣말을 중얼거렸다. 소리를 버럭 지르거나 열정적으로 기도를 할 때도 있었다. 사람들이 무서워서 피할 만큼 동생의 행동은 점점 비정상적으로 변해갔다.

마리아 대성당의 축성식 날, 화려한 의복을 입은 왕자가 행렬을 이끌고 나타나 크라쿠프의 가난한 사람들에게 구호품을 나눠줬다. 왕자는 성당에 우뚝 솟은 두 개의 종탑을 바라보며 칭찬을 아끼지 않았다. 이렇게 훌륭한 탑을 만든 노고를 치하하기 위해 건축가인 동생과 이야기하기를 원했지만, 동생의 모습은 어디에도 보이질 않았다. 왕자는 건축가의 업적을 기리기 위해 특별히 마련된 장엄미사에 참석하기 위해 성당 안으로 들어갔다. 미사가 끝난 뒤에는 성대한 음악회와 크라쿠프 시민 모두를 위한 잔치가 계획되어 있었다. 광장에는 크라쿠프 시민들은 물론이고, 근교에서 온 시골사람들까지 합세하여 크게 붐비었다. 다들 새 성전에서 미사를 마치고 나오는 왕자의 모습을 보려고 아우성이었다.

그때였다. 종탑의 높은 창문에서 갑자기 동생이 나타났다. 사람들은 건축가를 발견하고, 그에게 환호하며 손짓하기 시작했다. 건축가야말로 이 성대한 잔치의 주인공이 아니던가. 하지만 동생은 사람들의 인사와 환호에 아무런 답도 하지 않았다. 잠시 후 그는 손짓으로 뭔가를 말하고 싶다는 의사를 표시했다.

술렁거리던 무리들이 조용해지자 그는 목멘 소리로 외쳤다.

"나는 명예를 간절히 바랬습니다. 영원히 지속될 크나큰 명예를 원했습니다. 그렇지만 내 형이 더 뛰어난 건축가임이 증명되었습니다. 내 대신 형에게 모든 영광이 돌아가게 되자, 나는 그 사실을 참을 수가 없었습니다. 그래서 내가 이 칼로 형을 죽였습니다. 형의 시체는 비스와 강으로 던져버렸습니다. 하지만 나는 더럽혀진 양심을 품은 채 계속 살수가 없었습니다. 내가 저지른 끔찍한 살인에 대한 자책감이 나를 가만두지 않습니다. 그래서 나는 스스로 내 삶을 끝내려 합니다. 내가 죽은 뒤에도 나를 위해 울지 마십시오."

고백을 마친 뒤 동생은 무서운 죄를 저지른 자신의 칼을 높이 들어 올렸다. 마치 모두가 그가 저지른 죄악의 증거를 보길 원하는 듯했다. 그리고는 창문을 향해 자신의 몸을 던졌다.

공포가 군중들의 무리를 휩쓸고 지나갔다. 동생은 크라쿠프 시민들에 둘러싸인 채 최후를 맞았다. 두 눈을 감는 순간에도 떨리는 그의 손에는 칼이 꼭 쥐어져 있었다.

크라쿠프 시민들은 수키엔느니차(Sukiennica)[22]로 그 칼을 가지고 갔다. 그리고는 비극적인 이 사건을 영원토록 기억하기 위해 성당 반대편에 위치한 수키엔느니차 정문에 그 칼을 매달았다. 오늘날에도 크라쿠프를 방문하는 사람들은 광장의 한복판에 높이 매달려 있는 칼을 볼 수 있다.

폴란드의 옛 수도인 크라쿠프에는 유서 깊은 건축물들이 많이 남아 있다. 그 중에서도 가장 유명한 것은 '성 마리아 대성당'이라는 의미의 마리아츠키 대성당(Kościół Mariacki)이다. 교회 본관 및 종탑은

22) 크라쿠프 광장 한 가운데 위치한 직물회관. 16세기에 세워졌음.

1497년에 세워졌고, 내부에는 1370년에 제작된 호화로운 색채의 스테인드글라스와 성찬대(1477~89) 등이 보존되어 있다.

'니에지차 성의 전설'이나 '마리아 대성당의 두 개의 종탑'처럼 폴란드 사람들에게 큰 의미를 부여하고 있는 특정한 건축물에 얽힌 전설도 폴란드 민속 문학에서 자주 발견된다. '니에지차 성의 전설'은 건물의 탄생과정과 그 유래를 밝힌 이야기라기보다는 초창기 성의 주인이었던 보구스와프 왕자와 그의 독일인 아내 브룬힐다 공주의 사랑과 갈등에 초점을 맞추고 있다. 반면에 '마리아 대성당의 두 개의 종탑'은 탄탄한 기예와 실력을 갖춘 두 형제의 숙명적인 갈등과 애증을 토대로 크라쿠프의 상징적인 건축물이라고 할 수 있는 마리아 대성당의 유래를 전하는데 주력하고 있다.

18

라이코닉

13세기 몽골의 침입으로 가장 많은 피해를 입은 폴란드의 도시는 바로 크라쿠프였다. 땅딸막한 키에 길게 찢어진 눈, 가죽과 비단으로 장식된 옷을 입은 타타르인은 크라쿠프 사람들에게는 무조건적인 공포의 대상이었다. 그들이 한 번 휩쓸고 지나가면, 도시든 농토든 간에 모조리 폐허가 되고 말았던 것이다.

라이코닉(Lajkonik)은 폴란드의 옛 수도인 크라쿠프의 대표적인 민속 축제이다. 해마다 6월 초순에 행해지는 이 축제는 13세기 폴란드와 헝가리, 보헤미아 등 중·동부유럽을 정복했던 몽고의 유럽 원정에서 비롯되었다.

옛날 옛적, 크라쿠프에 '타타르'라 불리는 몽골군들이 대대적으로 침입해왔다. 몽골의 병사들은 도시의 파수꾼들이 미처 눈치 채지 못하는 사이에 외곽의 성벽 근처까지 은밀하게 접근해왔다. 그들은 크라쿠프 사람들에게 들키지 않도록 일부러 도심에서 멀리 떨어진 비스와 강변 근처의 즈비에쥐니에츠(Zwierzyniec)에 야영지를 만들고 잠시 휴식을 취했다. 오랜 행군으로 지친 몽골 병사들은 내일이면 크라쿠프에서 약탈하게 될 값비싼 전리품을 꿈꾸면서 그대로 곯아 떨어졌다.

몽골 군대의 진영을 처음 발견한 것은 비스와 강변의 모래톱에서 촌락을 이루고 살아가던 뱃사람들이었다. 그들은 거룻배를 타고 비스와 강을 누비며 낚시와 그물로 물고기를 잡아 생계를 유지하는 어부들이었다. 크라쿠프의 뱃사람들은 도시를 지키겠다는 일념으로 배를 젓는 노를 무기 삼아 자고 있던 몽골군을 불시에 급습하였고, 예상치 못한 어부들의 기습에 당황한 몽골 군인들이 허둥대는 사이 그들을 일망타진했다.

한창 승리의 기쁨에 도취해있던 중 뱃사람 가운데 한 명이 기발한 아이디어를 내놓았다. 몽골 병사의 옷을 입고 나타나서 마을 사람들을 깜짝 놀라게 하자는 것이다. 이른 새벽 뱃사람들은 몽골 병사의 옷으로 갈아입고, 모닥불의 숯을 얼굴에 발라 분장을 한 뒤, 몽골 군대에게서 빼앗은 조랑말을 타고 질풍처럼 크라쿠프 도심을 향해 달렸다. 몽골군의 복장을 한 무리들이 나타나자 크라쿠프 시민들은 공포와 경악을 금치 못했다. 하지만 잠시 후 뱃사람들이 자신들의 정체를 밝히고, 간밤에 벌어진 전투에 대해 이야기하자, 다들 안도의 한숨을 내쉬고 기뻐하면서 뱃사람들에게 감사의 인사와 함께 따뜻한 음식을 대접했다.

크라쿠프 시의회는 성대한 연회를 베풀어 승리를 자축했고, 크라쿠프 시장은 이 사건을 기념하기 위해 매년 즈비에쥐니에츠에서 크라쿠프 도심까지 타타르의 지휘관인 '칸'을 앞세운 뱃사람들의 행진을 재현하는 축제를 열겠노라고 선포하였다. '조랑말'을 뜻하는 '코닉(Konik)'에서 어원을 가져와 '라이코닉'이라고 불리게 된 이 축제는 오늘날까지도 전해져 오고 있으며, 해마다 6월 초, 성체성혈 대축일이 지난 후 8일째인 목요일에 크라쿠프에서 행해지고 있다.

몽골 군대는 강인한 체력과 놀라운 기동력을 바탕으로 3만의 폴란드군, 4만의 독일군, 5만의 보헤미아군, 10만의 헝가리군을 격파하고, 불과 4개월 만에 동유럽 전역을 석권하였다. 역사상 겨울철에 러시아에 대한 공격을 감행하여 승리한 나라는 몽골이 유일하다.

8백 년 전 몽골의 유럽 원정대가 크라쿠프를 침략한 역사적 사건은 그 곳 시민들에게 결코 잊을 수 없는 체험이 되었다. 상상을 초월한 잔혹성과 가공할 파괴력은 크라쿠프 시민들의 뇌리에 강렬한 인상으로 남았고, 몽고의 폴란드 침략이라는 역사적 사건에다 가상의 전승담을 덧붙여 입에서 입으로 전해 내려오던 민담이 민속 축제로 탈바꿈하여 21세기에 접어든 오늘날까지 이어지고 있는 것이다.

크라쿠프의 라이코닉은 동양과 서양의 문화가 융합한 독특한 민속 축제이다. 크라쿠프 시민들은 매년 같은 과정을 반복하면서도 라이코닉을 기다리며, 함께 모여 공동체 의식을 표출함으로써 고유의 문화적 정체성과 지역 주민들 간의 연대감, 그리고 자부심으로 일상의 삶을 새롭게 충전해 나가고 있다.

19

튜튼 기사단과 두 개의 검

옛날 옛날에 폴란드 땅에 튜튼 기사단이 들어와 자신의 도시를 건설했다. 그들은 성을 짓고, 요새를 쌓은 뒤 용맹스런 기사들을 불러 모았다. 그런 다음 폴란드와 리투아니아의 촌락들을 닥치는 대로 습격했다.

고통 받는 민중들은 튜튼 기사단에게 빼앗긴 것들을 돌려받기를 간절히 원했다. 폴란드의 왕 야기에오(Jagiełło)는 폴란드와 리투아니아의 모든 기사들과 또한 마주르스키 일대의 농부들을 튜튼 기사단을 혼내주기 위해 소집했다.

1410년 7월 15일, 마침내 생사를 건 대전투가 벌어졌다. 때는 바야흐로 한여름이었다. '그룬발트(Grunwald)'라고 불리는 작은 마을 벌판에 모든 폴란드 군대가 집결했다. 야기에오 왕의 지휘 아래 튜튼 기사단에게 반격을 펼치기 위해 한 자리에 모이게 된 것이다. 하늘을 찌를 듯한 함성이 사방에서 울려 퍼졌으며, 형형색색의 군기가 휘날렸다.

햇빛이 반사되어 병사들의 갑옷은 더욱 빛났고, 새들은 잠시 후면 무슨 일이 일어나리라는 것을 예감이라도 한 듯 숲 위에서 원을 그리며 선회하고 있었다.

전투에 앞서 야기에오 왕은 성모마리아 상 앞에 무릎을 꿇고 성심을 다해 기도했다. 기사들 또한 옆에 서서 폴란드의 전통 민요를 부르며 앞으로 벌어질 전투에서 승리를 기원했다.

야기에오 왕이 전투를 시작하겠다는 신호를 보내지 않고 침묵을 고수하자, 튜튼 기사단은 초초함으로 술렁이기 시작했다. 그들은 햇볕이 강렬하게 내리쬐는 그룬발트 벌판의 맞은편에 오랫동안 서서 기다리고 있었던 것이다. 튜튼 기사단 측에서는 폴란드 군대가 겁을 먹었거나, 아니면 무기가 부족한 것이 틀림없다고 단정 지었다. 튜튼 기사단의 단장인 울리흐는 두 명의 사절을 폴란드 왕에게 보내기로 결정했다.

"이 두 개의 검을 야기에오 왕에게 갖다 주어라. 이 칼을 가지고 전투를 할 수 있도록."

울리흐의 조롱 섞인 명령에 기사들은 비웃음을 터트렸다.

사절단은 말을 타고 들판을 가로질러 갔다.

튜튼 기사단의 사절단은 야기에오 왕에게로 곧장 달려갔다. 그들은 말에서 내린 뒤에 검을 높이 들어 올렸다. 그리고는 왕이 타고 있는 말발굽 바로 옆에다 두 개의 검을 박았다.

"우리 단장이 당신에게 보내는 검이 여기 있소. 혹시라도 당신들에게 무기가 부족할까봐 주는 선물이오."

야기에오는 그들의 조롱을 묵살하며 근엄한 목소리로 말했다.

"우리에겐 검이 부족하지 않다. 하지만 선물은 감사히 받겠노라."

사절단이 떠나고 난 뒤 평소에 왕의 총애를 받던 시종 그니에브코(Gniewko)가 왕에게 다가왔다. 그니에브코는 머지않아 기사작위를 받을 예정이었다.

"왕이시여, 제가 저 두개의 검중 하나를 들고, 전투에 참가하도록 해주십시오."

그니에브코가 간청했다.

야기에오는 소년의 눈을 가만히 들여다보았다. 그리고 예전에 소년의 어머니가 튜튼 기사단의 노예로 잡혀가고, 소년을 제외한 온 가족이 살해당한 과거를 떠올렸다. 야기에오는 하루아침에 고아가 된 소년을 궁전으로 데려왔다. 그리고 궁중에서 가장 유능한 기사에게 소년의 교육을 맡겨 기사가 되기 위한 훈련을 받게 했던 것이다.

하지만 위험한 전투에 출장하기에는 아직 소년은 너무나 어린 나이였다.

"아직 때가 되지 않았다. 너는 전투 경험도 없고, 아직 기사의 기술을 잘 모르지 않느냐. 네 아버지와 형제들처럼 네가 독일 기사단의 손아귀에 죽음을 당하기를 원치 않는다." 왕이 말했다.

"왕이시여, 저는 지난날의 보살핌에 대해 보답하고 싶습니다." 그니에브코가 고집을 부렸다.

"언젠가 내게 보답할 순간이 반드시 올 것이다. 나는 앞으로 네가 유능한 기사가 될 거라고 믿는다. 하지만 오늘은 여기에 남아서 전투가 끝나고 내가 돌아올 때까지 독일 기사단의 검을 지키길 바란다." 왕의 말에 충실한 시종인 그니에브코는 복종의 표시로 고개를 숙였다.

전투가 시작 되었을 때, 들판 저편으로부터 먼지 구름이 솟아올랐다. 유혈이 낭자한 전투는 오랫동안 지속되었다. 그러는 동안 승리의 여신은 폴란드 군대와 튜튼 기사단 군대에게 번갈아가며 미소를 보냈다.

치열한 전투를 치르는 동안 폴란드의 병사들은 사력을 다해 용감하게 싸웠다. 하지만 많은 기사들이 죽임을 당했고, 부상을 입었다.

그때였다. 낫과 도끼를 든 농민들이 전투에 참가했다. 폴란드와 리투아니아의 농민들은 폴란드 영토의 한 뼘도 빼앗기지 않으려고 열심히 싸웠다. 그들은 그동안 참아왔던 억압에 저항하기 위해 목숨을 걸고 전투에 임했다. 자신들을 안위는 돌보지 않은 채 오로지 튜튼 기사단의 속박 아래 노예 신분으로 고통을 겪고 있는 자신들의 가족이 자유를 되찾기를 바라며 싸우고, 또 싸웠다. 농민들 중 누군가가 야기에오 왕을 대신하여 적군의 칼에 맞아 장렬하게 전사했다. 또 다른 농부는 기사단 단장의 다리를 칼로 지르고, 그를 말에서 떨어뜨려 생포했다.

그때였다. 부상당한 튜튼 기사단의 한 젊은 기사가 폴란드 군에게 하사한 두 개의 검을 떠올렸다. 그는 자신에게 죽음이 임박했음을 감지하고는 폴란드인들로부터 단장의 검을 돌려받기로 결심했다.

젊은 기사는 용감한 시종이 검을 지키고 있는 것을 몰랐다. 그니에브코와 기사는 검을 사이에 두고 결투를 벌였다. 치열한 싸움 끝에 소년은 승리를 거두었지만, 자신 또한 심한 부상을 입었다. 그니에브코가 피를 흘린 채 의식을 잃고 검 옆에 쓰러져 있을 때, 폴란드 군대와 튜튼 기사단의 전투는 점점 막바지를 향해 치닫고 있었다.

야기에오 왕의 승리는 대단한 것이었다. 폴란드인들은 전쟁터에서 녹초가 된 채 돌아왔지만, 다들 행복에 잠겨 있었다.

승전 소식을 가지고 야기에오 왕이 캠프에 도착했을 때, 그는 자신이 가장 아끼는 시종이 죽어가고 있는 것을 보았다. 왕은 어린 소년의 손을 꼭 붙들고 안타까운 목소리로 탄식했다.

"이 잔인한 전투로 인해 병사들뿐만 아니라 내가 아끼는 백성들까지 죽음을 당해야만 하다니...."

그때였다. 두 개의 검이 박혀있는 땅 밑에서 뜻밖에 샘물이 솟아올랐다. 물은 규칙적인 소리를 내면서 쓰러져 있는 소년을 향해 흘러왔다. 왕은 자신이 차고 있던 뿔 나팔에 그 샘물을 퍼 담아 시종의 입에 갖다 대었다.

소년은 눈을 반쯤 뜨고, 힘겹게 한 방울의 물을 들이켰다. 바로 그 순간, 그니에브코의 상처에서 흐르던 피가 갑자기 멈추더니 소년이 자신의 힘으로 벌떡 자리에 앉는 것이 아닌가.

"의무병! 어서 와서 이 기적의 샘물을 퍼서 다른 부상병들에게 갖다 주거라."

그니에브코에게 기적의 샘물을 마시게 하는 야기에오 왕

왕의 명령에 병사들이 달려와 기적의 샘물을 열심히 찾기 시작했다. 하지만 샘물은 갑자기 솟아올랐을 때와 마찬가지로 갑자기 사라져 버렸다. 만약 왕이 샘물을 직접 보지 못했다면 아무도 그 존재를 믿지 않았을 것이다.

전쟁이 끝난 뒤에도 사람들은 오랫동안 기적의 샘물을 찾아 헤맸다. 그들은 열심히 땅을 파헤쳐 웅덩이를 만들고, 심지어는 깊은 우물도 팠다. 그러나 어디에서도 샘물은 솟아나지 않았다. 병사들은 왕과 함께 바벨성으로 돌아왔다. 그들은 튜튼 기사단을 물리치고 대대적인 승리를 거둔 것을 축하하기 위해 성대한 잔치를 벌였다. 또한 시종들에게 기사 작위를 수여하는 의식도 열었다. 그 자리에서 그니에브코는 기사의 벨트와 함께 야기에오 왕의 검도 하사받았다. 훗날 그니에브코는 왕의 기사가 되어 극진하게 왕을 섬겼고, 많은 공로를 세웠다. 수많은 전투에 참가하여 승리를 거둘 때마다 그니에브코는 굳은 믿음을 잃지 않았다. 자신의 내부에는 기적의 샘물이 흐르고 있기에 모든 전투에서 승리를 얻을 것이라고 확신했다.

폴란드 역사상 외세를 상대로 거둔 최대의 승리로 꼽히고 있는 1410년 '그룬발트 전투(Bitwa pod Grunwaldem)'를 배경으로 한 전설이다. 13세기에 지금의 그다인스크(Gdańsk)와 쿠야비(Kujawy), 도브진(Dobrzyn) 지역 등 폴란드 북서부까지 진출한 튜튼 기사단은 말보르크(Malbok)에 성을 쌓고 폴란드 내에 자신들의 공국을 건설한 뒤, 무리한 부역과 공물을 요구하면서 폴란드인들과 갈등을 빚었다. 폴란드와 리투아니아의 연합군은 야기에오 왕의 지휘 아래 그룬발트 지역에서 튜튼 기사단과 대대적인 전투를 벌였다. 약 2만 명이 참가한 것으로 추정되는 이 전투에서 독일 기사단은 무참히 패배하였다. 기사단의 대장인 울리히 폰 융잉엔(Ulrich von Jungingen)은 이 전투에서 전사했다.

그룬발트 전투의 승리는 폴란드-리투아니아인에게 대단히 큰 의미를 지닌다. 이 전투는 튜튼 기사단이 폴란드 땅에서 처음으로 경험한 패배였으며, 이 패배를 기점으로 튜튼 기사단의 세력이 급격히 쇠퇴하기 시작했던 것이다.

20

소녀의 저주로 너도밤나무가 된 스웨덴 군인들

옛날 아주 먼 옛날에 폴란드 북쪽 발틱해 근처에 자리 잡은 작은 어촌 마을에 커다란 돌탑이 세워져있었다. 그 돌탑 꼭대기에서는 매일 밤 불빛이 흘러나왔다. 그 불빛은 멀리서도 잘 보였기에, 한밤중에 항구까지 배를 저어가는 항해사들에게 큰 도움이 되었다. 사람들은 그 돌탑을 "로제비아(Rożewia)의 등대"라고 불렀다. 젊고 씩씩한 등대지기 비트는 매일 밤 불을 피우고, 아침까지 그 불이 꺼지지 않도록 열심히 돌보았다.

비트는 등대 아래에 마련된 작은 오두막집에 살면서, 그 곳을 거의 떠나지 않았다. 그는 파도소리와 바람소리를 사랑했고, 자신이 하고 있는 일에서 행복과 보람을 느꼈다. 비트에게는 몇 시간이고 계속해서 수평선을 골똘히 바라보는 것도 전혀 무료하게 느껴지지 않았고,

바닷가의 고요함도 전혀 쓸쓸하게 여겨지지 않았다. 때로는 갈매기들이 날아와 벗이 되어주기도 하고, 이따금 한 쌍의 흰 백조가 찾아왔기에 외롭지 않았다.

어느 날 마을 이장의 어여쁜 딸인 아그네슈카를 만났을 때, 비트는 정말로 행복했다. 아그네슈카 역시 키가 훤칠하게 크고 잘생긴 젊은이인 비트가 마음에 들었다. 비트는 얼굴 가득 미소를 머금고 사랑이 듬뿍 담긴 눈으로 아그네슈카를 바라보곤 했다. 비트가 새벽녘에 강둑에 앉아있을 때면, 아그네슈카는 그를 찾아가서 함께 바다를 바라보며, 하얀 파도가 빚어내는 멋진 풍경에 행복해하곤 했다. 때로는 갓 구워낸 신선한 생선이나 잘 익은 밀가루 부침개를 만들어 가져왔다. 그럴 때면 둘은 함께 아침을 먹으면서, 이 고요하고 한적한 바닷가에서의 삶이 얼마나 풍요로운 것인지에 대해 얘기를 나누곤 했다.

마침내 비트는 용기를 내어 아그네슈카에게 말했다.

"세상과 동떨어진 등대와 이 오두막을 당신이 좋아한다는 걸 알고 있소. 당신도 알다시피 난 당신을 진심으로 사랑하오. 이런 등대지기의 아내가 되어 주겠소?"

"당신이 등대지기이기에 난 기꺼이 등대지기의 아내가 되고 싶어요."

아그네슈카가 수줍게 대답했다. 젊은 남녀는 혼인 날짜를 정하였고 마을에는 결혼식이 치러진다는 경사스런 소문이 퍼졌다. 다음날부터 아그네슈카의 어머니는 딸의 혼숫감 준비에 바쁜 시간을 보냈고, 비트는 등대의 불을 밝히며, 온 바닷가에 울려 퍼질 정도로, 큰 소리로 노래를 불렀다. 비트와 아그네슈카는 자신들의 행복이 영원히 깨지지 않고, 그들의 인생은 마냥 행복할 것이라고만 생각했다.

어느 날 저녁, 막 장작에 불을 붙이려던 비트는 항구로 거대한 배들이 들어오는 것을 발견했다. 군인과 말을 가득 태우고, 무기를 잔뜩 실은 스웨덴의 해군 전함들이 빠르게 해안으로 진격해 오고 있었다. 마을 쪽을 쳐다보았지만, 어부들이 모두 잠들어 있어 불빛 하나 보이지 않았다. 적군이 쳐들어온다는 사실을 알려야만 했지만, 방법이 없었다. 비트는 등대를 포기하고 마을로 달려가고 싶었지만, 어떤 순간에도 의무를 포기해서는 안 되는 등대지기의 의무를 상기했다. 등대지기는 폭풍이 불고, 악당이 습격을 한다 해도 불빛을 지켜야만 했다. '어떡하지? 어떡하면 좋지?' 등대지기는 열심히 묘안을 생각해냈다. 결국 그는 열심히 장작을 지펴서 평소보다 더 큰 불꽃을 피워 올리기로 결심했다. 마을의 누군가가 거대한 불길을 보면, 위험에 처해있음을 알게 될 것이라고 믿었다. 하지만 비트의 노력에도 불구하고, 깊은 잠에 빠진 어부들은 자신들에게 닥칠 위험을 알아차리지 못했다. 오직 부엉이들만이 깨어 울고 있을 뿐이었다.

그러는 사이 배는 벌써 항구에 정박했고, 스웨덴 군인들은 육지에 상륙했다. 멀리서 그들의 거친 웃음소리가 울려 퍼졌다. 비트는 등대의 아래층으로 뛰어 내려가 주의 깊게 문을 잠갔다. 그런 다음 다시 꼭대기로 올라와 홍수처럼 땀을 흘리며 열심히 불을 지폈다. 그러나 마을 사람들 가운데 그 누구도 비트의 간절한 염원이 담긴 거대한 불길을 보지 못했다.

새벽녘이 되자 스웨덴 군인들이 등대 아래에 도착했다. "불을 꺼라! 불을 꺼!" 그들은 문을 두드리며 외쳤다. 용감한 비트는 그들의 고함소리에 아랑곳 하지 않고, 계속해서 마을 방향으로 열심히 불을 피웠다. 스웨덴 군인들은 강제로 문을 열어 등대 안으로 침입했다. 그들은 불을 끄기 위해 가죽장화를 신은 발로 불길을 짓밟기 시작했다. 비트는 자신의 몸을 날려 불길을 지키다가 스웨덴 군인들의 칼에 맞고 쓰러졌다.

같은 시각 스웨덴 군인들 중 또 다른 일행들은 이미 어촌 마을로 잠입했다. 그들은 마을에 불을 지르고, 닥치는 대로 재산을 약탈했다. 가축을 훔쳐가고, 여자와 아이들, 노인들을 납치했다. 아그네슈카는 마지막 순간에 가까스로 도망쳐 가족과 함께 숲으로 피신했다. 저녁 무렵이 되어서야 소녀는 바닷가에 이르렀다. 등대 부근에는 적의 군대가 천막을 치고 주둔해있었다. 소녀는 두려움에 떨면서도 불이 꺼진 등대 탑으로 살금살금 다가갔다. 약혼자가 걱정스러워 견딜 수가 없었던 것이다. 등대탑 꼭대기에서 아그네슈카는 죽은 비트를 보았다. 소녀는 사랑하는 사람을 끌어안고, 피눈물을 흘리면서 그의 머리맡에 무릎을 꿇고 앉아 작별을 고했다. 한참 후 아그네슈카는 자리에서 벌떡 일어나 등대의 창문을 활짝 열어젖히고, 스웨덴 군대의 진영을 향해 분노에 찬 목소리로 말했다.

"난 영원히 너희들을 저주할 것이다. 죄 없는 피가 흘려진 이상 너희들 중 그 누구도 고향으로 돌아갈 수 없을 것이며, 다시는 가족을 볼 수 없으리라. 너희들은 이제부터 이 바닷가에서 너도밤나무가 되리라."

화가 머리끝까지 난 군인들은 이 대담한 소녀를 등대에서 당장 끌어내리려고 했다. 그런데 어쩐 일인지 한 발자국도 움직일 수가 없었다. 소녀의 저주에서 정체를 알 수 없는 영험한 힘이 뿜어져 나와 그들의 다리를 땅에다 뿌리박게 했다. 잠시 후 그들의 팔에서는 나뭇가지가 자라나고, 그 가지에서는 피처럼 붉은 잎사귀가 자라나기 시작했다. 얼굴은 단단한 나무껍질로 뒤덮였다.

그 순간부터 오늘날까지 스웨덴 군인들은 그 자리에서 로제비아의 등대를 둘러싼 채, 옴짝달싹도 못하고 서 있게 되었다. 가을의 강풍은 차갑고 짠 바닷물을 그들에게 흩뿌렸고, 높은 파도는 그들의 뿌리를 휩쓸고 지나갔다. 이렇게 잔인한 침입자들은 무고한 젊은이들을 희생으로 몰고 간 자신들의 죄값을 치르고 있는 중이다. 이루어지지 못한 비트와 아그네슈카의 슬픈 사랑을 사람들이 기억하는 한, 그들은 영원히 로제비아의 바닷가에서 형벌을 받을 것이다.

16세기에서 17세기 사이 발틱해 연안의 상업과 무역이 급성장하면서 스웨덴은 적극적인 남하정책을 펼쳤고, 이에 폴란드와 충돌이 불가피하게 되었다. 1655년~1660년 스웨덴은 조직적인 군사력을 바탕으로 폴란드를 여러 차례 침략하였다. 당시 귀족들 가운데 일부는 조국을 배신하고 스웨덴 왕인 칼 구스타프를 지지했다. 모스크바와의 전투로 군사력이 분산된 데다가 귀족들의 분열까지 겹쳐 전열이 약화된 폴란드는 스웨덴 군에게 패하고 말았다. 당시 리투아니아와 비엘

코폴스카(Wielkopolska) 지방, 바르샤바, 크라쿠프 등이 스웨덴 군에게 함락되었다. 약 5년 동안 스웨덴은 경제적으로, 또 문화적으로 많은 약탈을 했는데, 그 강도가 너무나 심해서 스웨덴의 폴란드 침입을 가리켜 역사책에서는 '대홍수(Potop)'라 기록하고 있다.

1658년 덴마크, 브란덴부르크, 합스부르크가 폴란드군과 연합하여 스웨덴에 맞서 싸웠고, 1660년 올리바 평화 협정으로 전쟁은 종결되었다.

13세기 몽고 침입(라이코닉)이나 14세기 튜튼 기사단과의 그룬발트 전투(튜튼 기사단과 두 개의 검), 17세기 스웨덴 침공(소녀의 저주로 너도밤나무가 된 스웨덴 군인들) 등 외세침입이라는 구체적인 역사적 사건을 토대로 만들어진 대표적인 전설들을 소개했다. 낭만주의 시대에 이르러 실화에 신비주의 관점이 가미되어 역사적 사건들을 상징적으로 묘사한 전설들이 많이 발굴되었다. 이처럼 역사적 사건들이나 특정한 위인들과 관련된 신화들은 그 대상을 역사의 영역으로부터 신화적이고 상징적인 영역으로 옮겨 놓았다.

참고 문헌

- Hanna Kostyrko (w.), Klechdy domowe: Podania i legendy polskie, Nasza Księgarnia, Warszawa 1965.
- Maria Orłoń, Jan Tyszkiewicz, Legendy i podania polskie, Zielona Sowa, Wrocław 1997.
- Jerzy Strzelczyk, Mity, podania i wierzenia dawnych słowian, Rebis, Poznań 2007.
- Marta Berowska, Polskie legendy i klechdy, Wilga, Warszawa 2006.
- Anna Sójka, Legendy i baśnie polskie, Pabilon, Warszawa 2006.
- Alensander Gieysztor, Mitologia Słowian, Wydawnictwo Uniwersytetu Warszawskiego, Warszawa 2006.
- 정병권 외 「동유럽 사람들은 삶을 어떻게 이야기했을까」, 도서출판 월인, 2003.

찾아보기

동유럽의 신·영웅·신비한 존재들

✽ 세르비아·크로아티아·슬로베니아·보스니아·마케도니아

❀루마니아

✽ 체코

✽폴란드

동유럽 신화

- 동유럽의 신, 영웅, 신비한 존재들

초판 1쇄 발행 2008년 5월 30일
초판 2쇄 발행 2018년 12월 31일

지은이 권혁재 외
발행인 김인철
총괄 · 기획 가정준 Director, University Knowledge Press
편집장 신선호 Executive Knowledge Contents Creator
도서편집 박현정 Contents Creator
전자책편집 이리나 e-Contents Creator
재무관리 강현주 Managing Creator
사전 · 출판 정준희 Contents Creator
마케팅 파트장 백승이 Chief Marketing Creator
마케팅 이현진 Marketing Creator
발행처 한국외국어대학교 지식출판콘텐츠원
02450 서울특별시 동대문구 이문로 107
전화 02)2173-2493~7
FAX 02)2173-3363
홈페이지 http://press.hufs.ac.kr
전자우편 press@hufs.ac.kr
출판등록 제6-6호(1969. 4. 30)
디자인 · 편집 (주)이환디앤비 02)2254-4301
인쇄 · 제본 네오프린텍(주) 02)718-3111

ISBN 978-89-7464-498-7 03210 정가 16,000원

* 잘못된 책은 교환하여 드립니다.

HUEBOOKS는 한국외국어대학교 지식출판콘텐츠원의 인문학 도서 Sub Brand이다. 한국외대의 영문명인 HUFS, 사람을 위하는 Humanism, 교육의 Education, 색조의 Hue의 다의적인 뜻으로 해석할 수 있으며, 인문학 도서 출판에 대한 의지가 담겨있다.